中等职业教育课程改革创新示范精品教材

汽车材料
（第2版）

主编 武 丹 杜 弘

北京理工大学出版社
BEIJING INSTITUTE OF TECHNOLOGY PRESS

内容简介

本书分为三篇，包括金属材料、非金属材料和汽车运行材料，主要阐述了典型汽车零件金属材料及非金属材料的选用，如橡胶、塑料、陶瓷、玻璃和其他非金属材料，黑色金属及有色金属的合金材料，汽车燃料、润滑油、汽车工作液等汽车运行材料。教材内容编排合理，理论联系实际，实用性强，通俗易懂，符合中职教育的教学特点。

本书也可作为车辆工程专业、汽车运用与维修专业、汽车检测与维修专业等汽车工程类专业教材，也可供汽车工业部门的工程技术人员参考。

版权专有　侵权必究

图书在版编目（CIP）数据

汽车材料/武丹，杜弘主编．—2版．—北京：北京理工大学出版社，2023.7重印

ISBN 978-7-5682-7704-4

Ⅰ.①汽⋯　Ⅱ.①武⋯　②杜⋯　Ⅲ.①汽车-工程材料-中等专业学校-教材　Ⅳ.①U465

中国版本图书馆CIP数据核字（2019）第244099号

出版发行 /	北京理工大学出版社有限责任公司
社　　址 /	北京市海淀区中关村南大街5号
邮　　编 /	100081
电　　话 /	（010）68914775（总编室）
	（010）82562903（教材售后服务热线）
	（010）68944723（其他图书服务热线）
网　　址 /	http://www.bitpress.com.cn
经　　销 /	全国各地新华书店
印　　刷 /	定州市新华印刷有限公司
开　　本 /	787毫米 × 1092毫米　1/16
印　　张 /	13.5
字　　数 /	262千字
版　　次 /	2023年7月第2版第4次印刷
定　　价 /	39.00元

责任编辑/张荣君
文案编辑/张荣君
责任校对/周瑞红
责任印制/边超心

图书出现印装质量问题，请拨打售后服务热线，本社负责调换

前 言

党的二十大报告指出：建设现代化产业体系。坚持把发展经济的着力点放在实体经济上，推进新型工业化，加快建设制造强国、质量强国、航天强国、交通强国、网络强国、数字中国。随着家庭平均汽车保有量的迅速增长，汽车给整个社会带来的能源、环境、交通和安全的压力日益加大。随着现代汽车结构的改进和汽车技术的不断发展，汽车新材料不断推陈出新，轻量化材料在汽车上的使用也越来越广泛。诸多的发展也给汽车产业带来无限的挑战和机遇。因此，对汽车材料的使用与发展，需要熟悉跨界知识的创新型人才。

党的二十大精神和中共中央办公厅、国务院办公厅《关于推动现代职业教育高质量发展的意见》及全国职业教育大会精神，本书是根据有关要求，深化职业教育"三教"改革，同时，为了适应中等职业学校汽车专业主干课程汽车材料的教学基本要求，并参照有关行业职业技能鉴定规范及中级工、高级工等级考核标准对第一版进行修订。本书特色融入思政元素，在章节前学习目标里详细提出学习的素养目标，在篇章后设置了知识拓展模块，将课程思政与知识技能结合，有机融入与课程内容相关的制造强国、科技强国、中华优秀传统文化、产业发展新成就、绿色低碳、安全教育、工匠精神等内容，体现爱国主义，推动绿色发展，弘扬专业精神、劳动精神和勤俭节约精神，将立德树人落实到课程中。体现教材的思政引领作用。青年强，则国家强，共同帮助学生成为德智体美劳全面发展的社会主义建设者和接班人。

本书适用于技工或职业学校汽车专业，也可作为相关行业岗位培训参考用书。根据高技能人才培养目标，本教材紧扣汽车相关专业的特点，以够用为度，适用为主，应用为本，注重理论与实践紧密结合，教材中尽可能体现了汽车材料方面的新知识、新技术、新工艺和新材料，使学生毕业后能适应汽车材料技术及市场的变化发展需要。

"汽车材料"是汽车运用与维修专业的一门专业基础课。其主要任务是通过本课程的学习，使学生对汽车用金属材料、非金属材料、润滑材料、汽车美容材料等各种材料有一个较全面的、概括性的了解；初步掌握汽车常用材料的牌号、性能，掌握常用金属材料热处理方法的原理、目的及应用；具备合理选材及应用的基本知识和相关技能；初步具备分析非金属材料特性及应用状况的能力。为学好后续专业课程及今后进一步学习打下基础。

本书适用于58~64学时的教学，学时分配建议如下：

章次	内容	学时
第1章	金属材料的力学性能	4
第2章	黑色金属	12
第3章	有色金属及其合金	4
第4章	典型零件选用及热处理	4
第5章	塑料、橡胶	4
第6章	玻璃、陶瓷	4
第7章	复合材料、摩擦材料	6
第8章	汽车涂装涂料、车用胶黏剂	4
第9章	汽车燃料	4
第10章	汽车润滑材料	4
第11章	汽车工作油液	2
第12章	轮胎	4
机动		2~8

本书由沈阳市汽车工程学校武丹和沈阳市金杯职业技术学院杜弘主编，参与编写工作的还有：沈阳市汽车工程学校王婕芬、姚飞、刘希艳、孔英立、孙丽丽、樊啸等。本书在编写过程中得到了兄弟院校及有关单位的大力支持和帮助，在此表示衷心感谢。

由于编者水平有限，书中难免有不足之处，恳请广大读者批评指正。

编　者

目录 Contents

第一篇　金属材料

第1章　金属材料的力学性能 ·· 2
　1.1　强度与塑性 ··· 2
　1.2　硬度 ··· 6
　1.3　冲击韧性 ··· 9
　1.4　疲劳强度 ··· 10

第2章　黑色金属 ·· 13
　2.1　金属和合金的内部结构 ··· 13
　2.2　铁碳合金 ··· 16
　2.3　碳钢 ··· 19
　2.4　合金钢 ··· 24
　2.5　铸铁 ··· 32
　2.6　粉末冶金 ··· 37

第3章　有色金属及其合金 ·· 43
　3.1　铝及铝合金 ··· 43
　3.2　铜及铜合金 ··· 46
　3.3　镁及镁合金 ··· 49
　3.4　滑动轴承合金 ··· 51

第4章 典型零件选用及热处理 ... 56
4.1 汽车零件选材现状与趋势 ... 56
4.2 零件选材原则 ... 57
4.3 铁碳合金的热处理 ... 57
4.4 汽车典型零件选材及热处理 ... 60

第二篇 非金属材料

第5章 塑料、橡胶 ... 63
5.1 塑料 ... 63
5.2 橡胶 ... 74

第6章 玻璃、陶瓷 ... 84
6.1 玻璃 ... 84
6.2 陶瓷 ... 91

第7章 复合材料、摩擦材料 ... 97
7.1 复合材料 ... 97
7.2 摩擦材料 ... 103

第8章 汽车涂装涂料、车用胶黏剂 ... 108
8.1 汽车涂装涂料 ... 108
8.2 车用胶黏剂 ... 115

第三篇 汽车运行材料

第9章 汽车燃料 ... 122
9.1 石油 ... 122
9.2 汽油 ... 126

9.3	柴油	132
9.4	汽车代用燃料	141

第10章 汽车润滑材料 146

10.1	发动机润滑油	146
10.2	车辆齿轮油	157
10.3	液力传动油	162
10.4	润滑脂	166

第11章 汽车工作油液 176

11.1	制动液	176
11.2	其他工作油液	182

第12章 轮胎 188

12.1	汽车对轮胎的性能要求	188
12.2	汽车轮胎的组成、分类与结构特点	189
12.3	轮胎的选配及合理使用	192

参考文献 207

第一篇

金属材料

第1章　金属材料的力学性能

> **学习目标**

【知识目标】
1. 掌握金属材料的力学性能指标的概念；
2. 了解金属材料的拉伸试验、硬度试验及冲击试验。

【技能目标】
总结金属材料的分类，学会区分金属材料力学性能指标的符号、物理意义。

【素养目标】
通过实验培养全面节约战略，推进各类资源节约充分利用。

工业上使用的金属材料主要是合金，而纯金属应用较少（其价格贵且强度较低）。所谓合金，是指由两种或两种以上的元素（其中至少有一种是金属元素）所组成的具有金属性质的物质。如碳钢是由铁和碳组成的合金，黄铜是铜和锌的合金等。金属与合金统称为金属材料。

金属材料的性能包括使用性能和工艺性能两大类。使用性能包括力学性能、物理性能和化学性能等；工艺性能是指铸造性能、锻造性能、焊接性能、热处理性能和切削加工性能等。

1.1　强度与塑性

强度：在外力（载荷）的作用下，金属材料抵抗永久变形和断裂的能力。
塑性：在外力的作用下，金属材料产生永久变形而不断裂的能力。

1.1.1　载荷

金属材料在使用过程中所受的外力称为载荷，其类型见表1-1。

1.1.2　拉伸试样与拉伸图

静拉伸试验是应用最广泛的力学性能试验方法之一。根据试样在拉伸过程中承受的载荷和产生相应变形量的大小，可测定该金属材料的强度指标。

表 1-1 载荷的类型

载荷的类型	根据外力作用的类型分	拉伸载荷	抗拉强度	拉钩、绳、绳栓等
		压缩载荷	抗压强度	活塞、连杆等
		弯曲载荷	抗弯强度	曲轴、摇臂等
		剪切载荷	抗剪强度	销、轴类零件等
		扭转载荷	抗扭强度	曲轴等旋转类零件
	根据作用力的方向、时间分	静载荷	缓慢增加后保持大小和方向不变的载荷	
		冲击载荷	它不仅与作用力有关，而且与作用时的速度有关	
		交变载荷	交变载荷作用特征是：力的大小、方向随时间作周期性变化	

1. 拉伸试样

为了使金属材料的力学性能指标在测试时能排除因试样形状、尺寸的不同而造成的影响，并便于分析比较，试验时应先将被测金属材料制成标准试样。图 1-1 所示为圆形拉伸试样。

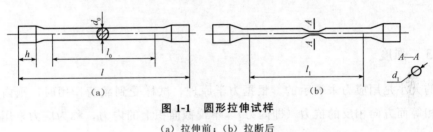

图 1-1 圆形拉伸试样
（a）拉伸前；（b）拉断后

图 1-1 中，d_0 是试样的直径，l_0 是标距长度。根据标距长度与直径之间的关系，试样可分为长试样（$l_0=10d_0$）和短试样（$l_0=5d_0$）。

2. 拉伸图

拉伸试验中记录的拉伸力与伸长的关系曲线称为力—伸长曲线，也称拉伸图。图 1-2 是低碳钢的力—伸长曲线。图中纵坐标表示力 F，单位为 N；横坐标表示绝对伸长 Δl，单位为 mm。如果作如下变换：

$$\sigma=\frac{F}{A};\ \varepsilon=\frac{\Delta l}{L}$$

就得到应力应变曲线（$\sigma-\varepsilon$ 曲线）。

由图 1-2 可见，低碳钢在拉伸过程中，其载荷与变形关系有以下几个阶段：

当载荷不超过 F_e 时，拉伸曲线 Oe 为直线，即试样的伸长量与载荷成正比。如果卸除载荷，试样仍能

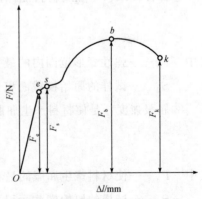

图 1-2 低碳钢的力—伸长曲线

恢复到原来的尺寸，即试样的变形完全消失。这种随载荷消失而消失的变形称为弹性变形。这一阶段属于弹性变形阶段。

当载荷超过 F_e 后，试样将进一步伸长，此时若卸除载荷，弹性变形消失，而另一部分变形却不能消失，即试样不能恢复到原来的尺寸，这种载荷消失后仍继续保留的变形称为塑性变形。

当载荷达到 F_s 时，拉伸曲线出现了水平或锯齿形线段，这表明在载荷基本不变的情况下，试样却继续变形，这种现象称为"屈服"。引起试样屈服的载荷称为屈服载荷。

当载荷超过 F_s 后，试样的伸长量与载荷以曲线关系上升，但曲线的斜率比 Oe 段的斜率小，即载荷的增加量不大，而试样的伸长量却很大，这表明在超过 F_s 后，试样已开始产生大量的塑性变形。当载荷继续增加到某一最大值 F_b 时，试样的局部截面缩小，产生所谓的"缩颈"现象。由于试样局部截面的逐渐缩小，所以载荷也逐渐降低，当达到拉伸曲线上 k 点时，试样随即断裂。F_k 为试样断裂时的载荷。

在试样产生缩颈以前，由载荷所引起试样的伸长，基本上是沿着整个试样标距长度内发生的，属于均匀变形；缩颈后，试样的伸长主要发生在颈部的一段长度内，属于集中变形。

1.1.3 强度

强度的大小是用应力来表示的。根据力学原理，试样受到载荷作用时，则内部产生大小与载荷相等而方向相反的抗力（即内力）。单位截面积上的内力，称为应力，用符号 σ 表示，单位为 Pa。

从拉伸曲线分析得出，有三个载荷值比较重要：①弹性变形范围内的最大载荷 F_e；②最小屈服载荷 F_s；③最大载荷 F_b，通过这三个载荷值，可以得出金属材料的三个主要强度指标。

①弹性极限：是金属材料能保持弹性变形的最大应力，用 σ_e 表示，单位为 Pa。

$$\sigma_e = \frac{F_e}{S_0}$$

式中　F_e——弹性变形范围内的最大载荷（N）；
　　　S_0——试样的原始横截面积（mm^2）。

②屈服强度：是使材料产生屈服现象时的最小应力，用 σ_s 表示。

$$\sigma_s = \frac{F_s}{S_0}$$

式中　F_s——使材料产生屈服的最小载荷（N）；
　　　S_0——试样的原始横截面积（mm^2）。

对于低塑性材料或脆性材料，由于屈服现象不明显，因此这类材料的屈服强度常以产生一定的微量塑性变形（一般用变形量为试样长度的 0.2% 表示）的应力为屈服强度，用

$\sigma_{0.2}$表示，称为条件屈服强度。即：

$$\sigma_{0.2}=\frac{F_{0.2}}{S_0}$$

式中　$F_{0.2}$——塑性变形量为试样长度的 0.2% 时的载荷（N）；

　　　S_0——试样的原始横截面积（mm²）。

③抗拉强度：试样断裂前能够承受的最大应力，称为抗拉强度，用 σ_b 表示。

$$\sigma_b=\frac{F_b}{S_0}$$

式中　F_b——试样断裂前所能承受的最大载荷（N）；

　　　S_0——试样的原始横截面积（mm²）。

低碳钢的屈服强度约为 240 MPa，抗拉强度 σ_b 约为 400 MPa。

工程上所用的金属材料，不仅希望具有较高的抗拉强度，还希望具有一定的屈强比（σ_s/σ_b）。屈服比越小，结构零件的可靠性越高，万一超载也能由于塑性变形而使金属的强度提高，不致立即断裂。但如果屈服比太小，则材料强度的有效利用率就低。

1.1.4　塑性

通过拉伸试验测得的常用塑性指标有：伸长率和断面收缩率。

1. 伸长率

伸长率是指试样拉伸断裂时的绝对伸长量与原始长度比值的百分率，用符号 δ 表示。即：

$$\delta=\frac{\Delta l}{l_0}\times 100\%=\frac{l_1-l_0}{l_0}\times 100\%$$

式中　l_0——试样的原始标距长度（mm）；

　　　l_1——试样拉断时的标距长度（mm）。

2. 断面收缩率

断面收缩率是指试样拉断后，试样断口处横截面积的缩减量与原始横截面积比值的百分率，用符号 Ψ 表示。即：

$$\Psi=\frac{\Delta S}{S_0}\times 100\%=\frac{S_0-S_1}{S_0}\times 100\%$$

式中　S_0——试样的原始横截面积（mm²）；

　　　S_1——试样断裂处的横截面积（mm²）。

必须说明，伸长率的大小与试样的尺寸有关。试样长短不同，测得的伸长率是不同的。长试样、短试样的伸长率分别用 δ_{10} 和 δ_5 表示，习惯上，δ_{10} 常写成 δ。对于同一材料，短试样所测得的伸长率（δ_5）要比长试样测得的伸长率（δ_{10}）大一些，两者不能直接进行比较。

δ 和 Ψ 是材料的重要性能指标。它们的数值越大，材料的塑性越好。金属材料的塑性好坏，对零件的加工和使用有十分重要的意义。例如，低碳钢的塑性较好，故可以进行压力加工；普通铸铁的塑性差，因而不便进行压力加工，只能进行铸造。同时，由于材料具有一定的塑性，故能够保证材料不致因稍有超载而突然破断，这就增加了材料使用的安全性、可靠性。

1.2 硬度

硬度是指金属表面上局部体积内抵抗弹性变形、塑性变形或抵抗破坏的能力。它是金属材料的重要性能之一，也是检验工模具和机械零件质量的一项重要指标。由于测定硬度的试验设备比较简单，操作方便、迅速，又属无损检验，故在生产和科研中的应用都十分广泛。

测定硬度的方法比较多，其中常用的硬度测定法是压入法，它用一定的静载荷（压力）把压头压在金属表面上，然后通过测定压痕的面积或深度来确定其硬度。常用的硬度试验方法有布氏硬度、洛氏硬度和维氏硬度三种。

1.2.1 布氏硬度试验法

布氏硬度的测定原理是用一定大小的载荷 F，把直径为 D 的淬火钢球或硬质合金球压入被测金属表面，保持一定时间后卸除载荷，用金属表面压痕的面积 S 除以载荷所得的商，作为布氏硬度值，用符号 HB 表示，可由计算式得出。布氏硬度试验原理如图 1-3 所示。

$$HB = \frac{F}{S} = 0.102 \frac{2F}{\pi D(D - \sqrt{D^2 - d^2})}$$

式中　　D——球体直径（mm）；
　　　　F——载荷（N）；
　　　　d——压痕平均直径（mm）。

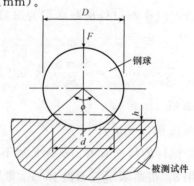

图 1-3　布氏硬度试验原理

试验时测量出压痕的平均直径 d，经计算或查表即可得出所测材料的布氏硬度值。

布氏硬度的符号是：当压头为淬火钢球时，用 HBS 表示，适合于布氏硬度值在 450 以下的材料；当压头为硬质合金球时，用 HBW 表示，适合于布氏硬度值为 450～650 的材料。

布氏硬度试验的优点是测定的数据准确、稳定，数据重复性强，常用于测定退火件、正火件、调质钢、铸铁及有色金属的硬度。其缺点是压痕较大，易损坏成品的表面，不能测定太薄的试样硬度。

1.2.2 洛氏硬度试验法

当材料的硬度较高或试样过小时，需要用洛氏硬度计进行硬度测试。

洛氏硬度试验，是用顶角为 120°的金刚石圆锥或直径为 1.588 mm（1/16″）的淬火钢球作压头，在初试验力 F_0 及总试验力 F（初试验力 F_0 与主试验力 F_1 之和）分别作用下压入金属表面，然后卸除主试验力 F_1，在初试验力 F_0 下测定残余压入深度，用深度的大小来表示材料的洛氏硬度值，并规定每压入 0.002 mm 为一个硬度单位。

洛氏硬度试验原理如图 1-4 所示。图中 0—0 为金刚石压头没有和试样接触时的位置，1—1 为压头在初载荷（100 N）作用下压入试样 h_1 位置；2—2 为压头在全部规定载荷（初载荷＋主载荷）作用下压入 h_2 位置；3—3 为卸除主载荷保留初载荷后压头的位置 h_3。这样，压痕的深度 $h=h_3-h_1$，洛氏硬度用 HR 表示，其计算公式为：

$$HR = C - \frac{h}{0.002}$$

式中　h——压痕深度；

C——常数，当压头为淬火钢球时，$C=130$；当压头为金刚石圆锥时，$C=100$。

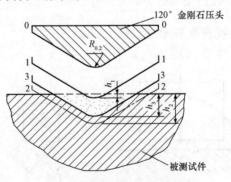

图 1-4　洛氏硬度试验原理

材料越硬，h 便越小，而所测得的洛氏硬度值越大。

淬火钢球压头适用于退火件、有色金属等较软材料的硬度测定；金刚石压头适用于淬火钢等较硬材料的硬度测定。洛氏硬度所加载荷根据被测材料本身硬度不同而作不同规定，组成不同的洛氏硬度标尺，常用的洛氏硬度标尺有 A、B、C 三种，用符号 HRA、HRB、

HRC 表示，其试验条件和应用见表 1-2。

表 1-2 常用洛氏硬度试验规范（摘自 GB/T230.1—2018）

硬度符号	测量范围	初试验力/N	总试验力/N	压头类型	应用举例
HRA	20—95	98.07	588.4	金刚石 圆锥体	调质钢、淬火钢等
HRB	10—100	98.07	980.7	1.5875 mm 球	非铁金属、退火钢、正火钢等
HRC	20—70	98.07	1471	金刚石 圆锥体	硬质合金、表面淬火层、渗碳层等

洛氏硬度测定简单，方便快捷，可直接从表盘上读出硬度数值，压痕小，可测成品表面硬度；测试范围大，能测试较薄工件的硬度。但由于压痕小，测定结果波动较大，稳定性较差，故需测试三点，取其算术平均值，一般不适宜测试组织不均匀的材料。

1.2.3 维氏硬度试验法

维氏硬度是根据压痕单位面积承受的载荷大小来计量硬度值，这点与布氏硬度基本相同；所不同的是维氏硬度试验法采用的压头是相对面夹角为 136°的金刚石的四棱锥体，而不是球体，试验原理如图 1-5 所示。

维氏硬度是用正四棱锥形压痕单位表面积上承受的平均压力表示硬度值的，用 HV 表示，其计算公式为：

$$HV = 0.1891 \frac{F}{d^2}$$

式中 F——试验载荷（N）；

d——压痕两条对角线长度算术平均值（mm）。

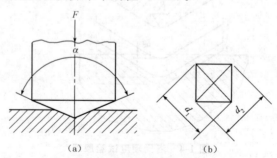

图 1-5 维氏硬度试验原理

（a）压头（金刚石锥体）；（b）维氏硬度压痕

试验时，压头在选定的试验力 F 作用下，压入试样表面，保持规定时间后卸掉试验力，在试样表面压出一个四棱方锥形压痕。通过测量压痕对角线长度 d_1 与 d_2，得到平均长度

d，从而计算出压痕表面积。

维氏硬度符号 HV 前面的数值为硬度值，HV 后面为试验力值。标准的试验保持时间为 10～15 s。如果选用的时间超出这一范围，在试验力值后面还要注上保持时间。例如，600 HV30 表示采用 294.2 N（30 kg）的试验力；保持时间 10～15 s 时得到的硬度值为 600；600 HV30/20 表示采用 294.2 N（30 kg）的试验力，保持时间 20 s 时得到的硬度值为 600。

与布氏硬度试验、洛氏硬度试验比较，维氏硬度试验具有许多优点，它不存在布氏硬度试验载荷与压头直径成比例关系的约束，也不存在压头变形问题。因试验时所加的试验力小（常用的试验力有 5 kgf、10 kgf、20 kgf、30 kgf、50 kgf、100 kgf），压入深度浅，故维氏硬度比洛氏硬度能更好地测定极薄试件的硬度；维氏硬度法的缺点是操作过程及压痕测量较费时间，生产效率不如洛氏硬度试验法高，故不宜用于成批生产中的常规检验。

目前，维氏硬度试验法主要用于测定金属镀层、薄片金属以及化学热处理后的表面硬度。维氏硬度试验法除在生产上应用外，还广泛用于材料科学研究。

1.3 冲击韧性

许多机械零件在工作中，往往要受到冲击载荷的作用，如活塞销、锤杆、冲模、锻模、凿岩机零件等。制造这些零件的材料，其性能不能单纯用静载荷作用下的指标来衡量，而必须考虑材料抵抗冲击载荷的能力。冲击载荷是指加载速度很快而作用时间很短的突发性载荷。

金属抵抗冲击载荷而不破坏的能力称为冲击韧性。目前常用一次摆锤冲击弯曲试验来测定金属材料的韧度，其试验原理如图 1-6 所示。

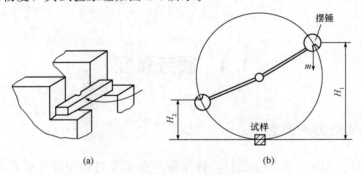

图 1-6　冲击试验原理

(a) 试样安放位置；(b) 冲击示意图

试验时，把按规定制作的标准冲击试样的缺口（脆性材料不开缺口）背向摆锤方向放在冲击试验机上，将摆锤（质量为 m）扬起到规定高度 H_1 后自由落下，将试样冲断。由于惯性，摆锤冲断试样后会继续上升到某一高度 H_2。根据功能原理可知：摆锤冲断试样所消耗的功 $A_K=mg(H_1-H_2)$。A_K 常称为冲击吸收功，可从冲击试验机上直接读出。用试样缺口处的横截面积 S 除 A_K 所得的商即为该材料的冲击韧性值，用符号 α_K 表示，单位为焦耳/厘米^2（J/cm^2）。即：

$$\alpha_K=\frac{A_K}{S}$$

式中　A_K——冲击吸收功（J）；
　　　S——试样缺口处的横截面积（cm^2）；
　　　α_K——冲击韧度（J/cm^2）。

试样缺口有 U 和 V 两种，冲击韧性值分别用 α_{KU} 和 α_{KV} 表示。

α_{KV} 值越大，材料的冲击韧性越好，断口处则会发生较大的塑性变形，断口呈灰色纤维状；α_{KV} 值越小，材料的冲击韧性越差，断口处无明显的塑性变形，断口具有金属光泽且较为平整。

一般来说，强度、塑性两者均好的材料，α_{KV} 值也高。材料的冲击韧性除了取决于其化学成分和显微组织外，还与加载速度、温度、试样的表面质量（如缺口、表面粗糙度等）、材料的冶金质量等有关。加载速度越快，温度越低，表面及冶金质量越差，则 α_{KV} 值越低。

在一次冲断条件下测得的冲击韧性值 α_{KV}，对于判别材料抵抗大能量冲击能力，有一定的意义。而绝大多数机件在工作中所承受的多是小能量多次冲击，机件在使用过程中承受这种冲击有上万次或数万次。对于材料承受多次冲击的问题，如果冲击能量低、冲击周次较多，材料的冲击韧性主要取决于材料的强度，材料的强度高则冲击韧性较好；如果冲击能量高，则主要取决于材料的塑性，材料的塑性越高则冲击韧性较好。因此冲击韧性值 α_{KV} 一般只作设计和选材的参考。

1.4　疲劳强度

1.4.1　交变应力的概念

许多机械零件，如轴、齿轮、连杆、弹簧等，在工作过程中往往受到大小或大小及方向随时间呈周期性变化的应力作用，此应力称为交变应力。

1.4.2　金属的疲劳

金属材料在交变应力的长期作用下，零件工作时所承受的应力通常都低于材料的屈服强度。机件在这种交变载荷作用下经过长时间工作也会发生破坏,通常这种破坏现象称为金属的疲劳,这种断裂方式称为疲劳断裂。各种材料疲劳断裂时,都不产生明显的塑性变形,断裂是突然发生的,所以疲劳断裂具有很大的危险性。据统计,损坏的机械零件中大约有80%以上是由于金属的疲劳造成的。

疲劳断裂是一个逐渐发展的过程。实验证实,零件在交变应力的作用下,一般首先在材料最薄弱的区域(如零件表面划痕、内部夹渣、空洞等处)产生极微小的裂纹,然后随着应力循环次数的增加,裂纹逐渐扩展,使零件的有效承载面积不断减少,当承载面积减小到不能承受外加载荷的作用时,便突然断裂。

由于疲劳断裂的危害性,要进行正确的设计,保证零件的安全运转,对于承受交变应力的零件,必须进一步掌握材料的抗疲劳性能。

1.4.3 金属的抗疲劳性能

金属的疲劳是在交变载荷作用下,经过一定的循环周次之后出现的。图1-7是某材料的疲劳曲线,横坐标表示循环周次,纵坐标表示交变应力。从该曲线可以看出,材料承受的交变应力越大,疲劳破坏前能循环工作的周次越少;当循环交变应力减少到某一数值时,曲线接近水平,即表示当应力低于此值时,材料可经受无数次应力循环而不破坏。我们把材料在无数次交变载荷作用下而不破坏的最大应力值称为疲劳强度。通常,光滑试样在对称弯曲循环载荷作用下的疲劳强度用 σ_{-1} 表示。对钢材来说,当循环次数 N 达到 10^7 周次时,曲线便出现水平线,所以我们把经受 10^8 周次或更多周次而不破坏的最大应力定为疲劳强度。对于有色金属,一般则需规定应力循环次数在 10^8 或更多周次,才能确定其疲劳强度。

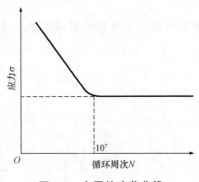

图1-7 金属的疲劳曲线

影响疲劳强度的因素很多,其中主要有循环应力、温度、材料的化学成分及显微组织、表面质量和残余应力等。

应该注意:上述力学性能指标,都是用小尺寸的光滑试样或标准试样,在规定性质的载荷作用下测得的。实践证明,它们不能直接代表材料制成零件后的性能。因为实际零件尺寸往往很大，尺寸增大后，材料中出现的缺陷（如孔洞、夹杂物、表面损伤等）的可能性也越大；而且零件在实际工作中所受的载荷往往是复杂的，零件的形状、表面粗糙度值等也与试样差异很大。

本章小结

本章重点介绍的是金属材料的力学性能指标、定义及应用。

强度：在外力（载荷）的作用下，金属材料抵抗永久变形和断裂的能力。常用的强度指标有弹性极限、屈服强度、抗拉强度，它们均通过拉伸试验测得。

塑性：在外力的作用下，金属材料产生永久变形而不破坏的能力。金属材料的塑性指标一般用伸长率 S 和断面收缩率来衡量。

硬度：指金属表面上局部体积内抵抗弹性变形、塑性变形或抵抗破坏的能力。

冲击韧性：指金属抵抗冲击载荷而不破坏的能力。

金属疲劳：金属材料在交变应力的长期作用下，会发生突然断裂，这种现象为金属的疲劳。

习题与思考

1. 什么是金属的力学性能？金属的力学性能主要有哪些？
2. 金属的硬度有几种测试方法？它们分别适用于测定哪些材料？
3. 什么是金属疲劳？金属的疲劳断裂是怎样发生的？试举两个生活中常见的金属疲劳断裂的例子。
4. 当汽车发动机气门弹簧工作时，是弹性变形还是塑性变形？试述鉴别的依据。

第 2 章 黑色金属

> **学习目标**

【知识目标】
1. 掌握碳钢、合金钢、铸铁的有关基本概念、分类、牌号、性能及用途；
2. 了解铁碳合金的成分、组织、性能之间的关系。

【技能目标】
学会列举碳钢、合金钢、铸铁在汽车上的应用。

【素养目标】
通过了解我国在冶铸技术方面的发明和创新，从而培养学生的创新意识、民族自豪感和爱国主义情怀。

黑色金属是以铁为基本元素的合金，如钢、铸铁及其合金，它们在工业中得到极其广泛的应用。

2.1 金属和合金的内部结构

不同的金属材料有不同的力学性能，即使是同一金属材料在不同的条件下其力学性能也不同，金属力学性能的这种差异是由化学成分和组织结构决定的。因此，要了解材料的特性，就必须首先了解其内部结构。

2.1.1 金属和合金的晶体结构

在自然界中，除了少数固体物质（如松香、沥青、玻璃等）属于非金属外，大多数固态物质一般都是晶体，其内部的原子排列具有规律性。

晶体具有固定的熔点和各向异性的特征，而非金属没有固定熔点，且各向同性，如图 2-1（a）所示。

为了便于理解和描述晶体中原子排列的情况，可以把实际原子向其中心简化成为一质点，然后用一些假象的线条连接起来，构成一个空间格子，这种抽象的、用于描述原子在晶体中排列方式的空间格子称为晶格，如图 2-1（b）所示。

由于晶格中原子排列具有周期性变化的特点，通常从晶格中取出一个能够反映晶格特征的最小的几何单元来研究晶体中原子排列的规律，这个最小的几何单元称为晶胞，如图 2-1 (c) 所示。显然，晶格是由无数个晶胞重复堆积而成的。晶胞的棱边长度和棱边夹角称为晶格常数，金属的晶格常数一般为 10~70 mm。晶胞各边之间的夹角分别以 α、β、γ 表示。

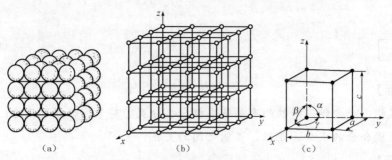

图 2-1 简单立方体晶体结构

2.1.2 常见金属的晶格类型

体心立方晶格的晶胞是一个立方体，立方体的中心有一个原子，八个顶角排列着一个原子，如图 2-2 (a) 所示。属于这类晶格的金属有铁（α—Fe）、铬（Cr）、钨（W）、钼（Mo）、钒（V）等，这类金属的塑性较好。

面心立方晶格的晶胞也是一个立方体，立方体的八个顶角和六个面的中心各排列着一个原子，如图 2-2 (b) 所示。属于这类晶格的金属有铝（Al）、铜（Cu）、镍（Ni）、铁（γ—Fe）等，这类金属的塑性优于体心立方晶格的金属。

密排六方晶格的晶胞是一个六棱柱体，原子位于两个底面的中心和十二个顶角上，棱柱内部还包括三个原子，如图 2-2 (c) 所示。属于这类晶格的金属有镁（Mg）、锌（Zn）、铍（B）等，这类金属较脆。

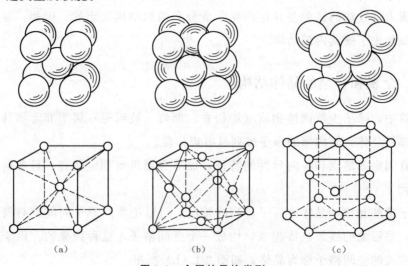

图 2-2 金属的晶格类型

金属的晶格类型不同，其性能必然存在差异。即使晶格类型相同的金属，由于各元素的原子直径和原子间距不同等原因，其性能也不相同。

2.1.3 合金的晶体结构

纯金属具有良好的导电性、导热性、塑性和金属光泽，在工业上具有一定的应用价值。但由于强度、硬度一般较低，远远不能满足实际生产的需要，而且冶炼困难，价格较高，其应用受到很大限制。因此，实际生产中大量使用的金属材料是合金，如钢铁、普通黄铜、硬铝等。

1. 合金的基本概念

合金是由两种或两种以上的金属与金属或金属与非金属组成的具有金属特性的物质。例如，黄铜是由铜与锌组成的合金，钢和铸铁是由铁与碳组成的合金。组成合金的最基本的独立物质称为合金的组元。给定组元可以按不同比例配制一系列不同成分的合金，构成一个合金系。在一个合金系内，组元可以是元素，也可以是稳定的化合物。由两个组元组成的合金称为二元合金，还有三元合金、多元合金。

相是指合金系统中具有同一化学成分、同一晶体结构组成部分，一般来说，相与相之间有明显的分界面。用金相观察方法，在金属及合金内部看到的有关晶体或晶粒的大小、方向、形状、排列状况等组成构造情况称为组织。只有一相组成的组织称为单相组织，由两种或两种以上相组成的组织称为多相组织。

2. 合金的相结构

合金的相结构可分为固溶体、金属化合物和机械混合物三大类。

（1）固溶体：在固态下，合金组元间相互溶解，形成在某一组元的晶格中包含其他组元的新相，称为固溶体。保留原有晶格类型的组元称为溶剂，其他组元称为溶质。根据溶质原子在溶剂晶格中所占位置的不同，固溶体可分为置换固溶体和间隙固溶体两类。

所谓置换固溶体，是指溶剂晶格上的原子被溶质原子所取代而形成的固溶体。所谓间隙固溶体，是指溶质原子溶入溶剂晶格的间隙中所形成的固溶体。间隙固溶体的溶解度是有限的。

不论是置换固溶体和间隙固溶体，由于溶质原子和溶剂原子的直径差别，溶质原子溶入后，造成棱边长度发生撑开或靠拢的现象（晶格畸变），使晶体的变形抗力增大，导致强度、硬度提高，称为固溶强化，它是改善材料性能的重要途径之一。

（2）金属化合物：合金组元间按一定比例化合而形成的具有金属特性的一种新相。其晶格类型和性能完全不同于合金中的任一组元，一般具有复杂的晶格，且熔点高、硬度高、脆性大。

（3）机械混合物：组成合金的各组元，在固态下既不溶解，也不形成化合物，而以混合形式组合在一起，其各相仍保持原来的晶格结构和性能，称为机械混合物。所以，机械混合物的性能取决于各个相的性能、相对数量、形状、大小及分布情况。

在常用的合金中，合金结构可以是单相固溶体，也可以是金属化合物，大多是固溶体和金属化合物的机械混合物。

2.2 铁碳合金

钢铁是钢和生铁的总称，钢和生铁都是铁碳合金。铁碳合金是工业上应用最广泛的金属材料，每辆汽车所用的材料中铁碳合金占的比重最大。

2.2.1 铁碳合金的组元

铁是过渡族元素，熔点为1 538℃。

金属在固态下随外界条件（温度、压力）的改变，由一种晶格类型转变为另一种晶格类型的变化，称为金属的同素异构转变。最常见的是铁的同素异构转变，可表示为：

$$\delta-Fe\ (1\ 394℃) \rightarrow \gamma-Fe\ (912℃) \rightarrow \alpha-Fe$$
$$(体心立方) \quad\quad (面心立方) \quad\quad (体心立方)$$

在铁碳合金中，碳常以三种形式存在。一是以石墨形态而独立存在；二是溶解于铁的晶格中；三是和铁形成化合物。

2.2.2 铁碳合金的基本相

铁素体（F）是碳溶于$\alpha-Fe$中形成的间隙固溶体。由于$\alpha-Fe$的间隙很小，因而溶碳能力极差，在727℃时溶碳量最大，为0.021 8%，室温时几乎为零。因此，铁素体的结构、性能与纯铁相近，强度、硬度低，塑性、韧性好（$\sigma_b=180\sim280$ MPa；HBS=50~80；$\delta=30\%\sim50\%$；$\alpha_K=160\sim200$ J/cm²）。

奥氏体（A）是碳在$\gamma-Fe$中形成的间隙固溶体。由于$\gamma-Fe$的间隙相对很大，故溶碳能力较大，在1 148℃时溶解度最大，为2.11%，727℃时溶碳量降为0.77%。奥氏体的塑性、韧性好，强度、硬度低，常作为各类钢的加工状态（$\sigma_b=400$ MPa；HBS=170~220；$\delta=40\%\sim50\%$）。

渗碳体（Fe_3C）是铁与碳形成的具有复杂结构的化合物。渗碳体碳的质量分数为6.69%，硬度很高（800HBW），很脆，塑性和韧性几乎等于零，熔点为1 227℃。渗碳体是钢的主要强化相，其形状、大小、数量和分布对钢的力学性能有很大影响。渗碳体在一定条件下可以分解成铁和石墨，这一分解过程对铸铁的组织和性能有重要意义。

珠光体（P）是铁素体和渗碳体组成的机械混合物，碳的质量分数为0.77%。由于珠光体是硬的渗碳体片和软的铁素体片相间组成的层片状组织，故其力学性能取决于两者各自的性能和相对数量，并与它们的形状、大小、分布有关。

莱氏体（Ld）是铸铁在凝固过程中发生共晶转变所形成的奥氏体和渗碳体组成的机械混合物，碳的质量分数平均为4.3%。奥氏体仅能在727℃以上稳定存在，当冷却到727℃以下奥氏体转变为珠光体，则低温时莱氏体由珠光体和渗碳体组成，也称低温莱氏体，用符号Ld'表示。莱氏体中存在大量渗碳体，塑性极差，属于硬而脆的组织。

2.2.3 铁碳合金状态图

铁碳合金状态图是研究铁碳合金在平衡状态下的组织随温度和成分变化的图形。掌握它就能对碳钢和铸铁的内部组织及其变化规律有一个较完整的概念,以便更好地利用它为制定热处理、压力加工等工艺规程打下基础。

铁碳合金状态图实际上是铁—渗碳体状态图($Fe-Fe_3C$ 状态图),简化后的 $Fe-Fe_3C$ 状态图如图 2-3 所示。

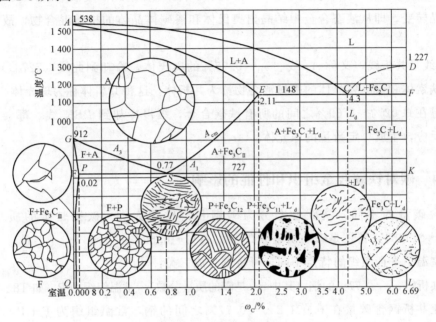

图 2-3 $Fe-Fe_3C$ 状态图

状态图中用字母标注的点,都表示一定的特性(成分、温度和某种临界状态),所以称为特性点。各主要特性点的含义列于表 2-1。

表 2-1 铁碳合金状态图中主要特性点的含义

特性点符号	温度/℃	含碳量/%	含义
A	1 538	0	纯铁的熔点
C	1 148	4.30	共晶点 $L_C \leftrightarrow A+Fe_3C$
D	1 227	6.69	渗碳体的熔点
E	1 148	2.11	碳在 $\gamma-Fe$ 中的最大溶解度
G	912	0	纯铁的同素异构转变点 $\alpha-Fe \leftrightarrow \gamma-Fe$
S	727	0.77	共析点 $A_S \leftrightarrow F_P+Fe_3C$
P	727	0.021 8	碳在 $\alpha-Fe$ 中的最大溶解度
Q	室温	0.000 8	室温时碳在 $\alpha-Fe$ 中的溶解度

状态图中各条线段都表示铁碳合金内部组织发生转变时的成分、温度界线，或称为组织转变线。例如图中的 ACD 线为液相线，此线以上的合金为液态。冷却到此线便开始结晶。

AECF 线为固相线，此线以下的合金为固态。合金加热到此线便开始熔化。

GS 线是冷却时从不同含碳量的奥氏体中开始析出铁素体的温度线，又称 A_3 线。

ES 线是碳在奥氏体中的溶解度曲线，又称 A_{cm} 线。

ECF 线是共晶线，含碳量大于 2.11% 的铁碳合金冷却到此温度线（1 148℃），在恒温下发生共晶转变，即从液态合金中结晶出奥氏体和渗碳体晶体的机械混合物，故此线是一条水平线。

PSK 线是共析线，又称 A_1 线。$\omega_C=0.77\%$ 的奥氏体，冷却到此线（727℃），在恒温下同析出铁素体和渗碳体晶体的机械混合物称为共析体。这种共析体称为珠光体。

含碳量在 0.02%～6.69% 之间的所有铁碳合金，缓慢冷却到 PSK 线，都会在恒温下发生共析反应，生成一定数量的珠光体。

2.2.4 碳对铁碳合金组织和性能的影响

根据含碳量的不同，铁碳合金分为碳钢和铸铁两大类。碳钢是碳的质量分数为 0.021 8%～2.11%，铸铁是碳的质量分数为 2.11%～6.69%。

根据室温下平衡组织的特点不同，可将钢分成三类：

（1）共析钢 $\omega_C=0.77\%$ 的钢（其中 ω_C 是碳的质量分数），常温组织为 P，如 T8、T8A 钢。

（2）亚共析钢 含碳量在 0.021 8%～0.77% 之间的钢，常温组织为 F＋P，如 Q235、15、45、65 等牌号的钢。

（3）过共析钢 含碳量在 0.77%～2.11% 之间的钢，常温组织为 P＋Fe_3C，如 T10、T12A 等牌号的钢。

现将这三类钢在固态下的结晶过程及常温组织分述如下（图 2-4）。

1. 共析钢

$\omega_C=0.77\%$ 的钢液结晶成奥氏体后，当温度冷却至 727℃（S 点）时，奥氏体在恒温下发生共析转变，全部转变成珠光体，它是一种层片状组织。

2. 亚共析钢

亚共析钢的结晶过程与共析钢不同，奥氏体转变是在一个温度范围内进行的，从 GS 线开始，到 PSK 线结束。以合金①为例（图 2-4）。在 GS 线以上时，合金呈单相奥氏体。当冷却到 t_1 温度时，开始从奥氏体中析出铁素体。铁素体的含碳量很少，因而使得剩余奥氏体的含碳量沿 GS 线向 S 点方向不断增加。如在 t_2 温度时，奥氏体的含碳量由 2 点确定。当温度继续下降至 PSK 线（727℃）时，奥氏体含碳量已增加至 0.77% 的共析成分，这部分奥氏体便在恒温下发生共析转变，形成珠光体。因此，亚共析钢的常温组织由铁素体和珠光体组成。

3. 过共析钢

过共析钢奥氏体的转变过程也是在一个温度范围内进行的。从 ES 线开始，至 PSK 线结束。以合金②为例（图 2-4），在 ES 线以上呈单相奥氏体。当温度降至 t_3 时，奥氏体的含碳量达饱和状态。继续冷却，碳在 γ-Fe 中的溶解度降低，多余的碳就以渗碳体的形式从奥氏体中析出。温度越低，析出量就越多。因此，剩余奥氏体的含碳量沿 ES 线向 S 点方向逐渐减少。如在 t_4 温度时，奥氏体中的含碳量由 4 点的成分确定。降到 PSK 线的温度（727℃）时，奥氏体的含碳量已降到共析成分（0.77%），并在此温度发生共析转变，形成珠光体。因此，过共析钢的组织由渗碳体和珠光体组成。

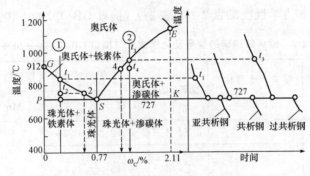

图 2-4　铁碳合金状态图中钢的部分

钢的种类品种繁多，如根据化学成分，可概括分为碳素钢和合金钢两大类，其中碳素钢按含碳量高低又可分为低碳钢（C≤0.25%）、中碳钢（C=0.25%~0.6%）、高碳钢（C≥0.6%）；合金钢按合金元素含量的高低可分为低合金钢（总量≤5%）、中合金钢（总量=5%~10%）、高合金钢（总量≥10%），按照用途可分为结构钢、工具钢和特殊性能钢三类，按冶金质量则分为普通钢、优质钢、高级优质钢、特级优质钢。

钢中的硫和磷是有害杂质，当含硫量过大的钢材进行热加工时，导致钢材强度降低，韧性下降，这种现象称为热脆；含磷量过大的钢材在室温下塑性、韧性急剧下降，这种现象称为冷脆。所以，钢材若按照冶金质量分类，就是根据硫、磷含量多少来确定的。

2.3　碳钢

碳钢是含碳量小于 2.11%，并且含有少量硅、锰、硫、磷等杂质的铁碳合金。碳钢可以分为普通碳素结构钢、优质碳素结构钢、碳素工具钢和碳素铸钢等。

2.3.1 普通碳素结构钢

这类碳钢的含碳量一般在0.06%～0.38%范围内，钢中有害杂质相对较多，但价格便宜，大多用于要求不高的机械零件和一般结构件。通常轧制成钢板或各种型材（圆钢、方钢、工字钢、角钢、钢筋等）供应。

其牌号由Q、屈服强度值、质量等级符号和脱氧方法四部分按顺序表示。质量等级有A、B、C、D、E五种，其中A级质量最低，E级质量最高；脱氧方法用F（沸腾钢）、b（半镇静钢）、Z（镇静钢）、TZ（特殊镇静钢）表示，牌号"Z"、"TZ"可以省略，如Q235—AF表示屈服强度为235 MPa、沸腾钢、质量等级为A级的碳素结构钢。碳素结构钢的牌号、化学成分和力学性能见表2-2和表2-3（摘自GB/T 700—2006）。

表2-2 碳素结构钢的牌号及化学成分（摘自GB/T 700—2006）

牌号	统一数学代号[a]	等级	厚度（或直径）/mm	脱氧方法	化学成分（质量分数）/%，不大于				
					C	Si	Mn	P	S
Q195	U11952	—	—	F、Z	0.12	0.30	0.50	0.035	0.040
Q215	U12152	A	—	F、Z	0.15	0.35	1.20	0.045	0.050
	U12155	B							0.045
Q235	U12352	A		F、Z	0.22	0.35	1.40	0.045	0.050
	U12355	B			0.20[b]				0.045
	U12358	C		Z	0.17			0.040	0.040
	U12359	D		TZ				0.035	0.035
Q275	U12752	A		F、Z	0.24	0.35	1.50	0.045	0.050
	U12755	B	≤40	Z	0.21			0.045	0.045
			>40		0.22				
	U12758	C		Z	0.20			0.040	0.040
	U12759	D		TZ				0.035	0.035

[a] 表示为镇静钢、特殊镇静钢牌号的统一数字，沸腾钢牌号的统一数学代号如下：
Q195F——U11950；
Q215AF——U12150，Q215BF——U12153；
Q234AF——U12350，Q235BF——U12353；
Q275AF——U12750。

[b] 经需方同意，Q235B的碳含量可不大于0.22%

表 2-3 碳素结构钢的力学性能

| 牌号 | 等级 | 屈服强度$^a R_{eH}$/(N/mm²),不大于 | | | | | | 抗拉强度^b R_m/(N/mm²) | 断后伸长率 A/%,不大于 | | | | | 冲击试验(V形缺口) | |
| | | 厚度(或直径)/mm | | | | | | | 厚度(或直径)/mm | | | | | 温度/℃ | 冲击吸收功(纵向)/J 不小于 |
		≤16	>16~40	>40~60	>60~100	>100~150	>150~200		≤40	>40~60	>60~100	>100~150	>150~200		
Q195	—	195	185	—	—	—	—	315~430	33	—	—	—	—	—	—
Q215	A	215	205	195	185	175	165	335~450	31	30	29	27	26	—	—
	B													+20	27
Q235^c	A	235	225	215	215	195	185	370~500	26	25	24	22	21	—	—
	B													+20	27
	C													0	27
	D													−20	27
Q275	A	275	265	255	245	225	215	410~540	22	21	20	18	17	—	—
	B													+20	27
	C													0	27
	D													−20	27

a Q195屈服强度值仅供参考,不作交货条件。
b 厚度大于100 mm的钢材,抗拉强度下限允许降低20 N/mm²。宽度钢(包括剪切钢板)抗拉强度上限不作交货条件。
c 厚度小于25 mm的Q235B级钢材,如供方能保证冲击吸收功值合格,经需方同意,可不作检验。

碳素结构钢在汽车上的用途如下:

Q195、Q215钢:对强度要求不高的零件,如铆钉、垫圈、开口销等。因塑性好,可用于冲压零件,如油底壳。

Q235钢:对强度要求一般的零件,如螺钉、螺母、螺栓、心轴、拉杆等。

Q275钢:对强度要求较高的零件,如转轴、摇杆、齿轮等。

2.3.2 优质碳素结构钢

优质碳素结构钢因有害杂质较少,其力学性能均比碳素结构钢好,主要用于制造重要的机械零件。

优质碳素结构钢的牌号用两位阿拉伯数字表示。阿拉伯数字表示钢的平均含碳量(数字的万分之一即为平均含碳量),如45钢,表示平均含碳量为0.45%的优质碳素结构钢。若钢中含锰量(Mn=0.7%~0.12%)较高时,在两位数字后面写"Mn",如65Mn,表示平均含碳量为0.65%,并含有较多的Mn(Mn=0.7%~0.12%)的优质碳素结构钢。若是沸腾钢，在两位数字后面写"F"，如08F。

部分优质碳素结构钢牌号、力学性能和应用举例见表2-4。

表2-4 优质碳素结构钢牌号、力学性能和应用举例

钢号	力学性能					应用举例
	σ_s/MPa	σ_b/MPa	δ_5/%	ψ/%	A_k/J	
08F	175	295	35	60	—	低碳钢强度、硬度低，塑性、韧性高，冷塑性加工和焊接性能优良，切削加工性欠佳，热处理强化效果不够显著。其中碳含量较低的钢如08（F）、10（F）常轧制成薄钢板，广泛用于深冲压和深拉延制品；碳含量较高的钢（15～25）可用作渗碳钢，用于制造外表硬、内部韧的中、小尺寸的耐磨零件
08	195	325	33	60	—	
10F	185	315	33	55	—	
10	205	335	31	55	—	
15F	205	355	29	55	—	
15	225	375	27	55	—	
20	245	410	25	55	—	
25	275	450	23	50	71	
30	295	495	21	50	63	中碳钢的综合力学性能好，热塑性加工性和切削加工性较佳，冷变形能力和焊接性中等。多在调质或正火状态下使用，还可以用于表面淬火处理以提高零件的疲劳性能和表面耐磨性，其中45钢应用最广
35	315	530	20	45	55	
40	335	570	19	45	47	
50	375	630	14	40	31	
55	380	645	13	35	—	
60	400	675	12	35	—	高碳钢具有较高的强度、硬度、耐磨性和良好的弹性，切削加工性中等，焊接性能不佳，淬火开裂倾向大，主要用于制造弹簧、轧辊和凸轮等耐磨件与钢丝绳等，其中65钢是一种常用的弹簧钢
65	410	695	10	30	—	
70	420	715	9	30	—	
75	880	1080	7	30	—	
80	930	1080	6	30	—	
85	980	1130	6	30	—	
15Mn	245	410	26	55	—	应用范围基本同于相对应的普通锰含量钢，但因淬透性和强度较高，可用于制作截面尺寸较大或强度要求较高的零件，其中以65Mn钢最常用
20Mn	275	450	24	50	—	
25Mn	295	490	22	50	71	
30Mn	315	540	20	45	63	
35Mn	335	560	19	45	55	
40Mn	355	590	17	45	47	
45Mn	375	620	15	40	39	
50Mn	390	645	13	40	31	
60Mn	410	695	11	35	—	
65Mn	430	735	9	30	—	
70Mn	450	785	8	30	—	

注：表中数据摘自GB/T 699—1999，A_k为调质处理值，其他力学性能多为正火处理值，试样毛坯尺寸25 mm。

常用优质碳素结构钢在汽车上的应用见表 2-5。

表 2-5 常用优质碳素结构钢在汽车上的应用

牌 号	应 用
08	发动机油底壳、油箱、乘员舱外壳、离合器盖等
15	发动机气门罩、轮胎螺栓与螺母、离合器调整螺栓、曲轴箱调整螺栓等
20	风扇叶片、驻车制动杆、离合器分离杠杆等
35	曲ängehe齿轮、连杆螺母、机油泵齿轮、半轴螺栓锥形套、汽缸盖定位销等
45	凸轮轴、曲轴、变速杆、离合器踏板轴及分离叉、气门推杆、同步器锁销等
50	离合器从动盘等
65Mn	转向纵拉杆弹簧、气门弹簧、离合器压板弹簧、活塞销卡簧等

2.3.3 碳素工具钢

这类钢含碳量比较高（C=0.65%～1.35%），硫、磷杂质含量较少，经球化退火、淬火和低温回火后硬度比较高，耐磨性好，但塑性较低。主要用于制造各种低速切削刀具、量具和模具。

碳素工具钢的牌号由表示"碳"的汉语拼音字首"T"与阿拉伯数字组成，其中阿拉伯数字表示钢的平均含碳量（数字的千分之一即为平均含碳量），如 T8 表示平均含碳量为 0.8% 的碳素工具钢。若为高级优质碳素工具钢，则在牌号后加"A"，如 T12A 钢，表示平均含碳量为 1.2% 的高级优质碳素工具钢。

碳素工具钢牌号、成分与应用举例见表 2-6。

表 2-6 碳素工具钢的牌号、成分与应用举例

牌 号	化学成分/%			退火状态硬度 HBS（不小于）	试样淬火硬度 HRC（不小于）	应用举例
	C	Si	Mn			
T7 T7A	0.65～0.74	≤0.35	≤0.04	187	800℃～820℃ 水，62	承受冲击、韧性较好、硬度适当的工具，如扁铲、手钳、大锤、木工工具
T8 T8A	0.75～0.84	≤0.35	0.40～0.60	187	780℃～800℃ 水，62	承受冲击、要求较高硬度的工具，如冲头、压缩空气工具、木工工具
T8Mn T8MnA	0.80～0.90	≤0.35	≤0.04	187	780℃～800℃ 水，62	同 T8，但淬透性较大，可制造截面较大的工具
T9 T9A	0.85～0.94	≤0.35	≤0.04	192	760℃～780℃ 水，62	韧性中等、硬度高的工具，如冲头、木工工具、凿岩工具

续表

牌号	化学成分/%			退火状态硬度 HBS（不小于）	试样淬火硬度 HRC（不小于）	应用举例
	C	Si	Mn			
T10 T10A	0.95～1.04	≤0.35	≤0.04	197	760℃～780℃ 水，62	不受剧烈冲击，高硬度耐磨工具，如车刀、刨刀、冲头、丝锥、钻头、手锯条
T11 T11A	1.05～1.14	≤0.35	≤0.04	207	760℃～780℃ 水，62	不受剧烈冲击，高硬度耐磨工具，如车刀、刨刀、冲头、丝锥、钻头
T12 T12A	1.15～1.24	≤0.35	≤0.04	207	760℃～780℃ 水，62	不受冲击，要求高硬度耐磨工具，如锉刀、刮刀、精车刀、丝锥、量具
T13 T13A	1.25～1.35	≤0.35	≤0.04	217	760℃～780℃ 水，62	不受冲击，要求更耐磨工具，如刮刀、剃刀

2.3.4 铸造碳钢

许多形状复杂的零件很难通过锻压等方法加工成形，用铸铁时性能又难以满足需要，此时常选用铸钢铸造获得铸钢件。铸造碳钢的牌号首位冠以"铸钢"两字的汉语拼音字首"ZG"，在"ZG"后面有两组数字，第一组数字表示最低屈服强度值，第二组数字表示最低抗拉强度值，如 ZG310—570，表示屈服强度不小于 310 MPa，抗拉强度不小于 570 MPa 的铸钢。

常用碳素铸钢在汽车上的应用见表 2-7。

表 2-7 常用碳素铸钢在汽车上的应用

牌号	应用
ZG270—500	机油管法兰、化油器活接头、车门限制器的限制块等
ZG310—570	起动爪、变速叉、前消震器下支架、进排气歧管压板、风扇过渡法兰等
ZG340—640	齿轮、棘轮等

2.4 合金钢

在碳钢中有目的地加入一些合金元素的钢称为合金钢。合金钢可分为合金结构钢、合金工具钢和特殊性能钢等。

2.4.1 合金结构钢

合金结构钢主要用来制造各种机械零件、工程结构、建筑结构。

合金结构钢的牌号（除滚动轴承钢外）以两位阿拉伯数字为首，表示碳的平均含量（以数字的万分之一计），其后为元素符号表示钢中所含的合金元素，元素符号后面的数字表示该合金元素的平均含量（以数字的千分之一计），若元素平均含量小于1.5%时，只写元素符号，其后不标出数字。若牌号末尾加"A"，则表示钢中硫、磷含量少，属高级优质钢。如60Si2Mn表示平均C=0.6%、Si=2%、Mn<1.5%的合金弹簧钢。

1. 低合金结构钢

合金元素以锰为主，附加钒、钛、钼、铌、硼等，其主要作用是强化铁素体。这类钢含碳量较低（C<0.2%），合金元素含量较少（Me<3%），通常在热轧经退火（或正火）状态下供应的，使用时一般不进行热处理。在牌号的组成中没有表示脱氧方法的符号，其余表示方法与碳素结构钢相同。例如Q390A，表示屈服强度为390MPa的A级低合金结构钢。常用低合金结构钢的牌号、成分、性能与应用举例见表2-8。

表2-8 常用低合金高强度结构钢的牌号、成分、性能与应用举例

牌号	质量等级	化学成分/%				钢材厚度/mm	力学性能			1 800冷弯试验 a—试件厚度 b—心棒直径	应用举例
		C	Si	Mn	其他		σ_s/MPa	σ_b/MPa	δ/%		
Q295	A B	0.16	0.55	0.80~1.50	V: 0.02~0.15 Nb: 0.015~0.060 Ti: 0.02~0.20	≤16	390~570	295	23	$D=2a$	油槽、油罐、机车、车辆、梁柱等
Q345	A B C D E	0.20 0.18	0.55	1.00~1.60			470~630	345	21 21 22 22 22		桥梁、船舶、车辆、压力容器、建筑结构等
Q390	A B C D E	0.20	0.55	1.00~1.60	V: 0.02~0.20 Nb: 0.015~0.060 Ti: 0.02~0.20		490~650	390	19 19 20 20 20		船舶、压力容器、电站设备等

常用低合金高强度结构钢在汽车上的应用见表2-9。

表 2-9 常用低合金高强度结构钢在汽车上的应用

牌 号	应 用
Q295	水箱固定架底板、风扇叶片、车架横梁等
Q345	车架横梁、车架纵梁、车架角撑、油箱托架、蓄电池固定框后板等
Q390	汽车前保险杠、车架前横梁、车架中横梁、车架角撑等

2. 合金渗碳钢

合金渗碳钢的含碳量在 0.15%～0.25% 之间,主要加入锰、铬、硼等合金元素。经过渗碳、淬火和低温回火后,可获得很硬的表面层,又保持心部有很高的塑性、韧性,适用制造易磨损而又承受较大冲击载荷的零件,如汽车、拖拉机的齿轮、凸轮轴、气门挺杆等。表 2-10 列出了常用合金渗碳钢的牌号、热处理与应用举例。

表 2-10 常用合金渗碳钢的牌号、热处理与应用举例

牌 号	热处理工艺				力学性能(不小于)					应用举例
	渗碳/℃	第一次淬火温度/℃	第二次淬火温度/℃	回火温度/℃	σ_s/MPa	σ_b/MPa	δ_5/%	ψ/%	α_k/(J·cm^{-2})	
20Cr	900～950	880,水,油	780～820,水,油	200,水,空气	540	835	10	40	60	齿轮、小轴活塞销
20CrMnTi		880,水,油	870,油	200,水,空气	850	1 080	10	45	70	汽车、拖拉机的齿轮、活塞
20MnVB		860,水,油	860,油	200,水,空气	885	1 080	10	45	70	代替20Cr或20CrMnTi
20Cr2Ni4		880,水,油	880,油	200,水,空气	1 085	1 175	10	45	80	大型渗碳齿轮、曲轴
18Cr2Ni4WA		950,空气	850,空气	200,水,空气	835	1 180	10	45	100	作高级渗碳零件

常用合金渗碳钢在汽车上的应用见表 2-11。

表 2-11 常用合金渗碳钢在汽车上的应用

牌 号	应 用
15Cr	气门挺杆、气门弹簧座、活塞销
20CrMnTi	变速箱轴、变速箱齿轮、变速箱齿套、半轴齿轮、万向节和差速器十字轴
15MnVB	变速箱齿轮、变速箱齿套、变速箱轴、板簧中心螺栓等
20MnVB	万向节十字轴、差速器十字轴、减速器齿轮等

3. 合金调质钢

合金调质钢的含碳量在0.25%~0.5%之间,主要加入锰、硅、铬、钼、钒等合金元素,改善了钢的淬透性。经调质处理后,具有良好的综合力学性能。适用于制造性能要求较高及截面尺寸较大的重要零件,如承受交变载荷、中等转速、中等载荷的轴类、杆类、齿轮类零件。表2-12列出了常用合金调质钢的牌号、热处理、性能与应用举例。

表2-12 常用合金调质钢的牌号、热处理、性能与应用举例

牌 号	热处理		力学性能(不小于)					应用举例
	淬火温度/℃	回火温度/℃	σ_s/MPa	σ_b/MPa	δ_5/%	ψ/%	A_k/J	
40Cr	850,油	520,水,油	785	980	9	45	47	齿轮、套筒、轴、进气阀
40MnB	850,油	500,水,油	785	980	10	45	47	汽车转向轴、半轴、蜗杆
35SiMn	900,水	570,水,油	735	885	15	45	47	传动齿轮、心轴、汽轮机叶轮
40CrNi	820,油	500,水,油	785	980	10	45	55	重型机械齿轮、轴、蒸汽涡轮机叶片、转子和轴
30CrMnSi	880,油	520,水,油	885	1 080	10	45	39	高压鼓风机叶片、阀板
35CrMn	850,油	550,水,油	835	980	12	45	63	大截面的齿轮、轴、高压管
37CrNi3	820,油	500,水,油	980	1 130	10	50	47	大截面重要的轴、曲轴、凹模
40CrMnMo	850,油	600,水,油	785	980	10	45	63	重载荷轴、齿轮、连杆

常用合金调质钢在汽车上的应用见表2-13。

表2-13 常用合金调质钢在汽车上的应用

牌 号	应 用
40Cr	连杆、汽缸盖螺栓、发动机支架固定螺栓、水泵轴
40MnB	半轴、变速器轴、转向节、转向节臂、万向节叉
45Mn2	半轴套管、进气门、板簧U形螺栓等
50Mn2	离合器从动盘、减振盘等

4. 合金弹簧钢

合金弹簧钢的含碳量在 0.45%～0.70% 之间，主要加入锰、硅、铬、钒等合金元素，经淬火和中温回火后，能获得高的弹性。大截面的弹簧都采用合金弹簧钢制造，如机车车辆、汽车、拖拉机上的螺旋弹簧及板簧、阀门弹簧等。表 2-14 列出了常用合金弹簧钢的牌号、热处理、性能与应用举例。

表 2-14 常用弹簧钢的牌号、热处理、性能应用举例（摘自 GB/T1222—2016）

牌号	热处理		力学性能（不小于）					应用举例
	淬火温度/℃	回火温度/℃	抗拉强度 R_m /MPa	屈服强度 R_{eL} /MPa	断面伸长率		断面收缩率 Z/%	
					A/%	$A_{11.3}$/%		
65	840 油	500	980	785	—	9.0	35	截面尺寸小于 12～15 mm 的小弹簧圈
65Mn	830 油	540	980	785	—	8.0	30	尺寸较大的各种扁圆弹簧
55SiMnVB	860 油	460	1375	1225	—	5.0	30	汽车、拖拉机、机车车辆上的板簧、螺旋弹簧
60Si2Mn	870 油	440	1570	1357	—	5.0	20	汽车、拖拉机、机车车辆上的板簧、螺旋弹簧
60Si2CrVA	850 油	410	1860	1665	6.0	—	20	承受重载荷重要的螺旋弹簧与板簧
50CrV	850 油	500	1275	1130	10.0	—	40	承受大应力特别重要的各种尺寸螺旋弹簧

常用合金弹簧钢在汽车上的应用见表 2-15。

表 2-15　常用合金弹簧钢在汽车上的应用

牌　号	应　用
55Si2Mn	汽车板簧等
60Si2Mn	
50CrVA	小轿车螺旋弹簧

5. 滚动轴承钢

滚动轴承钢主要用来制造滚动轴承元件，如轴承内外圈、滚动体等。此外，还可以用于制造某些工具，例如模具、量具等。

滚动轴承钢的牌号以"G"为首（"G"即为"滚"的汉语拼音之首），其后为合金元素符号加数字，如含 Cr，Cr 后的数字表示 Cr 的平均含量（数字的千分之一即为含 Cr 量），其他元素含量表示方法与其他合金结构钢相同。例如，GCr15 表示平均含 Cr 量为 1.5% 的滚动轴承钢；GCr15SiMn 表示平均 Cr 含量为 1.5%、Si 平均含量及 Mn 含量<1.5% 的滚动轴承钢。

根据滚动轴承的工作特点，滚动轴承钢应具有高而均匀的硬度和耐磨性，高的抗压强度、高的接触疲劳强度。此外，还应具有一定的韧性及抗润滑剂的侵蚀能力。因此，这类钢的含碳量很高，一般 C=0.95%～1.15%，Cr=0.4%～1.65%，即高碳低铬。铬能增加钢的淬透性，高碳能保证高硬度、耐磨性，还含有适量的锰、硅等合金元素，以进一步提高淬透性。

滚动轴承钢的锻件，预先热处理为球化退火，最终热处理为淬火和低温回火，表 2-16 列出了常用高碳铬轴承钢的成分、热处理、力学性能和应用举例。

表 2-16　常用高碳铬轴承钢的成分、热处理、力学性能和应用举例［摘自 YB（T）1—1980］

牌　号	化学成分/%				热处理		回火后硬度 HRC	应用举例
	W_C	W_{Si}	W_{Mn}	W_{Cr}	淬火温度/℃	回火温度/℃		
GCr9	1.00～1.10	0.15～0.35	0.25～0.45	0.90～1.20	840，油	150～170	62～66	1～20 mm 以内的各种滚动轴承
GCr9SiMn	1.00～1.10	0.45～0.75	0.95～1.12	0.90～1.20				代替 GCr15
GCr15	0.95～1.05	0.15～0.35	0.25～0.45	1.40～1.65	860，油	150～170	61～66	用作内燃机、电机车、机床、拖拉机等转动轴上的滚珠、滚柱和轴承
GCr15SiMn	0.95～1.05	0.45～0.75	0.25～1.25	1.40～1.65	820～845，油	150～180	>62	壁厚≥14 mm，外径<250 mm 的轴承套，直径为 50～200 mm 的钢球等

2.4.2 合金工具钢

合金工具钢用来制造切削刃具、量具和模具，它以高硬、耐磨为基本特征。与碳素工具钢相比，合金工具钢具有淬透性好、耐磨性好、热硬性高和热处理变形小等优点。

合金工具钢的牌号表示法为：若钢中平均C<1%，其牌号以一位数字为首，表示碳的平均含量（数字的千分之一为平均含碳量）；若C≥1%，牌号前不标数字。例如9Mn2V表示平均C=0.9%、Mn=2%、V<1.5%的合金工具钢。

1. 量具刃具钢

量具刃具钢主要用于制造形状复杂、截面尺寸较大的低速切削刃具和测量工具，一般C=0.9%～1.5%，合金元素总量少，主要有铬、硅、锰、钨等，提高淬透性，获得高的硬度、耐磨性，保证高的尺寸精度。

量具刃具钢锻造后进行球化退火，以改善切削加工性。最终热处理为淬火和低温回火。硬度一般为60～65HRC。表2-17列出了常用合金量具刃具钢的牌号、成分、热处理和应用举例。

表2-17 常用合金量具刃具钢的牌号、成分、热处理和应用举例

牌号	主要化学成分/%					淬火		应用举例
	W_C	W_{Si}	W_{Mn}	W_{Cr}	其他	温度/℃	硬度HRC 不小于	
9SiCr	0.85～0.95	1.20～1.60	0.30～0.60	0.95～1.25		820～860，油	62	板牙、丝锥、铰刀、搓丝板、冷冲模
9Mn2V	0.85～0.95	≤0.40	1.70～2.00		V：0.10～0.25	780～810，油	62	各种变形小的量规、丝锥、板牙、铰刀、冲模
CrWMn	0.90～1.05	≤0.40	0.80～1.10	0.90～1.20	W：1.20～1.60	800～830，油	62	板牙、拉刀、量规及形状复杂的高精度冷冲模

2. 合金模具钢

模具是用于压力加工的工具，根据工作条件及用途不同，常分为冷作模具、热作模具、成形模具（其中主要是塑料模）三大类，模具品种繁多，性能要求也多种多样。

（1）冷作模具钢。用于制作冷塑性变形的模具，如冷冲模、冷墩模、冷挤压模等。冷作模具工作时承受大的弯曲应力、压力、冲击及摩擦。因此要求具备高硬度、高耐磨性和足够的强度和韧性。热处理采用球化退火、淬火和低温回火。硬度为62～64HRC。表2-18列出了常用冷作模具钢的牌号、热处理、性能和应用举例。

表 2-18 常用冷作模具钢的牌号、热处理、性能和应用举例

牌 号	交货状态硬度 HBS	淬火		硬度 HRC 不小于	应用举例
		温度/℃	介质		
9Mn2V	≤229	780~810	油	62	冲模、冷压模
CrWMn	207~255	800~830	油	62	形状复杂、高精度冲模
9CrWMn	197~241	800~830	油	62	形状复杂、高精度冲模
Cr12	217~269	950~1 000	油	60	冷冲模、冲头、拉丝模、粉末冶金模
Cr12MoV	207~255	950~1 000	油	58	冲模、切边模、拉丝模
Cr4W2MoV	≤269	960~980 1 020~1 040	油	60	可代替 Cr12MoV、Cr12

注：摘自 GB/T 1299—2000《合金工具钢》。

(2) 热作模具钢。用于制作高温金属成形的模具，如热锻模、热挤压模、压铸模等。热作模具工作时承受大的冲击力和摩擦力，并反复受热和冷却。因此，要求模具在高温下应有较高的强度和韧性、足够硬度和耐磨性、良好的导热性和耐热疲劳性。对尺寸较大的模具还要求有淬透性好、热处理变形小等性能。

热作模具钢的 C=0.3%~0.6%，以保证良好的强度、硬度和韧性。加入合金元素铬、镍、锰等，可提高淬透性和强度。加入铬、钨、硅，可提高耐热疲劳性。加钼，可提高耐回火性。热处理采用退火、淬火和高温回火，硬度为 40HRC 左右，并具有较高韧性和强度。表 2-19 列出了常用热作模具钢的牌号、热处理、性能和应用举例。

表 2-19 常用热作模具钢的牌号、热处理、性能和应用举例

牌 号	热处理		硬度 HRC（不小于）	应用举例
	淬火温度/℃，淬火介质	回火温度/℃		
5CrMnMo	820~850，油	490~640	30~47	中型锻模
5CrNiMo	830~860，油	490~640	30~47	大型锻模
3Cr2W8V	1 075~1 125，油	600~620	50~54	压铸模、平锻机上的凸模、凹模、铜合金挤压模

注：摘自 GB/T 1299—2000《合金工具钢》。

(3) 塑料模具钢。与冷热模具相比，塑料模具钢的常规力学性能要求不高，但塑料制品形状复杂、尺寸精度、表面光洁，成形加热过程中还可能产生某些腐蚀性气体。因此要求塑料模具钢具有优良的工艺性能（切削加工性、冷挤压成形性和表面抛光性），较高的硬度（45HRC）和耐磨、耐蚀性以及足够的强韧性。

常用的塑料模具钢包括工具钢、结构钢、不锈钢和耐热钢等。例如 40Cr、4Cr13、3Cr13、5CrNiMoVSCa、7Mn15Cr2Al13V2WMo 等。

3. 高速工具钢（简称高速钢）

高速工具钢主要用于制造高速切削刀具，它的热硬性很高，能以比低合金刃具钢具有更高的速度进行切削，故称高速钢。高速工具钢牌号表示方法与合金工具钢相似，其主要区别是不论含碳量多少，均不用数字标出。例如 W18Cr4V 表示平均 W＝18％、Cr＝4％、V＜1.5％的高速工具钢，其 C＝0.7％～0.8％不标出。

常用的高速钢有 W18Cr4V、W6Mo5Cr4V2 等。

2.4.3 特殊性能钢

在特殊条件下使用，要求具有特殊物理性能、化学性能的钢称为特殊性能钢，包括不锈钢、耐热钢和耐磨钢等。

不锈钢是指在腐蚀性介质中具有抗腐蚀性能的钢。铬是不锈钢中最重要的合金元素，其含量一般在 11.5％～32.1％；镍可显著提高耐蚀性。其牌号表示方法与合金工具钢相似，只是当 C≤0.03％或 C≤0.08％时，在牌号首位分别冠以"00"与"0"。例如，4Cr13 表示平均 C＝0.4％、Cr＝13％的不锈钢；00Cr17Ni4Mo2 表示平均 C≤0.03％、Cr＝17％、Ni＝2％的不锈钢；0Cr19Ni9 表示平均 C≤0.08％、Cr＝19％、Ni＝9％的不锈钢。

耐热钢用来制造在高温下工作的零件，如锅炉、蒸汽涡轮、发动机、炼油设备等耐热零件和装置。

耐磨钢主要具有很高的耐磨性，且借助于使用过程的加工硬化和相变，越磨越硬。用于制造经受严重磨损和强烈冲击的零件，如坦克的履带、粉碎机的颚板、铁轨道岔及地质钻探的钻头等。主要牌号是 ZGMn13，一般只能用铸造的方法获得。

2.5 铸铁

铸铁是指含碳量大于 2.11％的铁碳合金，它是一种成本低廉且具有良好性能的金属材料。与钢相比，虽然铸铁的力学性能较低，但由于它具有良好的铸造性能、良好的减摩性能、良好的切削加工性能、优良的消振性和缺口敏感性低，因此在工业上得到了广泛应用。实际中应用的铸铁主要是碳在组织中以石墨形式存在的，即铸铁组织基本上由与钢相似的基体组织及石墨两部分组成，而石墨强度低，相当于在金属基体上布满了小裂纹。因此铸铁的抗拉强度、塑性和韧性远不如钢，但抗压强度差别较小，且石墨的存在能给铸铁带来一系列上述所述的优良性能。

2.5.1 灰口铸铁

铸铁中石墨呈片状存在，其生产工艺简单，成本低廉，应用广泛。

灰口铸铁的牌号以 HT 后附以数值表示，后面的数字表示铸铁的最低抗拉强度（MPa）。灰口铸铁一般不进行强化热处理，其常用牌号、性能和用途见表2-20。

表 2-20 灰口铸铁的牌号、性能和用途（摘自 GB/T 9439—2010）

牌号	铸件壁厚 /mm		最小抗拉强度 R_m（强度性值）(min)		铸件本体预期抗拉强度 R_m (min) /MPa
	>	≤	单铸试棒 /MPa	附铸试棒或试块 /MPa	
HT100	5	40	100	—	—
HT150	5	10	150	—	155
	10	20		—	130
	20	40		120	110
	40	80		110	95
	80	150		100	80
	150	300		90	—
HT200	5	10	200	—	205
	10	20		—	180
	20	40		170	155
	40	80		150	130
	80	150		140	115
	150	300		130	—
HT225	5	10	225	—	230
	10	20		—	200
	20	40		190	170
	40	80		170	150
	80	150		155	135
	150	300		145	—

续表

牌 号	铸件壁厚 /mm		最小抗拉强度 R_m（强度性值）（min）		铸件本体预期抗拉强度 R_m（min）/MPa
	>	≤	单铸试棒 /MPa	附铸试棒或试块 /MPa	
HT250	5	10	250	—	250
	10	20			225
	20	40		210	195
	40	80		190	170
	80	150		170	155
	150	300		160	—
HT275	10	20	275	—	250
	20	40		230	220
	40	80		205	190
	80	150		190	175
	150	300		175	—
HT300	10	20	300	—	270
	20	40		250	240
	40	80		220	210
	80	150		210	195
	150	300		190	—
HT350	10	20	350	—	315
	20	40		290	280
	40	80		260	250
	80	150		230	225
	150	300		210	—

注1. 当铸件壁厚超过 300 mm 时，其力学性能由供需双方商定。
 2. 当某牌号的铁液浇注壁厚均匀、形状简单的铸件时，壁厚变化引起抗拉强度的变化，可从本表查出参考数据，当铸件壁厚不均匀，或有型芯时，此表只能给出不同壁厚处大致的抗拉强度值，铸件的设计应根据关键部位的实测值进行。
 3. 表中斜体字数值表示指导值，其余抗拉强度值均为强制性值，铸件本体预期抗拉强度值不作为强制性值。

2.5.2 球墨铸铁

球墨铸铁中石墨呈球状，而球状石墨对基体组织的割裂作用比灰口铸铁有很大程度的减弱。

另外，石墨球越细，球的直径越小，分布越均匀，则球墨铸铁的力学性能越高。球墨铸铁的牌号以 QT 后附以两个数值表示，前一个数值表示最低抗拉强度，后一个数值表示最低延伸率。其常用牌号、性能及用途见表 2-21。

表 2-21 球墨铸铁的牌号及力学性能（摘自 GB/T1348—2019）

牌 号	基体组织	铸件壁厚 t_{mm}	屈服强度 $R_p0.2$（min）Mpa	抗拉强度 R_m（min）Mpa	断后伸长率 A（min）%
QT350—22L	铁素体珠光体	$t \leqslant 30$ $30 < t \leqslant 60$ $60 < t \leqslant 200$	220 210 200	350 330 320	22 18 15
QT350—22R	铁素体珠光体	$t \leqslant 30$ $30 < t \leqslant 60$ $60 < t \leqslant 200$	220 220 210	350 330 320	22 18 15
QT350—22	铁素体珠光体	$t \leqslant 30$ $30 < t \leqslant 60$ $60 < t \leqslant 200$	220 220 210	350 330 320	22 18 15
QT400—18L	铁素体珠光体	$t \leqslant 30$ $30 < t \leqslant 60$ $60 < t \leqslant 200$	240 230 220	400 380 360	18 15 12
QT400—18R	铁素体珠光体	$t \leqslant 30$ $30 < t \leqslant 60$ $60 < t \leqslant 200$	250 250 240	400 390 370	18 15 12
QT400—18	铁素体珠光体	$t \leqslant 30$ $30 < t \leqslant 60$ $60 < t \leqslant 200$	250 250 240	400 390 370	18 15 12
QT400—15	铁素体珠光体	$t \leqslant 30$ $30 < t \leqslant 60$ $60 < t \leqslant 200$	250 250 240	400 390 370	15 14 11
QT450—10	铁素体珠光体	$t \leqslant 30$ $30 < t \leqslant 60$ $60 < t \leqslant 200$	310 供需双方商定	450	10
QT500—7	铁素体珠光体	$t \leqslant 30$ $30 < t \leqslant 60$ $60 < t \leqslant 200$	320 300 290	500 450 420	7 7 5
QT550—5	铁素体珠光体	$t \leqslant 30$ $30 < t \leqslant 60$ $60 < t \leqslant 200$	350 330 320	550 520 500	5 4 3

续表

牌 号	基体组织	铸件壁厚 t_{mm}	屈服强度 $R_p0.2$ (min) Mpa	抗拉强度 R_m (min) Mpa	断后伸长率 A (min)%
QT600—3	铁素体 珠光体	$t≤30$ $30<t≤60$ $60<t≤200$	370 360 340	600 600 550	3 2 1
QT700—2	铁素体 珠光体	$t≤30$ $30<t≤60$ $60<t≤200$	420 400 380	700 700 650	2 2 1
QT800—2	铁素体 珠光体	$t≤30$ $30<t≤60$ $60<t≤200$	480 供需双方商定	800	2
QT900—2	铁素体 珠光体	$t≤30$ $30<t≤60$ $60<t≤200$	600 供需双方商定	900	2

2.5.3 蠕墨铸铁

蠕墨铸铁是指在钢的基体上分布着蠕虫状石墨的铸铁。蠕虫状石墨的形状介于片状和球状石墨之间。其牌号以 RuT 后附以数值表示，后面的数字表示铸铁的最低抗拉强度（MPa）。蠕墨铸铁的力学性能优于灰口铸铁，低于球墨铸铁，但其导热性、抗热疲劳性和铸造性能比球墨铸铁好。其常用牌号、性能和用途见表 2-22。

表 2-22 蠕墨铸铁的牌号、性能和用途（摘自 GB/T 4403—1999）

牌 号	力学性能			HBS	用 途 举 例
	σ_b/MPa	$\sigma_{0.2}$/MPa	δ/%		
	不小于				
RuT260	260	195	3	121~197	增压器废气进气壳体，汽车、拖拉机某些底盘零件
RuT300	300	240	1.5	140~217	排气管、变速箱体、汽缸盖、液压件、纺织机零件、钢锭模、某些小型烧结机箅条等
RuT340	340	270	1.0	170~249	玻璃模具，大型齿轮箱体、盖、座，飞轮，起重机，卷筒，带导轨面的重型机床件、烧结机滑板等
RuT380	380	300	0.75	193~274	活塞环、汽缸套、制动盘、钢珠研磨盘、吸淤泵体、玻璃模具、刹车鼓等
RuT420	420	335	0.75	200~280	

2.5.4 可锻铸铁

铸铁中石墨呈团絮状分布,大大削弱了石墨对基体的割裂作用。与灰口铸铁比,可锻铸铁具有较高的强度、一定的塑性和韧性。其牌号以 KTH(Z)后附以两个数值表示,前一个数值表示最低抗拉强度,后一个数值表示最低延伸率。其常用牌号、性能和用途见表 2-23。

表 2-23 可锻铸铁的牌号、性能和用途(摘自 GB/T 9440—2010)

种类	牌号	试样直径/mm	力学性能				用途举例
			σ_b/MPa	$\sigma_{0.2}$/MPa	δ/%	HBW	
			不小于				
黑心可锻铸铁	KTH300—06	12 或 15	300	—	6	不大于 150	汽车、拖拉机零件,如后桥壳、轮壳、转向机构壳体、弹簧钢板支座等;机床附件,如钩形扳手、螺纹铰扳手等;各种管接头、低压阀门、农具等
	KTH330—08		330	—	8		
	KTH350—10		350	200	10		
	KTH370—12		370	—	12		
珠光体可锻铸铁	KTZ450—06	12 或 15	450	270	6	150~200	曲轴、连杆、齿轮、凸轮轴、摇臂、活塞环等
	KTZ550—04		550	340	4	180~230	
	KTZ650—02		650	430	2	210~260	
	KTZ700—02		700	530	2	240~290	

2.6 粉末冶金

粉末冶金是不用熔炼和铸造,直接用金属粉末或粉末与非金属粉末作为原料,经过配料、压制成型、烧结和后处理等工序制成的材料。粉末冶金与陶瓷生产有相似之处,故也称金属陶瓷法。粉末冶金的工艺过程、特点及用途见表 2-24。

表 2-24 粉末冶金的工艺过程、特点和用途

粉末冶金工艺过程			
粉料制备	压制成型	烧结	后处理
用机械粉碎、雾化、物理化学方法制取粉末;粉末以筛分与混合,以保证粉料中组元的均匀性	压力越大则制件密度越大,强度相应增加;为减少压力和增加制件密度,可采用热压成型	将压制成型的制件放置在还原性气氛的闭式炉中烧结,烧结温度为基体金属熔点的 2/3~3/4;烧结后的制件,属多孔性材料	一般情况下,烧结好的制件能达到所需性能,可直接使用;精压处理可提高制件的密度和尺寸精度;表面淬火可改善力学性能

续表

粉末冶金工艺过程	
粉末冶金的特点	用　途
压制品可达到或接近于零件形状、尺寸精度等，是一种精密的无切削工艺。 　能制取传统冶金和机械制造难以生产的、具有特殊性能的制品。 　材料利用率高，生产率高，生产周期短，设备投入少。 　制件尺寸不能太大，形状不能太复杂	用粉末冶金可制造铁基或铜基合金的含油轴承；在铜基或铁基合金中加入石墨、二硫化钼、石棉等可制造离合器片、刹车片；用粉末冶金法生产的金属陶瓷可制造活塞等，粉末冶金技术还应用于航天与核工业，适宜于制造具有特殊性能的元件

本章小结

　　本章主要介绍了黑色金属的种类、牌号、性能及应用，分析了金属和合金的内部晶体结构、铁碳合金的基本相以及碳对铁碳合金性能的影响。

　　碳钢可以分为普通碳素结构钢、优质碳素结构钢、碳素工具钢和碳素铸钢等；合金钢在碳钢中有目的地加入一些合金元素的钢称为合金钢，合金钢可分为合金结构钢、合金工具钢和特殊性能钢；铸铁灰口铸铁球墨铸铁可锻铸铁。

　　粉末冶金是不用熔炼和铸造，直接用金属粉末或粉末与非金属粉末作为原料，经过配料、压制成型、烧结和后处理等工序制成的材料。

习题与思考

一、填空题

1. 碳钢可以分为＿＿＿＿＿＿、＿＿＿＿＿＿、＿＿＿＿＿＿。
2. 合金钢可分为＿＿＿＿＿＿、＿＿＿＿＿＿和＿＿＿＿＿＿。
3. 铸铁可分为＿＿＿＿＿＿、＿＿＿＿＿＿和＿＿＿＿＿＿。

二、简答题

1. 简述碳对铸铁性能的影响。
2. 举例说明结构钢、渗碳钢、调质钢、轴承钢在汽车上的应用。
3. 比较灰铸铁、球墨铸铁、可锻铸铁、蠕墨铸铁之间性能特点，并举例说明它们在汽车上的应用。

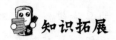**知识拓展**

我国汽车用钢板材料

用于汽车制造的钢板被称为汽车用钢板,简称汽车板。制造一辆轿车约使用汽车板600~800 kg。随着对汽车安全、减轻质量和环境适应性要求的提高,国际、国内发展、使用了高强度和表面处理钢板,并成为趋势。以宝钢为例,我国汽车板的生产按钢种可被划分为4个阶段。第一阶段是以低碳铝镇静钢为基础的普板软钢系列。第二阶段发展了超深冲IF冷轧钢板,同时开发了镀锌和高强度汽车板。第三个阶段产品的特点是可批量生产镀锌和中低强度的高强度板。第四阶段是发展了以相变诱导塑性钢板(TRIP)和双相钢板(DP)为主的高强度及镀锌钢板系列、热镀锌板。根据生产工艺,汽车板主要有热轧钢板、冷轧钢板、表面处理钢板等。

(1) 热轧钢板。热轧钢板是用连铸板坯或初轧板坯做原料,经加热、冷却、切头尾、切边和校直,再切板或重卷而成的钢。我国主要使用的有碳素结构热轧钢板、优质碳素结构热轧钢板、低合金高强度热轧钢板(HSLA)、滚型车轮用热轧钢板、热轧双相钢板(DF)和相变诱导塑性热轧钢板(TRIP)等。

1) 碳素结构热轧钢板。汽车制造用碳素结构热轧钢板最多的是Q235A,主要被用来制造传动轴中间轴承支架、发动机支架、后视镜支架、油底壳加强筋等。

2) 优质碳素结构热轧钢板。汽车制造用优质碳素结构热轧钢板主要有08,08Al,10,15,20,25,30,35,40,45,50等,厚度为0.35~3 mm,适于制造冷冲压件、冷弯件等。

3) 低合金、高强度热轧钢板(HSLA)。汽车制造用低合金、高强度热扎钢板(HSLA)按照GB/T3273—2005《汽车大梁用热轧钢板和钢带》标准规定的牌号有390L,510L等;按照Q/BQB 310—2009《汽车结构用热连轧钢板及钢带》标准规定的牌号有QStEB340TM,QStE500TM等;按照[Q/WG(RZ)02—2006]《汽车结构用热连轧钢板和钢带》标准规定的牌号有T52L,T52,T42等。它主要被用于制造汽车车架的横梁和纵梁,车厢的横梁和纵梁及制动盘等受力结构件和安全件。

4) 滚型车轮用热轧钢板。现汽车上广泛应用的无内胎的滚型车轮用热扎钢板。按照WJX(RZ)84—2007标准规定的牌号有RCL330;按照WJX(RZ)60—2007标准规定的牌号有RCL380;按照BZJ412标准规定的牌号有B320LW,B360LW按照Q/BQB310—2009《汽车结构用热连轧钢板及钢带》标准规定的牌号有B330CL,B380CL,B420CL等。

5) 热轧双相钢板(DP)。双相钢是在延伸性好的铁素体基本上弥散分布着一定比例的强硬的岛状马氏体的钢,具有屈服点低、初始加工硬化率高、强度高、延伸性好和抗疲劳性能好等特点,适用于各种高强度要求且形状复杂、成型困难的产品。按照GB/T 20887.3—2010《汽车用高强度热连轧钢板及钢带第3部分:双相钢》标准规定的牌号有HB330/580DP,HR450/780DP等。它主要被用于制造汽车车厢纵横梁、车架横梁、车轮轮辋和轮辐等。

6）相变诱导塑性热轧钢板（TRIP）。相变诱导塑性热轧钢板（TRIP）的显微组织为铁素体、贝氏体和残余奥氏体。在成型过程中，残余奥氏体可相变为马氏体组织，具有较高的加工硬化率、均匀的伸长率和抗拉强度，比同等抗拉强度的双相钢有更高的延伸率。按照 GB/T 20887.4—2010《汽车用高强度热连轧钢板及钢带第4部分：相变诱导塑性钢》标准规定的牌号有 HR400/590TR，HR450/780TR 等。它主要被用于制造汽车的挡板、底盘部件、车门冲击梁等。

（2）冷轧钢板。冷轧钢板是以热轧板卷为原料，在常温下进行各种型材轧制而成的钢。根据 GB/T5213—2008《冷轧低碳钢板及钢带》标准，按用途它可被分为一般用冷轧钢板 DC01，冲压用冷轧钢板 DC03，深冲压用冷轧钢板 DC04，特深冲压用冷轧钢板 DC05，超深冲压用冷轧钢板 DC06，以及特超深冲压用冷轧钢板 DC07。

1）冷轧铝镇静钢板（AK 钢）。冷轧铝镇静钢板（AK 钢）也称非时效钢，是目前汽车上用量最大的冷轧钢板，具有一定的强度和良好的塑性，主要被用于制造车身、驾驶室、车头和后备厢等。常用牌号有 DC01（08Al），DC3，DC4（SCI）等。

2）超深冲 IF 冷轧钢板。超深冲 IF 冷轧钢板是高强度无间隙原子钢的简称。其典型性能特点是无时效且具有良好的深冲性能。其成分和生产工艺特点是超低碳和大的冷轧压下率等，被广泛应用于汽车工业，成为汽车用冷轧钢板中的主要钢种之一。超深冲 IF 冷轧钢板目前已形成系列化，包括 IF 镀锌钢板、IF 高强度钢板、IF 高强度烘烤硬化钢板、IF 镀铝钢板、IF 不锈钢板等。按照 GB/T 20564.3—2007《汽车用高强度冷连轧钢板及钢带第3部分高强度无间陈原子钢》标准规定的牌号有 CR180F，CR220IF，CR2601IF 等。其推荐用途分别为冲压用或深冲压用、一般用或冲压用和结构用等。

3）含磷高强度冷轧钢板（BP 钢板）。含磷高强度冷轧钢板（BP 钢板）是在 AK 钢 DC01（08Al）的基础上加入一定含量的 P 元素（P 的含量控制在 0.1% 以下），辅之以 Mn 和 Si 而形成的。其主要特点是具有较高强度，比普通冷轧钢板高 15%～25%；良好的强度和塑性平衡，即随着强度的增加，伸长率和应变硬化指效下降甚微；具有良好的耐腐蚀性，比普通岭轧钢板提高 20%；具有良好的点焊性能。含磷高强度冷轧钢板（BP 钢板）主要被用于制造轿车外板、车门、顶盖和后备厢盖升板，也可被用于制造载货汽车驾驶室的冲压件。按照 YB/T 166—2010《汽车用低碳加磷高强度冷轧钢板及钢带》标准规定的牌号有 CR180P，CR22OP，CR260P，CR300 等。

4）烘烤硬化冷轧钢板（BH 钢板）。烘烤硬化冷轧钢板（BH 钢板）是经过冲压、拉延变形及烤漆高温时效处理后屈服强度得以提高的钢。这种被简称为 BH 钢板的烘烤硬化钢板既薄，又有足够的强度，是车身外板轻量化设计首选材料之一，被广泛应用于制造汽车车门外板、发动机盖板等外覆盖件。按照 GB/T 20564.1—2007《汽车用高强度冷轧钢板及钢带第1部分烘烤硬化钢》标准规定的牌号有 CR140BH，CR180BH，CR220BH，CR260BH，CR300BH 等。其推荐用途分别为深冲压用、冲压用或深冲压用、一般用或冲压用、结构用或一一般用和结构用等。

5) 冷轧双相钢板（DP 钢板）。冷轧双相钢板（DP 钢板）具有连续屈服，屈强比低，加工硬化高，兼备高强度及高塑性的特点，经烤漆后强度可进一步提高。它适用于形状复杂且要求强度高的车身零件，在汽车上主要被用于制造要求拉伸性能好的承力零部件，如车门加强板、保险杠等。按照 GB/T 20564.2—2006《汽车用高强度冷连轧钢板及钢带第 2 部分双相钢》标准规定的牌号有 CR260/450DP，CR300/500DP，CR340/590DP，CR420/780DP，CR550/980DP 等。

6) 超低碳高强度冷轧钢板（BLA 钢板）。超低碳高强度冷轧钢板（BLA 钢板）是在超低碳钢（C≤0.005%0）中加入适量钛或铌，以保证钢板的深冲性能，再添加适量的磷，以提高钢板强度的钢。超低碳高强度冷轧钢板（BLA 钢板）实现了深冲性与高强度的结合，特别适用于一些形状复杂而强度要求高的冲压零件，在汽车上主要被用于制造汽车座椅、横梁等结构件。按照 GB/T 20564.4 2010《汽车用高强度冷连轧钢板及钢带第 4 部分低合金高强度钢》标准规定的牌号有 CR260LA，CR3OOLA，CR340LA，CR380LA，CR420LA 等。

(3) 表面处理钢板。车身用钢板的防腐蚀从 20 世纪 70 年代开始，就成了汽车用表面处理的钢板的目标。此后随着目标值的逐级提高，开发出电镀锌钢板、锌合金镀层钢板、合金化热镀锌钢板、有机薄膜涂敷镀锌钢板等，而用于汽车表面处理钢板的比例也不断增加。最近，为降低燃料消耗，实现 CO_2 减排，达到 ELV 法令（即报废车辆指令）要求，即减少环境负荷，提高安全性的要求，以车身轻量化，无 Cr 化处理，提高冲撞安全性为目标，进行汽车表面处理钢板的开发工作。

1) 电镀纯锌钢板（ECl 钢板）。电镀纯锌钢板（ECl 钢板）主要被用于制造车身外部件。按照 Q/BQB 430—2003《连续电镀锌/锌镍合金板及钢带》标准规定常用牌号有 SECC，SECD，SECE，SECIF 等。

电镀纯锌钢板（EGI 钢板）在保证良好的成形性能和焊接性能的前提下，镀锌层较薄，耐蚀性能较差，使用成本高。因此，相继开发了锌铁、锌镍、锌铝等合金镀层钢板，以及在合金镀层钢板上再镀一层富铁层的电镀锌钢板。铁磷、锌铁和铁磷、锌镍双层电镀锌钢板也已被应用于汽车车身外部件的制造。真空蒸汽电镀锌钢板已经问世，大大提高了电镀钢板的综合性能。

2) 热浸镀锌钢板（GI 钢板）。热浸镀锌钢板（GI 钢板）主要被用于制造汽车内部件。按照 Q/BQB 420—2009《连续热镀锌/锌铁合金镀层钢板及钢带》标准规定常用牌号有 DC51D+Z（St01Z，St02Z，St03Z），DC51D+ZF，DD51D+Z（StO1ZR，St02ZR），DC52D+Z（St04Z），DC52D+ZF，DC53D+Z（St05Z），DC53D+ZF，DC54D+Z（St06Z），DC54D+ZF，DD54D+Z（St06ZR），DC56D+Z（St07Z），DC56D+ZF，S220GD+Z，S220GD+ZF，S250GD+Z，S250GD+ZF，S280GD+Z（StE280−2Z）等。

热浸镀锌钢板（GI 钢板）耐蚀性好，成型性好，使用成本低，但焊接电流大，易产生飞溅。

3) 镀铝钢板。它是一种将纯铝或含硅5%～10%的铝合金镀在碳钢板上而制成的表面处理钢板。生产方法有热镀法、电泳法和真空蒸镀法。热镀法因其比较经济而应用最广。

镀铝钢板具有良好的抗高温氧化性，可在450℃下长期使用而不变色，最高使用温度可达750℃；还具有优异的耐大气腐蚀性，特别是能耐含SO_2，H_2S，CO_2，等工业大气的腐蚀，是镀锌钢板耐蚀性的3～6倍。镀铝钢板可以和不锈钢媲美，但是价格仅为不锈钢的1/3左右，被广泛用于制造汽车消声器、排气管、油箱、隔热罩、反应器部件、歧管罩、中央管等。

4) 镀铅钢板。通常是用08Al的冷轧薄板经过镀铅制成。铅实际是铅、锑合金。由于铅在很多介质中，特别是含H_2S，SO_2等石油产品中，有很好的耐腐蚀性能，因而镀铅薄钢板常被用于制造汽车油箱和贮油容器。镀铅薄钢板常用厚度为0.5～1.8mm，要求保证表面质量。

5) 减振钢板。减振钢板是一种有利于消声、降噪的绿色环保型金属材料，通常可被分为两类：一类是非约束型复合钢板，即在钢板表面覆盖一层黏弹性树脂；另一类是约束型复合钢板，即在两层钢板之间夹一层黏弹性树脂。所以，减振钢板本质上既具有作为结构材料的高强度，又具有高来减振动能的金属材料，既可大大降低苗振动引起的噪声水平，也可提高机械强度，同时还能降低疲劳、应力腐蚀对材料的影响，提高材料的使用寿命。

减振钢板具有优良加工成型性能，可制造汽车油底壳等深冲型部件和发动机周围的部件等。

6) 夹层钢板。夹层钢板是在两层超薄钢板之间压入塑料的复合材料。表层钢板厚度为0.2～0.3mm。塑料层的厚度占总厚度的25%～65%。钢—塑料—钢（SPS）夹层钢板与单一钢板相比，密度明显减小，达35%～46%，被应用于制造汽车零件。零件质量可减小50%～60%，能够实现显著减重的目的，还可以节约常用的钢板材料。钢—塑料—钢（SPS）夹层钢板具有良好的抗弯刚度、汽车板材成型时所需要的足够的成型性、良好的降噪及吸振性能。钢—塑料—钢（SPS）夹层钢板在汽车上可被应用于制造需消音的各类盖板或壳体，如正时齿轮盖、皮带室罩、气阀室罩、车身底板、车轮罩盖、仪表板骨架、备胎坑等。

现代汽车用钢板发展的原则是节能、环保、安全，因此汽车用钢板发展的方向是轻量化。多材料轻量化结构设计的选材理念将会得到进一步发展，与轻量化材料技术相关的新制造技术也将会不断涌现。

第 3 章　有色金属及其合金

> **学习目标**
>
> 【知识目标】
> 1. 理解汽车上常用有色金属的性能要求；
> 2. 掌握常用有色金属的应用。
>
> 【技能目标】
> 学会区分和总结有色金属在汽车上的应用，分析汽车轻量化的意义。
>
> 【素养目标】
> 通过有色金属轻量化的生产工艺，培养学生精益求精的工匠精神。

有色金属材料是指除黑色金属材料以外的金属材料。与钢铁相比，它们具有许多特殊的物理性能、化学性能和力学性能，因而成为现代工业中不可缺少的材料。汽车上常用的有色金属主要有铝、铜、锌、钛等金属及其合金和滑动轴承合金等。

3.1　铝及铝合金

铝及合金在工业中的应用量仅次于钢铁，其最大的特点是质量轻、比强度和比刚度高、导电导热性好、耐腐蚀，因而广泛用于飞机制造业，成为宇航、航空等工业的主要原材料。同时也广泛用于建筑、运输、电力等各个领域。

3.1.1　工业纯铝

铝在地壳中储量丰富，占地壳总重量的 8.2%，居所有金属元素之首。

纯铝的密度为 2.7 g/cm³，熔点比较低，为 6 570℃。铝的导电性、导热性好，仅次于银与铜。它具有面心立方晶格结构，所以强度低、塑性好。纯铝化学性质活泼，在空气中极易氧化形成一层牢固致密的表面氧化膜，从而使其在空气及淡水中具有良好的抗蚀性。铝具有良好的塑性和韧性，很容易通过压力加工成型，且在低温下也有很好的塑性、韧性。纯铝还易于铸造和切削，具有良好的工艺性能，其优异性能已在几乎所有工业领域得到应用。

工业纯铝强度低，室温下仅为 45～50 MPa，故一般不宜用作结构材料。纯铝可用于制作电线、屏蔽壳体、反射器、散热器、包覆材料及化工容器等。我国工业纯铝的代号用"L+顺序号"的形式表示,有 L1、L2、L3、L4、L5、L6 六种,其中 L1 含杂质最少,L6 含杂质最多。

3.1.2 铝合金

铝合金是在纯铝中加入适量的硅、镁、锰等合金元素后而形成的合金。

铝合金的强度大大高于纯铝,如果再配合以热处理和冷加工硬化,有些铝合金的强度几乎相当于低合金结构钢的水平,铝合金又具有密度小、导热性能好、腐蚀性好、重量轻的优点。所以,铝合金广泛应用于各行业,在汽车生产中铝的用量不断上升,常用于制造质量轻、强度要求高的零件,如活塞等。

根据化学成分和加工方法的不同,可将铝合金分为变形铝合金和铸造铝合金两类。

1. 变形铝合金

变形铝合金易于塑性加工,故称为变形铝合金。它采用 4 位字符牌号命名,用 2~8 附以字母再附以两位数值表示,牌号的第一位数值为主要合金元素的顺序号,依次是 Cu、Mn、Si、Mg、Mg+Si、Zn、其他;字母表示原始合金的改型(A 表示原始合金),最后两位数字仅用来识别同一组中不同合金或铝的纯度,如 7A04 表示以 Zn 为主要合金元素 4 号原始铝合金(老牌号 LC4)。

根据主要的性能特点与用途,变形铝合金又分为防锈铝合金(Al-Mn、Al-Mg 系合金)、硬铝合金(Al-Cu-Mg 系合金)、超硬铝合金(Al-Cu-Mg-Zn 系合金)、锻造铝合金(Al-Mg-Si-Cu 或 Al-Cu-Mg-Ni-Fe 系合金)。

防锈铝合金是指在大气、水和油等介质中具有良好的抗腐蚀性能的铝合金。主要是指 Al-Mg 系和 Al-Mn 系合金,大多为单相合金,主要特点是抗腐蚀性、焊接和塑性能好,并有良好的低温性能,不可热处理强化,只能通过变形加工来提高合金的硬度。主要用于制造要求抗腐蚀性的低载荷零件或焊接件,如铆钉、油管、油箱、车身蒙皮和装饰件等。

硬铝合金是指通过热处理后得到的具有较高强度和硬度的铝合金。主要是指 Al-Cu-Mg 系合金,最高强度可达 420 MPa,而比强度(强度/密度)则与钢接近。硬铝合金强度、硬度较高,但耐腐蚀性较差,一般常在硬铝板材表面包一层纯铝,以提高耐腐蚀性能。硬铝合金主要用于制造受力一般的航空零件以及汽车铆钉。

超硬铝合金是指具有比硬铝更高的强度和硬度的铝合金,简称超硬铝。属 Al-Cu-Mg-Zn 系合金(LC4、LC6),是室温强度最高的铝合金。经热处理后的强度可高达 680 MPa,但高温软化快,耐腐蚀性、焊接性差,常用 Al-Zn 合金来提高耐蚀性。主要用于受力较大的重要结构和零件,如飞机大梁、起落架、加强框等。

锻造铝合金是指适宜于锻造的铝合金,简称锻铝。主要是 Al-Mg-S-Cu 系合金,如 LD5、LD8 等,有优良的热塑性,热加工性能好;铸造性和耐腐蚀性较好,力学性能可与硬铝相当。该类合金主要用作复杂的航空及仪表零件,如叶轮、支杆等;也可用作耐热合金（工作温度200℃～300℃），如内燃机活塞及汽缸头等。在汽车上主要用于制造形状复杂的中等强度的锻件和冲压件，如发动机活塞、风扇叶片等。

2. 铸造铝合金

铸造铝合金是指适宜于铸造型的铝合金，简称铸铝。其牌号用ZAl＋其他主要元素符号及其含量来表示，如ZAlSi9Mg，表示含Si＝9%及含少量Mg（Mg＝0.17%～0.30%）的铸造铝硅合金。而合金的代号用ZL后附以三位数值表示，第一位数值为合金类别代号（1—铝硅系、2—铝铜系、3—铝镁系、4—铝锌系列），后两位数值为合金顺序号。如ZL104表示4号Al-Si系铸造铝合金。顺序号不同，化学成分也不同。铸造铝合金的分类、性能、用途如表3-1所示。

表3-1 常用铸造铝合金的分类、性能、用途

分类	牌号/代号	主要性能	主要用途
Al-Si系铸造铝合金	ZAlSi12/ZL102 ZAlSi5CuMg/ZL105	极好的铸造性，密度小，导热性好，还有高气密性及优良耐蚀性	用于制造受载大的复杂件，如汽缸体、发动机活塞、风扇叶片等
Al-Cu系铸造铝合金	ZAlCu5Mn/ZL201 ZAlCu/ZL202	热强性最好，但其强度和铸造性能不如Al-Si系合金，耐蚀性也较差	一般只用作要求强度高且工作温度较高的零件，如活塞、内燃机缸头等
Al-Mg系铸造铝合金	ZAlMg10/ZL301	强度高、耐蚀性最好、抗冲击、切削加工性好，但其铸造性和耐热性差，冶炼复杂	用作承受冲击、耐海水腐蚀且外形较简单的零件，如舰船配件、雷达底座、螺旋桨等
Al-Zn系铸造铝合金	ZAlZn11Si7/ZL401	价格便宜，成本低，其铸造、焊接和尺寸稳定性较好，但耐热、耐蚀性差	用于制作工作温度低、形状复杂受载小的压铸件及型板、支架等

3.1.3 常用铝合金在汽车上的应用

常用铝合金在汽车上的应用见表3-2。

表3-2 常用铝合金在汽车上的应用

牌号	代号	应用
变形铝合金	LF5 LF11 LF21	车身、车门、发动机罩、行李厢罩、地板、翼板、车轮、油箱、油管、热交换器、铆钉、装饰件等

续表

牌　号	代　号	应　用
铸造铝合金	ZL102	发动机活塞等
	ZL103	离合器壳体、发动机风扇等
	ZL104	汽缸盖罩、挺杆室盖板、机油滤清器底座及转子等

3.2　铜及铜合金

3.2.1　工业纯铜

纯铜是用电解的方法制取的，可称电解铜，工业纯铜的颜色为紫红色，故又称为紫铜，其熔点为1 093℃，密度为8.96 g/cm³，具有良好的导电性、导热性及抗大气腐蚀性，是抗磁性金属。广泛用作电工导体、传热体及防磁器械等。纯铜为面心立方晶格结构，强度低塑性好，可进行冷变形强化，焊接性能良好。纯铜的主要杂质是铅、铋、氧、硫和磷等，它们对纯铜的性能影响很大，所以必须严格控制含量。

纯铜的牌号用字母"T"加数字来表示，工业纯铜主要有T1、T2、T3、T4四个牌号，字母后面的数值越大，其杂质含量越多，纯度越低。

纯铜可加工成铜箔。纯铜加工硬化指数高，故通过冷变形强化效果好；其低温韧性好，焊接性能优良。纯铜主要用于导电导热及兼有耐蚀性要求的结构件，如电机、电器、电线电缆、电刷、防磁机械、化工换热及深冷设备等。工业上应用较多的是在纯铜中加入合金元素后形成的铜合金。

3.2.2　铜合金

为了改善铜的力学性能，在纯铜中加入合金元素制成铜合金，通常作为结构件的制造材料。铝合金具有较高的强度、硬度和抗腐蚀性，已广泛用于机械制造工业部门，工业上常用的铜合金主要有黄铜和青铜。

1. 黄铜

黄铜是以锌作为主要合金元素的铜合金，通常把铜锌二元合金称为普通黄铜，压力加工普通黄铜牌号用字母"H"后附以数值表示，数值代表平均含铜量，如H62表示铜的平均含量为62%，其余38%为锌的普通黄铜。普通黄铜的组织和性能主要受其含锌量的影响。当含锌量小于32%时，随着含锌量增加，合金的强度和塑性都升高；当含锌量超过32%后，强度继续升高，但塑性开始下降；当含锌量超过45%时，会产生脆性组织，使黄铜的强度和塑性急剧下降。

在普通黄铜中加入其他元素的铜合金称为特殊黄铜，特殊黄铜牌号用"H+主加元素符号+铜的平均成分+主加元素平均成分+其他元素平均成分"表示，如 HPb59-1 表示 Cu=59%、Pb=1%的铅黄铜。

如果是铸造铜合金，则在牌号前加"铸"字的汉语拼音字母"Z"，其牌号用"ZCuZn+锌的平均含量+其他合金符号及平均含量"表示，如 ZCuZn31Al2 表示 Zn=31%、Al=2%的铸造黄铜。常用黄铜的牌号、成分与主要用途见表 3-3。

表 3-3 常用黄铜的牌号、成分与主要用途

类　别	牌　号	成　分		主要用途
		Cu/%	其他	
普通黄铜	H62	60.5～63.5	余量 Zn	销钉、铆钉、螺钉、螺母、垫圈、弹簧
	H68	67.0～70.0	余量 Zn	复杂的冷冲压件，散热器外壳、波纹管、轴套
	H90	88.0～91.0	余量 Zn	双金属片、供水、排水管
	ZCuZn38（ZH62）	60.0～63.0	余量 Zn	散热器、螺钉
特殊黄铜	HPb59-1	57～60.0	0.8～1.9 Pb 余量 Zn	热冲压及切削加工零件（销轴套、螺钉、螺母）
	HAl59-3-2	57～60.0	0.5～3.5Al 2.0～3.0 Ni 余量 Zn	在常温下工作的高强度耐蚀零件
	ZCuZn25Al6	60～66.0	0.5～7Al 2～4Fe 0.5～4.0 Mn 余量 Zn	高强度、耐磨零件（螺杆滑块、蜗轮等）

普通黄铜主要用来制作汽车上的散热器、油管接头、汽缸小套、黄油嘴。特殊黄铜则常用于制造耐磨损的零件，如转向节主销衬套、钢板销衬套等。

2. 青铜

青铜原先是指人类最早应用的 Cu-Sn 合金。现代工业中把以铝、硅、铍、锰、铅、钛等为主加元素的铜合金均称为青铜。压力加工青铜的牌号表示为"Q+主加元素符号+主加元素平均成分+其他元素平均成分"表示，如 QSn4-3 表示 Sn=4%、Zn=3%的锡青铜。铸造青铜牌号的表示方法与铸造黄铜相同，如 ZCuPb15Sn8 表示 Pb=15%、Sn=8%的铸造铅青铜；ZCuSn10Pb1 表示 Sn=10%、Pb=1%的铸造锡青铜；ZCuAl9Mn2 表示 Al=9%、Mn=2%的铸造铝青铜。

青铜的种类很多，汽车工业上用得较多的青铜有锡青铜、铝青铜、铍青铜、铅青铜和

硅青铜等，常用青铜的成分、性能与主要用途见表 3-4。

表 3-4　常用青铜的成分、性能与用途

名　称	主要成分	性　能	主要用途
锡青铜	铜、锡	良好的铸造性、耐磨性、抗腐蚀性	各种衬套、滑动轴承、抗磨垫、弹性零件、抗磁零件等
铝青铜	铜、铝	强度高、韧性好、疲劳强度高、受冲击不产生火花；而在大气、海水、碳酸及多数有机酸中有极好的耐蚀性	气门导管、轴承、弹簧、轴套、涡轮、在高压下工作的螺帽、齿轮等
铍青铜	铜、铍	综合力学性能高、良好的弹性、抗疲劳性、切削性能与焊接性能	常用于制造汽车上的波纹管、仪表膜盒及重要的弹簧和弹性元件、高温高速滑动轴承等耐磨零件
铅青铜	铜、铅	良好的减磨性	广泛用于浇铸高负荷及高速轴承等工件
硅青铜	铜、硅	良好的耐磨性、耐蚀	弹簧、耐蚀零件、制动杆、齿轮等

3.2.3　常用铜合金在汽车上的应用

常用铜合金在汽车上的应用见表 3-5。

表 3-5　常用铜合金在汽车上的应用

牌　号	代　号	应　用
黄　铜	H62	水箱进出水管、水箱盖、水箱加水口支座、散热器进出水管等
	H68	水箱储水室、水箱本体主片、散热器主片
	H90	排水管热密封圈外壳、水箱本体、散热器散热管及冷却管等
	HPb59—1	汽油滤清器滤芯、化油器零件、制动阀阀座、储气筒放水阀本体等
	HSn90—1	转向节衬套、行星齿轮及半轴齿轮支承垫圈等
青　铜	QSn4—4-2.5	活塞销衬套、发动机摇臂衬套等
	QSn3—1	水箱出水阀弹簧、车门铰链衬套等
	ZCuSn5Pb5Zn5	机油滤清器上下轴承等
	ZCuPb30	曲轴轴瓦、曲轴止推垫圈等

3.3 镁及镁合金

3.3.1 工业纯镁

纯镁的化学性质很活泼,这使得纯镁的冶炼比较困难,所以纯镁在工业上的应用比较晚。纯镁的牌号、成分及力学性能见表3-6。

表3-6 纯镁的牌号、成分及力学性能

牌 号	成分 Mg/%	力学性能				
		σ_b/MPa	$\sigma_{0.2}$/MPa	δ/%	ψ/%	HBS
M1	99.95	115	25	8	9	30
M2	99.92					
M3	99.85					

纯镁的密度很小,只有 1.74 g/cm³,是工业用金属中最轻的一种。其熔点为 650℃±1℃,在熔化温度时极易氧化甚至燃烧。固态下晶体结构为密排六方晶格,冷变形能力很差,但高纯度镁具有一定的塑性变形能力,强度低,大致与铝差不多。

3.3.2 镁合金

采用镁合金制造汽车零件是轻量化的又一途径,尽管目前镁的价格较高,在汽车上的应用还较少,但一直为汽车行业所关注,并不断寻求应用途径。镁合金是汽车行业应用潜力很大的轻金属。

镁合金分为铸造镁合金和变形镁合金两类。铸造镁合金的牌号用"ZM"加顺序号表示,如ZM1、ZM3、ZM5等;变形镁合金的牌号用"MB"加顺序号表示,如MB1、MB5、MB7等。

目前常用的镁合金主要用镁—锰系、镁—铝—锌系、镁—锌—锆系等。

1. 镁—锰系合金

镁—锰系合金中的主要合金元素是锰,其主要作用是改善纯镁的抗蚀性。当锰的质量分数在1.3%~2.5%时,锰对合金的力学性能没有不利影响,但其在海水中的抗蚀性却显著提高。

单纯的镁—锰合金(如MB1)力学性能不高,且不能通过热处理强化。如在MB1合金的基础上加入少量(0.15%~0.35%)的铈(如MB8),可细化晶粒,从而提高力学性能。

镁—锰系合金的抗蚀性和焊接性能优于其他镁合金,MB1主要用于生产板材、棒材、带材半成品及锻件,供制造受力不大,而要求高塑性、焊接性及耐蚀性的飞机零件。MB8则可制作中等负荷的零件。

2. 镁—铝—锌系合金

镁—铝—锌系合金与镁—锰系合金比较，其主要特点是强度高，可以通过热处理强化，并具有良好的铸造性能。但抗蚀性没有镁—锰系合金好，屈服强度和耐热性较低。

镁—铝—锌系合金中的铝是主要合金元素，锌和锰是辅助元素。铝在镁中有较大的固溶度，固溶强化作用显著。锌的主要作用是补充强化，并能改善合金的塑性。锰的主要作用是提高合金的抗蚀性。

铝和锌在镁中的固溶度都随温度的降低而减少，因此镁—铝—锌系合金可以进行热处理强化，但当铝的质量分数小于10%时，热处理强化效果不明显。

镁—铝—锌系变形镁合金 MB2、MB3 具有优良的热塑性变形能力和适中的焊接性，主要用于生产形状复杂的锻件和热挤压棒材。

镁—铝—锌系铸造镁合金 ZM5 具有较好的铸造性能和较高的力学性能，是目前广泛应用的一种镁合金，主要用于制作形状复杂的大型铸件和受力较大的飞机及发动机零件。

3. 镁—锌—锆系合金

镁—锌—锆系合金是近期发展起来的高强度镁合金。与镁—铝—锌系合金相比，镁—锌—锆系合金形成组织疏松的倾向很小，铸造性能较好，屈服极限较高，且热塑性变形能力大。因此，镁—锌—锆系合金可用作高强度铸造合金和变形合金。常用的镁—锌—锆系合金有 ZM1、ZM2、MB15 等。

镁—锌—锆系合金中的主要合金元素是锌和锆，锌的主要作用是固溶强化及通过热处理提高合金的屈服极限，锌的质量分数在6%左右为宜。锆的主要作用是细化合金组织，提高强度和屈服极限，改善合金的塑性和抗蚀性，并能提高合金的耐热性。锆的质量分数在0.5%~0.8%时作用效果最佳。但在合金中加锆的工艺复杂，且形成偏析的倾向较大。

在镁—锌—锆系合金中，ZM1 主要用于制造航空工业中的高强度、受冲击载荷大的零件，如飞机轮毂、轮缘、支架等；ZM2 主要用于制造航空工业中的工作温度较高（200℃以下）的零件，如发动机机座、电机壳体等；MB15 主要用于航空工业中制造受力较大的零件，如机翼长桁等。

3.3.3 常用镁合金的牌号、主要成分及力学性能

常用镁合金的牌号、主要成分及力学性能见表3-7。

表3-7 常用镁合金的牌号、主要成分及力学性能

牌号	化学成分/%						力学性能		
	Al	Mn	Zn	Ce	Zr	Re	σ_b/MPa	$\sigma_{0.2}$/MPa	δ/%
ZM1			3.5~5.5		0.5~1.0		240		5.0
ZM2			3.5~5.0		0.5~1.0	0.7~1.7	190		2.5
ZM3		0.2~0.7		0.3~1.0	2.5~4.0		120		1.5

续表

牌 号	化学成分/%						力学性能		
	Al	Mn	Zn	Ce	Zr	Re	σ_b /MPa	$\sigma_{0.2}$ /MPa	δ /%
ZM5	1.5~9.0	0.15~0.5	0.2~0.8				150		2.0
MB1		1.3~2.5					180	100	5.0
MB2	3.0~4.0	0.15~0.5	0.2~0.6				230	120	12.0
MB3	3.5~4.5	0.3~0.6	0.8~1.4				240	140	10
MB8		1.5~2.5		0.15~0.35			220	100	11
MB14		1.4~2.2		2.5~3.5			250	160	10
MB15			5.0~6.0				320	250	6

3.4 滑动轴承合金

3.4.1 滑动轴承概述

轴承是一种重要的机械元件,广泛地用于各种工作设备和动力机械上。

轴承包括滑动轴承和滚动轴承两大类,滑动轴承因工作平稳、能承受较大的压力,在轴的旋转速度很高和承受较重载荷的场合下,大多采用滑动轴承。

滑动轴承是汽车、拖拉机及机床等机械制造工业中用以支承轴进行工作的零件。滑动轴承是由轴承体和轴瓦组成(图3-1),轴瓦可直接用耐磨合金制成,也可在钢背上浇注(或轧制)一层耐磨合金形成复合的轴瓦。这些用于制作轴瓦及其内衬的合金称轴承合金。

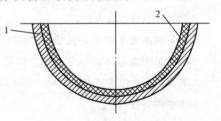

图 3-1 双金属轴瓦的结构
1—钢背(低碳钢);2—内衬(滑动轴承合金)

当轴高速旋转时,轴瓦表面要承受轴颈的周期性负荷,有时还会有冲击作用,这时滑动轴承的基本作用是要保证轴的准确定位,在载荷作用下支承轴颈不损坏。轴工作时,与轴瓦间的强烈摩擦和磨损是不可避免的,虽然工作时常注入润滑油进行理想的液体润滑,但在机器启动、停车、受冲击或重载和载荷变动时,还是常常出现边界润滑或半干摩状态,引起磨损。

根据轴承的工作条件,轴承合金应具有下述基本性能:

(1) 足够的抗压强度和疲劳强度，具有良好的减摩性、磨合性、抗冷焊性等；

(2) 能很好地储存润滑油，使接触表面形成油膜；

(3) 有良好的导热性、耐腐蚀性和较小的膨胀系数。

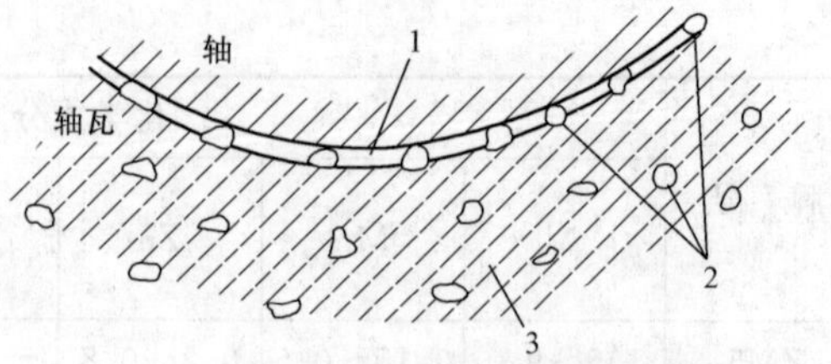

图 3-2 滑动轴承合金理想组织
1—润滑油空间；2—硬质点；3—软基体

为满足以上的性能要求，滑动轴承合金的理想组织有两种（图 3-2）：软基体上分布硬质点（如锡基、铅基轴承合金）或是硬基体上分布软质点（如铜基、铝基轴承合金）。

3.4.2 滑动轴承的分类、牌号、性能及用途

滑动轴承的分类、牌号、性能及用途见表 3-8。

表 3-8 滑动轴承分类、牌号、性能及用途

种类	性能及特点	牌号	用途
锡基轴承合金	锡基轴承合金含锡量较高，可形成较为理想的组织，即软的基体分布硬的质点。具有较小的膨胀系数和良好的减摩性，而且具有优良的导热性、耐蚀性和韧性，但疲劳强度低，并且锡的熔点低。 为提高锡基轴承的强度和使用寿命，生产上常采用离心铸造的方法将它镶铸在钢质轴瓦表面上，形成薄且均匀的"层内衬"（这种方法称为挂衬）	ZChSnSb11Cu6	高速、高载荷、工作温度低于110℃的重要轴承
		ZChSnSb4Cu4	高速、高载荷、韧性要求较大的涡轮机、内燃机高速轴承
		ZChSnSb8Cu4	高速、高载荷汽车发动机薄壁双金属轴承及止推片
铅基轴承合金	铅基轴承合金的编号方法与锡基合金相同。铅基轴承合金是以铅锑为主，并加入少量的锡、铜等元素形成的合金。铅基轴承合金的性能较锡基合金为低，一般用于低载荷、低速或静载条件下工作的轴承	ZChPbSb16Sn16Cu2	工作温度低于120℃，无显著冲击载荷的高载荷、高速轴承
		ZChPbSb15Sn5Cu3Cd2	船舶机械，小电动机、抽水机轴承
		ZChPbSb15Sn10	中等压力的机械轴承
		ZChPbSb15Sn5	低速轻压力机械轴承
		ZChPbSb10Sn6	高载荷、耐蚀、耐磨用轴承

续表

种类	性能及特点	牌　号	用　途
铜基轴承合金	铜基轴承合金具有高的疲劳强度和承载能力、优良的耐磨性、良好的导热性，摩擦系数低，能在250℃以下正常工作	ZQSn5Pb5Zn5	适用于中速、中载荷轴承，如发动机连杆轴套
		ZQSn10P1	承受静冲击载荷的耐磨、耐蚀零件及轴瓦轴套
		ZQPb10Sn10	适用于高载荷、中速轴承、双金属轴瓦及轴套如连杆小头轴套
		ZQPb15Sn8	适用于中高速、中等载荷轴承，内燃机连杆轴承
		ZQPb20Sn5	适用于高速、中等载荷轴承
		ZQPb30	适用于高速、高载荷轴承，如发动机主轴瓦、连杆瓦及凸轮套
铝基轴承合金	铝基轴承合金是以铝为主，并加入少量锑和锡的合金。铝基轴承合金具有密度小、导热性好、疲劳强度高、耐蚀性好等特点，而且原料丰富，价格低廉。主要缺点是膨胀系数大，运转过程中易与轴咬死，通常采用加大轴与轴承之间的间隙来防止咬合。也可用降低轴与轴承表面粗糙度或镀锡等办法改善磨合性，减少运动时发生咬合的危险性	LSn1	用于高速、高载荷的轴承
		LSn2	用于高速、高载荷的轴承
		LSn3	用于中速、中载荷的轴承
		LSn20—1	用于双金属轴瓦材料，制造汽车、拖拉机等各种内燃机轴承
		LSn30—1	用于双金属轴瓦材料，制造汽车、拖拉机等各种内燃机轴承
		LSbMg	用于双金属轴瓦材料，制造拖拉机轴承

本章小结

汽车上常用的有色金属主要有铝、铜、锌、钛等金属及其合金和滑动轴承合金等。本章主要介绍了有色金属的分类、性能和应用。

铝及铝合金的分类，根据铝合金的成分和生产工艺特点，可将其分为变形铝合金和铸造铝合金的两大类。

铜和铜合金的分类，工业上常用的铜合金主要有黄铜和青铜，黄铜可分为普通黄铜与特殊黄铜，青铜的种类很多，有锡青铜、铝青铜、铍青铜、铅青铜和硅青铜等。

镁和镁合金的分类及应用，镁合金分为铸造镁合金和变形镁合金两类。铸造镁合金的牌号用"ZM"加顺序号表示，如ZM1、ZM3、ZM5等；变形镁合金的牌号用"MB"加顺序号表示，如MB1、MB5、MB7等，目前常用的镁合金主要用镁—锰系、镁—铝—锌系、镁—锌—锆系等。

轴承包括滑动轴承和滚动轴承两大类，滑动轴承因工作平稳、能承受较大的压力，在轴的旋转速度很高和承受较重载荷的场合下，大多采用滑动轴承。

习题与思考

一、填空题

1. 根据化学成分和加工方法的不同，可将铝合金分为_____和_____两类。

2. 纯铜的牌号用字母"T"加数字来表示，工业纯铜主要有_____、_____、_____、_____四个牌号，字母后面的数值（越大），其杂质含量越多，纯度越低。

二、简答题

1. 变形铝合金分为哪几种？
2. 普通黄铜与特殊黄铜的区别是什么？黄铜适合做哪些零件？
3. 镁合金是怎样进行分类的？
4. 滑动轴承合金应满足哪些要求？常用的滑动轴承合金有哪些？试举例在汽车上的应用。

知识拓展

其他有色金属材料

一、锌及锌合金。

锌呈浅灰色，原子序数为30，密度为7.14×10^3 kg/m³，熔点为419.5℃。在室温下，性较脆；100℃～150℃时，变软；超过200℃后，又变脆。锌的化学性质活泼，在常温下的空气中，表面生成一层薄而致密的碱式碳酸锌膜，可阻止进一步氧化。当温度达到225℃后，锌剧烈氧化。锌有一半被用作防护性镀层。

锌合金是以锌为基础加入其他元素组成的合金。常加的合金元素有铝、铜、镁、镉、铅、钛等，构成低温锌合金。锌合金熔点低，流动性好，易熔焊、钎焊和塑性加工，在大气中耐腐蚀，残废料便于回收和重熔；但蠕变强度低，易发生自然时效而引起尺寸变化。

熔融法制备，压铸或压力加工成材。按制造工艺可将其分为铸造锌合金和变形锌合金。目前应用最广的是铸造锌合金。

锌合金在汽车上可被用于铸造汽油泵壳、机油泵壳、车门手柄、刮水器安全带扣、内饰件等。

二、钛及钛合金。

钛是一种银白色的金属，原子序数为22，密度为 $4.5×10^3 kg/m3$，熔点为1668℃，沸点为3287℃。钛属于高强度金属，韧性比钢好，且具有耐高温和耐低温的性能，在—253℃～550℃均能保持良好的强度。钛具有同素异构转变性能，且转变温度为882℃。

钛合金是一种新型结构及功能材料，具有比强度高、耐蚀性好、耐热性高和良好的加工性及焊接性等优异的综合性能。

钛合金优异的性能自钛工业化生产以来就倍受各尖端行业关注，在20世纪50年代中期，钛材进入了汽车工业。钛及钛合金在汽车上可被用来制作发动机连杆、发动机气门、气门弹簧座、钛合金弹簧、涡轮增压器、排气系统、消声器、车体框架、发动机摇臂、悬挂弹簧、发动机活塞销、车用紧固件、挂耳螺帽、汽车门突入梁、汽车挡支架、制动器卡钳活塞、压力板、变速按钮、汽车离合器圆板等。钛及钛合金作为结构功能性材料是实现汽车轻量化、高性能和高功能的重要基础。钛步入90年代，随着世界性能源短缺及人们环保意识的加强，尤其是汽车工业，美国、日本和欧洲等国先后颁布了系列生态法规，对燃油利用率，CO_2排放量、汽车减重、汽车的安全性、可靠性等提出了更高的要求。为汽车用钛提供了强大动力。

进入新世纪，我国钛工业也逐步步入汽车领域。世界汽车产量和保有量与日俱增。2009年我国汽车产业突飞猛进，汽车产销量超过1300余万辆，超过美、日成为世界汽车产销第一大国。汽车在给人们出行带来方便的同时也产生了油耗、环保、安全三大问题。着眼于可持续发展考虑，降低燃油消耗和减少排放污染显得尤为迫切。据国际权威部门统计汽车所用燃料约60％消耗于汽车自重。汽车每减轻10％的重量，废气排放量可减少10％，可降低油耗7％。由此可见，汽车减重、轻量化是实现上述目标的有效措施。

实现汽车轻量化的途径主要有两种：一是优化汽车框架结构；另一个是在汽车制造上采用轻质材料。目前汽车上使用的轻合金主要有铝、镁、钛合金等金属。

在当前汽车市场上，随着豪华汽车、跑车和赛车需求逐年增加，钛制零部件亦逐年增加。1990年全球汽车用钛仅为50吨/年左右，1997年为500吨/年，2002年为1100吨/年，2009年为3000吨/年。由此可见，汽车行业用钛材进入加速阶段。

第4章 典型零件选用及热处理

> **学习目标**
>
> 【知识目标】
>
> 了解汽车典型零件选材及热处理的方法。
>
> 【技能目标】
>
> 掌握零件选材原则。
>
> 【素养目标】
>
> 提升学生的自主学习能力，强化真伪辨识意识和工匠精神。

4.1 汽车零件选材现状与趋势

发动机和传动系统零件这两部分包括的零件很多，其中有大量的齿轮和各种轴，同时还有在高温下工作的零件（进/排气阀、活塞等），它们的用材都比较重要，目前一般都是根据使用经验来选材。对于不同类型的汽车和不同的生产厂，发动机和传动系统的选材是不相同的。根据零件的具体工作条件及实际的失效方式，通过大量的计算和试验选出合适的材料。

随着能源和原材料供应的日趋短缺，人们对汽车节能降耗的要求越来越高，而减轻自重可提高汽车的重量利用系数，减少材料消耗和燃油消耗，这在资源、能源的节约和经济价值方面具有非常重要的意义。

减轻自重所选用的材料，比传统的用材应该更轻且能保证使用性能。比如，用铝合金或镁合金代替铸铁，重量可减轻至原来的 1/4～1/3，但并不影响其使用性能。采用新型的高强度的钢板材代替普通的低碳钢板材生产汽车的冲压件，可以使用比较薄的板材，减轻自重，但一点都不降低构件的强度。在车身和某些不太重要的结构件中，采用塑料或纤维增强复合材料代替钢材，也可以降低自重，减少能耗。

4.2 零件选材原则

材料的选用受到多方面因素的制约,主要考虑使用性、工艺性和经济性等要求。

4.2.1 使用性原则

使用性是指材料所能提供的使用性能指标对零件功能和寿命的满足程度。按使用性原则选材的主要依据是材料的力学性能(使用性能)指标和零件的工作情况。首先应分析零件所受载荷的大小和性质,应力的大小、性质及分布情况,它们是选材的基本依据。在满足强度或刚度要求的前提下,尽量考虑其他因素,如工作的繁重程度,摩擦磨损程度,工作温度和工作环境状况,零件的重要程度,安装部位对零件尺寸和质量的限制等。

4.2.2 工艺性原则

材料的工艺性是指材料加工的难易程度。材料具有良好的工艺性能,则可保证在一定生产条件下,按一定的工艺路线方便而又经济地制造出满足使用性要求的合格零件。具体来讲,选材应考虑零件形状复杂程度,材料加工的可能性和方便性,零件生产的批量等。

4.2.3 经济性原则

材料及其加工的经济性是选材的重要条件。它要求在保证零件使用性能的前提下,尽可能优化设计方案,选用廉价材料并降低其加工和使用过程中的费用。此外,还应考虑材料的供应和管理问题,选材时应尽量减少品种规格,以便采购和管理。

应该指出,上述选材的三条原则是彼此相关的有机整体,在选材时应综合考虑数个方案,经分析对比确定最佳方案。

4.3 铁碳合金的热处理

铁碳合金在固态下通过加热、保温、冷却的方式,使其表面或整体组织改变,从而获得所需性能的一种工艺方法。

根据加热和冷却方法的不同,常用热处理可分为:对工件整体进行穿透加热的热处理工艺称为整体热处理,包括退火、正火、淬火、回火等;仅对工件表层进行的热处理称为表面热处理，包括表面淬火、化学热处理等。

根据热处理在零件加工过程中的工序位置及作用不同，热处理还可分为预备热处理和最终热处理。为消除坯料或半成品的某些缺陷或为后续的切削加工和最终热处理作组织准备的热处理称为预备热处理；而为使工件获得所要求的使用性能的热处理称为最终热处理。

4.3.1 退火

将工件加热到适当温度，保温一定时间，随后缓慢冷却（炉冷、灰冷、砂冷、坑冷等）的热处理工艺称为退火。

按照物理冶金特点，可将退火工艺分为如下两类：

第一类退火工艺包括扩散退火、去应力退火等，其工艺特点是通过控制加热温度和保温时间，使工件内在冶金及冷热加工过程中产生的不平衡组织（如成分偏析、形变强化、内应力等）过渡到平衡状态，其主要目的是使组织与成分均匀化、消除形变强化或消除内应力。

第二类退火工艺包括完全退火、球化退火、等温退火等，其主要目的是改变工件的组织和性能。这类工艺的特点是通过控制加热温度、保温时间以及冷却速度等工艺参数来改变钢中的珠光体、铁素体和碳化物的组织形态及分布，从而改变其性能，如降低硬度、提高塑性、细化晶粒、改善机械加工性能等。

4.3.2 正火

工件加热到某一温度以上，保温适当的时间后，在空气中冷却的热处理工艺成为正火。

正火的主要应用范围是过共析钢及合金钢，通过正火可以消除网状的渗碳体，细化片状的珠光体组织，有利于在球化退火中获得细小均匀的球状渗碳体，以改善钢的组织和性能。

对某些低碳钢和低合金钢，由于退火组织中铁素体量多，切削时易粘刀。通过正火处理，可适当提高硬度，以改善钢件的切削性能。

正火后工件组织较细，综合力学性能好于退火组织。所以对于某些要求不很高的结构或大型件，正火可作为最终热处理而直接使用。

对某些大型件或形状复杂件，当淬火有开裂危险时，可用正火代替淬火、回火处理。

4.3.3 淬火

将工件加热到某一温度以上，保温一段时间，然后急冷（如水冷、油冷、盐碱冷等）

获得含有大量的 C 在 α—Fe 中的过饱和的固溶体（马氏体）的热处理工艺。

淬火是强化工件的最重要的热处理工艺。淬火的主要目的是为了获得马氏体，并与回火相配合，使工件具有不同的力学性能。如高碳钢淬火加低温回火，可获得高硬度和高耐磨性；中碳钢淬火加高温回火，可得到强度、塑性和韧性均较好的综合力学性能。

铁碳合金在冷却时形成马氏体（而不形成其他组织）的能力可理解为材料的淬透性。淬透性的大小可用在一定条件下淬硬层的深度表示。影响淬透性的主要因素是临界冷却速度的大小，而影响临界冷却速度的关键是铁碳合金的含碳量和合金元素的种类与含量。选择材料的淬透性，是工程用材料选择的重要依据之一。

4.3.4 回火

回火就是把已经淬火的工件重新加热到某一温度，适当保温后，冷却到室温的热处理工艺。工件淬火后，一般很少直接使用，都应当紧接着进行回火处理。其目的在于降低脆性，减少或消除内应力，防止变形和开裂；稳定组织，稳定形状和尺寸；通过不同回火方法，来调整工件的强度、硬度，获得所需要的塑性和韧性。

实际中有低温回火、中温回火、高温回火三种回火方法。低温回火主要是降低工件的淬火应力和减少脆性，并保持高硬度和高耐磨性；中温回火是为了获得高的弹性极限和高的屈服强度，同时具有一定的韧性和抗疲劳能力；高温回火则是在获得较高强度的同时，还有较好的塑性和韧性，生产中将淬火后紧接着进行高温回火的热处理的工艺称为调质处理。

4.3.5 表面热处理

对于承受弯曲、扭转、摩擦或冲击的零件，常常要求其表面和内部具有不同性能。表面要求具有高的硬度、耐磨性和疲劳强度，而内部具有足够的韧性和塑性。此时，就需要采用表面热处理来满足要求。

（1）表面淬火。铁碳合金的表面淬火是通过快速加热，使工件表层奥氏体化，在内部组织尚未发生改变时，立即淬火冷却，使表层获得高硬度、高耐磨性的马氏体组织，而内部仍保持原来的塑性和韧性都较好的退火、正火或调质状态的组织。

表面淬火加热可采用感应加热、火焰加热、激光加热等不同的加热方法。目前生产中广泛应用的是感应加热。

（2）化学热处理。化学热处理是将工件置于特定的介质中加热和保温，使介质中的活性原子渗入工件表层，从而通过改变表层的化学成分和组织来改变其性能的一种热处理工艺。根据渗入元素的不同，化学热处理包括渗碳、渗氮、碳氮共渗、渗硼、渗铬、渗铝等。

4.4 汽车典型零件选材及热处理

汽车上齿轮类零件、轴类零件、连杆类零件的工作条件及热处理工艺见表 4-1。

表 4-1 汽车典型零件选材及热处理工艺

汽车典型零件	工作条件	选 材	热处理工艺
齿轮类零件	齿轮工作时两齿轮啮合处剧烈摩擦会造成齿面磨损，接触应力大；齿根部承受很大的交变弯曲应力；在机械启动、变速及啮合不均匀时，齿轮将受到冲击载荷的作用	载货车使用齿轮选材：20CrMnTi 钢经渗碳及淬火、低温回火后，表面硬度可达 58～62HRC，心部硬度为 30～45HRC，σ_b 可达 1 100 MPa，可满足截面尺寸在 30 mm 以下、高速中等载荷的齿轮零件的性能要求，此种钢有良好的淬透性及较低的过热敏感性，在渗碳后油冷	渗碳、淬火、低温回火 喷丸处理
轴类零件	1. 半轴。汽车半轴在汽车运行工作中起到驱动汽车车轮转动的直接作用，发动机输出的扭矩经过多级变速传给半轴，再由半轴传到车轮，汽车启动、爬坡时，扭矩很大，而在紧急制动和不平坦的道路上行驶时，半轴的工作条件将更恶劣，负荷急剧增加。 2. 曲轴。内燃机曲轴工作时承受高温、高压的载荷，受到内燃机的周期性的气体压力及曲柄连杆机构的惯性力、扭转、弯曲和冲击载荷、交变载荷的作用，而轴颈部分受到强烈的摩擦，故其工作条件较为恶劣	半轴材料可选 400Cr、40CrNi、40MnB、40CrMnMo、42CrMo 等合金调质钢制造。 低速内燃机可选中碳钢或球墨铸铁制造。 中速内燃机可选合金调质钢、中碳钢或球墨铸铁制造。 高速内燃机可选 35CrMo、42CrMo	锻后正火，187～241HBS 淬火、高温回火（调质处理）。回火后水中快冷，可在半轴表面造成压应力以提高疲劳强度 表面淬火、低温回火。半轴杆部硬度 52～63HRC 曲轴工艺路线：浇铸→正火（回火）→切削加工→淬火→装配

续表

汽车典型零件	工作条件	选 材	热处理工艺
连杆类零件	连杆在工作时受到复杂的交变拉、压应力的作用以及弯曲应力的作用，还要承受高温、高压及动载荷的作用，因此要求连杆具有良好的综合力学性能及较高的疲劳强度	中碳钢或合金调质钢，如 40MnV、35MnV	下料→锻造→调质→喷丸→检验→矫正→精压→探伤→切削加工

本章小结

本章主要介绍了汽车上典型的选材原则及热处理方法。

材料的选用受到多方面因素的制约，主要要考虑使用性、工艺性和经济性等要求。

根据加热和冷却方法的不同，常用热处理可分为：对工件整体进行穿透加热的热处理工艺称为整体热处理，包括退火、正火、淬火、回火等；仅对工件表层进行的热处理称为表面热处理，包括表面淬火、化学热处理等。

汽车上齿轮类零件、轴类零件、连杆类零件的选材及热处理工艺。

习题与思考

1. 零件选材时应考虑哪些因素？
2. 什么是退火？说明它的种类及应用范围。
3. 表面热处理的方法有哪些？
4. 变速器中齿轮的工作条件怎样？可用什么材料制作？应采取什么热处理工艺？

第二篇
非金属材料

第 5 章 塑料、橡胶

> **学习目标**

【知识目标】
1. 了解橡胶的性能、组成及分类;
2. 了解塑料的性能、组成及分类。

【技能目标】
总结橡胶和塑料的性能特点,具备区分汽车常用的橡胶制品和塑料制品的能力。

【素养目标】
通过塑料和橡胶的发展历史,培养学生实践出真知、善于探索、百折不挠的科学精神。

非金属材料包括除金属材料以外几乎所有的材料,主要有各类高分子材料（塑料、橡胶、合成纤维、部分胶黏剂等）、陶瓷材料（各种陶瓷、玻璃等）和各种复合材料、摩擦材料等。本章主要介绍塑料和橡胶。

5.1 塑 料

塑料是由低分子化合物通过聚合或缩聚反应而合成的高分子化合物。在常温下呈固态、半固态或半流动态的有机物质。它们在受热时能软化或熔融。在外力作用下可呈塑性流动状态。随着汽车轻量化发展的需求,塑料、工程塑料在汽车上的应用范围不断地扩大,且品种繁多。中国各类车型汽车使用塑料每辆为 40～50 kg,轿车上塑料用量已经达到自重的 7%～10%,接近国外 9%～10% 的水平。

5.1.1 塑料的性能、组成与分类

1. 塑料的性能特点

树脂可分为天然树脂和合成树脂两大类。合成树脂是由人工合成的一类高分子量的聚合物的总称,又称聚合物或高聚物,简称树脂,它最重要的应用是制造塑料。

塑料是以树脂为基础原料,加入（或不加）各种助剂、增强材料和填料,在一定温度、压力下加工成型或交联固化成型而得到的高分子固体制品或材料。

塑料与树脂的区别为:树脂是指加工前的原始聚合物,塑料则是指加工后的一种合成

材料及制品。合成树脂在制造塑料时，为了便于加工或改善性能，常添加各种助剂，有时也直接加工成形，因此合成树脂通常是塑料的同义词，在实际应用中与塑料这个术语通用。

汽车很多零部件使用的材料是塑料，塑料具有如下优良的特性：

（1）密度小：塑料的相对密度一般只有 $1.0\sim 2.0\ g/cm^3$，约为钢的 1/6，铝的 1/2。这对减轻车辆、飞机、船舶等运输工具的自重意义十分重大。

（2）电绝缘性：大多数塑料具有良好的电绝缘性和较小的介电损耗，是理想的电绝缘材料。

（3）耐腐蚀性：大多数塑料的化学稳定性好，对酸、碱、盐都具有良好的抗腐蚀能力。

（4）消声和隔热性好：塑料具有优良的消声隔热作用，泡沫塑料可以用作隔音、保暖材料，塑料机械零件可以减少噪声，提高运转速度。

（5）减摩性好：大部分塑料摩擦系数小，具有自润滑能力，可以在湿摩擦和干摩擦条件下有效地工作。

（6）良好的工艺性能：大部分塑料都可以直接采用注塑或挤压成型工艺，无需切削，因此生产效率高、成本低。

塑料的不足之处是强度、硬度低，耐热性差，膨胀系数大，受热易变形、易老化、易蠕变。

2. 塑料的组成

除个别塑料由纯树脂组成外，大多数塑料的组成成分是合成树脂和添加剂。添加剂包括填料、增强材料、增塑剂、稳定剂、固化剂、着色剂、润滑剂、阻燃剂、发泡剂，以及根据不同用途而加的抗静电剂、防霉剂、紫外线吸收剂等。加入添加剂的目的是为了改善塑料的成型加工性能、制品的使用性能以及降低成本等。塑料的组成见表 5-1。

表 5-1　塑料的组成

组成	说明
合成树脂	它是塑料的组成部分，占塑料全部组分的 40%～100%。其作用是将其全部组分胶粘起来，并赋予塑料最主要的特征。树脂的性能直接关系到物料成型加工过程和成型加工后制品的性能，其影响因素有分子量分布、颗粒结构、粒度、结晶度、密度、水分、低分子量挥发物含量等
填料（填充剂）	填料是一种化学性质比较稳定的惰性材料，是制造压塑粉的主要原料之一。它的作用是提高塑料的机械强度，降低成本，改善性能。常用的填料有高岭土、石膏、碳酸钙、滑石粉、炭黑、氧化锌、石棉、云母、木屑以及各种金属粉末等。过去填料主要用于热固性塑料，如酚醛树脂中加入 20%～60% 木屑为填料；现在不少热塑性塑料中，有时也加入一些填料
增强材料	增强材料是纤维组织，是具有增加树脂能力的惰性材料，是制造增强塑料的主要原料之一。常用的有玻璃纤维、棉纤维、石棉布以及在一些新型高强度塑料中应用的碳纤维、石墨纤维等。增强材料能显著提高塑料的强度。工业上常用的玻璃钢就是由一些树脂，如聚酯、酚醛树脂、环氧树脂和玻璃纤维配合而成的

续表

组 成	说 明
增塑剂	凡能增加树脂体系塑性的物质均可称为增塑剂。增塑剂可渗透入高聚物链段之间，削弱聚合物链间的作用力，从而在一定温度和压力下使聚合物分子链容易运动，导致玻璃化温度下降，增加聚合物的可塑性、流动性和柔软性，改善加工性能。增塑剂用量一般不超过30%
稳定剂	稳定剂的作用主要是防止成型过程中高聚物受热分解或长期使用过程中受光和氧的作用而老化降解，因此有热稳定性、光稳定性
固化剂（硬化剂）	固化剂是指能与树脂中的不饱和键或反应基团起作用而使树脂固化的物质。一般热固性树脂在成型前必须加入固化剂，以促使塑料的线形或网状的分子结构相互交联，交联成体型结构的坚固体。为了加速固化，常与促进剂配合使用
着色剂	着色剂是指能够改变塑料固有颜色，而使塑料制品具有各种鲜艳色彩的物质。工程塑料也必须按照一定的要求加以着色，以改进其性能或作为特殊的标志。着色剂有无机颜料和有机颜料等
润滑剂	改善塑料在加工成型时的流动性和脱模性的物质。它的作用是在塑料成型过程中附着于材料表面以防止粘住设备和模具。增加流动性，使塑性制品表面光亮美观。常用的润滑剂有硬质酸盐、脂肪酸和酰胺、石蜡等
阻燃剂	大多数塑料是可以燃烧的，这就限制了它在各个工业部门中的应用。若在塑料中加入含磷、氧、溴原子基团或 Sb_2O_3 等物质，则可提高塑料的抗燃烧能力，这样的物质就称为阻燃剂
发泡剂	发泡剂是指能使塑料形成微孔结构成蜂窝状结构的物质。常用的发泡剂有碳酸氢钠、碳酸铵、亚硝酸铵、偶氮化合物、亚硝基化合物、卤代烃以及氨气、二氧化碳等
抗静电剂	对于经常受摩擦的塑料制品，例如电影胶片，则应加入抗静电剂，以减少或消除塑料表面静电荷的形成。抗静电剂一般是有机氮化物（如酰胺、胺类、季铵化合物）以及具有聚醚结构的化合物

稳定剂和润滑剂是塑料中必须加入的添加剂，其他组分则根据塑料种类和用途的不同而有所增减。例如聚乙烯塑料不需要加增塑剂，而软聚氯乙烯塑料加有大量的增塑剂。在潮湿环境中使用的塑料制品中还应加防霉剂。

3. 塑料的分类

塑料品种繁多，每一品种又有多种牌号，为便于认识和使用塑料制品，现介绍两种常用分类方法，具体见表 5-2。

表 5-2 塑料的分类

按热性能和成型特点分类		按塑料使用的特点分类		
热塑性塑料	热固性塑料	通用塑料	工程塑料	功能塑料
热塑性塑料是以加聚或缩聚树脂为基体，加入少量稳定剂、润滑剂、加或不加填料制取而成。其分子结构是链状的线形结构。它的工艺性能特点是受热时软化，可塑造成型，冷却后变硬，可反复进行，其基本性能不变。这类塑料的优点是成型工艺简便，具有较高的力学性能。缺点是耐热性和刚性较差。 热塑性塑料无论是品种、质量还是产量，现都已超过热固性塑料，是工程塑料中的主要材料。属于这类塑料的有聚乙烯、聚丙烯、聚氯乙烯、聚苯乙烯、ABS、有机玻璃、聚甲醛、聚酰胺、聚碳酸酯、聚苯醚、聚砜、聚芳砜、聚酰亚胺、聚苯硫醚、聚苯并咪唑等	热固性塑料大多是以缩聚树脂为基体，加入填料、固化剂以及其他各种添加剂制取而成的，具有体型分子结构。它的工艺性能特点是加热时软化，可塑造成型，但固化后再加热将不再软化，不能再成型使用，也不溶于溶剂。 热固性塑料的优点是一般具有耐热性高、受压不易变形等；缺点是力学性能差，但可以通过添加填料增加强度。属于这类塑料的有酚醛、氨基（包括脲醛及三聚氰胺甲醛）、环氧、有机硅、不饱和聚酯、聚氨酯等	原料来源丰富，产量大，应用面广，价格便宜，成型加工容易；包括聚乙烯、聚丙烯、聚氯乙烯、聚苯乙烯、酚醛、氨基六大常用塑料	综合性能优良，但价格较贵，产量较少。如聚酰胺、聚甲醛、聚碳酸酯、ABS、聚砜、氯化聚醚、聚苯醚、聚酯等	具有某种突出的物理功能，如耐高温、耐烧蚀、耐辐射、导电、导磁等，如有机硅、氟塑料、聚酰亚胺、聚苯硫醚、聚芳砜等

5.1.2 常用塑料品种，性能和用途

目前，已工业化的塑料有 300 多种，常用的有 60 余种，各具不同的性能和用途。

1. 热塑性塑料

（1）聚氯乙烯（PVC）。

聚氯乙烯由氯乙烯经自由基聚合反应而成，它可制成硬质和软质的制品。

硬质聚氯乙烯的力学性能较高，电性能优良，化学稳定性好，易熔接和黏结，价格低，产量大；其缺点是使用温度低（-15℃～55℃），线膨胀系数大，可用做化工耐腐蚀的结构材料，也可用做绝缘材料。

软质聚氯乙烯的强度、电性能和化学稳定性低于硬质聚氯乙烯，但耐油性和成型性能较好；其缺点是使用温度低且易老化，主要用做薄膜、电线电缆的套管和包皮、密封件等。

(2) 聚乙烯（PE）。

聚乙烯是由单体乙烯本体聚合而成的结晶型高聚物，是目前产量最大的塑料品种。按其生产方式可获得低密度聚乙烯、中密度聚乙烯和高密度聚乙烯三种类型。工业上以低密度聚乙烯和高密度聚乙烯应用最为普遍。

低密度聚乙烯软化点低、质地柔韧，主要用来生产塑料薄膜，用做食品和各种商品的包装材料以及农业育秧薄膜；也用来制造容器、管道、绝缘材料以及泡沫塑料等。

高密度聚乙烯结晶度高（85%～90%）、密度大（0.941～0.965 g/cm³）、熔点较高、质地较硬，其力学性能和热性能较好，主要用来制造容器、管道、绝缘材料以及硬泡沫塑料等。

此外，分子量为 $2 \times 10^6 \sim 6 \times 10^6$ 的聚乙烯称为超高分子量聚乙烯，具有优良的耐磨性、耐化学腐蚀性和抗冲击性能，摩擦系数低，可自润滑，表面无黏着性，有良好的减少噪声作用。主要用做包装材料和工程材料，用来制造精密齿轮以及耐磨部件等。

(3) 聚丙烯（PP）。

由丙烯在 Zngler-Natta 催化剂作用下经配位聚合而成。其特点是密度小，为常用塑料中材质最轻的一种；强度、硬度、刚性和耐热性均优于低压聚乙烯，可在100℃～120℃温度下长期使用；几乎不吸水，并有较好的化学稳定性和优良的高频电性能，且不受温度影响，易成型。但它在低温下发脆，不耐磨，易老化，成型收缩率大。它主要用来生产合成纤维和塑料薄膜，也可用做质优价廉的工程塑料，用于制造容器、储罐、阀门等，汽车上应用于电瓶、电线接线柱、取暖及通风系统、车厢、发动机舱、车身、灯壳、水箱面罩等。

(4) 聚苯乙烯（PS）。

聚苯乙烯是无色透明、易着色、介电性能和耐辐射性能良好的刚性材料，但质脆而硬、不耐冲击、耐热性低（80℃）、耐有机溶剂性能较差。它主要用来生产注塑制品，作为仪表透明罩板、外壳、日用品、玩具等，广泛用做仪表包装防振材料、隔热和吸音材料。

(5) ABS塑料。

ABS 塑料是由丙烯腈、丁二烯、苯乙烯三种单体构成的一系列聚合物的总称。ABS 树脂为浅黄色粒状或珠状不透明树脂，无毒、无味、吸水率低，具有优良的综合性能。此外，容易电镀，易于成型，价格低廉。其缺点是可燃，热变形温度较低，长期使用容易分层，耐候性较差。

ABS 塑料主要作为工程塑料，用做机器零件，电话机、电视机和各种仪表的外壳，设备衬里，运动器材等，汽车上主要用于制造后挡泥板、仪表板、收音机罩、空气排气孔、转向盘喇叭盖、车轮罩、百叶窗、支架、镜框等。

(6) 聚甲基丙烯酸甲酯（PMMA，俗名有机玻璃）。

聚甲基丙烯酸甲酯是由甲基丙乙酸甲酯经自由基聚合而成。其特点是透光性能优良，可见光透过率为92%，紫外光透过率为73.5%，透光率优于其他透明塑料和普通硅玻璃，强度比普通玻璃高7～8倍，但它比硅酸盐玻璃昂贵，所以主要用做飞机的窗玻璃和座舱罩，汽车的尾灯罩、指示灯罩、仪表透明罩板、模型材料等。可采用本体浇注方法直接生产板材、管、棒等制品。用悬浮聚合方法生产的珠状树脂用来制造假牙、牙托和假肢等。

（7）聚甲醛（POM）。

聚甲醛是由高纯度甲醛或三聚甲醛经阳离子催化聚合而得。聚甲醛是高度结晶的热塑性塑料，具有优良的综合性能。它突出的优点是刚性高、硬度大、耐蠕变性和耐疲劳性优异。另外，它的强度和冲击性能良好，并且容易成型加工。其缺点是阻燃性较差，耐候性不太理想。其产量仅次于尼龙和聚碳酸酯，居第三位。主要用做阀件、泵、水槽等管件材料，以及汽车零件、齿轮、轴承等，它是在众多领域中能代替钢、锌、铅、铜等金属材料的优良材料。

（8）聚酰胺（PA）。

聚酰胺俗称尼龙。工业上重要的聚酰胺有尼龙—6、尼龙—66、尼龙—1010、尼龙—610和耐高温的聚芳酰胺。由聚酰胺得到的合成纤维，我国称为锦纶。

聚酰胺塑料是重要的通用工程塑料，其产量居五大工程塑料之首，主要用于汽车制造工业、电气工业和机器制造工业中的耐磨部件与一般零件。聚酰胺树脂大量用于生产合成纤维，另外适用于制造涂料和胶黏剂等。

聚酰胺是不透明或半透明的角质状固体，表面光亮度良好，无臭无味、无毒，抗霉菌，具有柔韧、强度高、耐摩擦、自润滑、电绝缘性好、耐弱酸碱和一般溶剂以及透氧率低的特点，但对强酸、强碱、酚类等抵抗力较差，此外热导率低、热膨胀大，有冷流性及较大的吸水性和收缩率。

汽车上主要用于制造汽油箱盖、遮阳板支架、燃油滤清器盖、汽车牌照框架、散热器水箱、车轮罩、燃油管道、转向柱套、门外侧手柄、飞轮盖等。

（9）聚碳酸酯（PC）。

聚碳酸酯是淡琥珀色透明固体，具有耐热性优良，抗冲击强度高，刚性好，尺寸稳定性良好，吸水性、抗蠕变性优良等特点。聚碳酸酯塑料中需添加热稳定剂、紫外线稳定剂、润滑剂，必要时用填料增强，或与其他高聚物混合以改进其成型时的流动性和物理—力学性能。聚碳酸酯的缺点是耐疲劳强度低，容易产生应力开裂；不耐碱，溶解于氯代烃，长期浸在沸水中易引起水解和开裂。

聚碳酸酯作为耐热性受力结构材料，广泛用于汽车制造和电子电气等方面。其透光率可达75%～88%，所以可做照明灯罩和视镜，它还大量用做安全玻璃。

（10）聚对苯二甲酸乙二醇酯（PET）。

PET具有优良的力学性能、耐磨损、吸水性很低、尺寸稳定性高，并有优良的电绝缘性，甚至在高温高频下，其电性能仍较好。它虽然在强酸、强碱或水蒸气的作用下会发生分解，但对有机溶剂及油类仍具有良好的化学稳定性。

聚对苯二甲酸乙二醇酯称为涤纶树脂，广泛用来制造合成纤维和塑料薄膜，其纤维的强度高，耐磨性好。薄膜的强韧性在热塑性塑料中为最大，拉伸强度可与铝箔匹敌。它大量用做录音带、录像带、照相底板的基材。用玻璃纤维增强的线形聚酯可做高温、高强度绝缘材料。

(11) 聚苯醚（PPO）。

PPO 具有优良的抗冲击性能，刚性大，抗蠕变性和耐热性较高，可在 $-127℃\sim121℃$ 的温度下长期使用；介电性能非常优异，其介电常数和介电损耗在工程塑料中是最小的，不受温度、湿度和频率的影响；吸水性低，尺寸稳定性和耐磨性好；耐酸、碱，但不耐有机溶剂，不耐老化。

纯粹的 PPO 塑料成型时流动性较差，工业上多用聚苯乙烯改性以便于注塑成型。它在电气工业和机械工业中作为金属材料的代用品使用，制造小型零件、罩壳、传动件、医疗器械、高频印制电路板等。

(12) 氟塑料（PTFE）。

PTFE 是一系列线型含氟聚合物的总称。其中以聚四氟乙烯最为重要，聚四氟乙烯为白色、无臭、无味、无毒的粉状物或颗粒状物，其玻璃化温度 $327℃$，热分解温度 $415℃$，在 $400℃$ 以上易分解放出有毒气体，俗称"塑料王"，几乎能耐所有化学药品的腐蚀，电绝缘性优良、摩擦系数极低、自润滑性能优异，不粘、不吸水、不易老化，可在 $-180℃\sim250℃$ 温度下长期使用；但强度低，刚性差，冷流性大，不耐熔融碱金属侵蚀，不能注射成型，需烧结成型，价格较贵。

聚四氟乙烯作为优异的耐腐蚀材料，可用做化工设备、管道、泵、反应器等的衬里、垫片、隔膜等。作为绝缘材料，它广泛用于高温、高频、耐寒、耐老化等场合。由于摩擦系数极小，在机械工业中它可用做轴承、导轨和无油润滑方面的材料。作为结构材料，它通常需加填料以提高强度。

(13) 聚酰亚胺（PI）。

聚酰亚胺是耐高温、高强度的工程塑料，是目前工程塑料中耐热性最好的品种之一。它具有优良的综合性能，是一种很有价值的耐高温、高真空自润滑耐磨材料。其耐电晕性优于氟塑料和聚乙烯；耐辐射性、耐燃性都很好；耐稀酸和有机溶剂，但不耐碱、强氧化剂、沸水及高压蒸气。它主要用于工作温度范围较宽的耐腐蚀部件、自润滑部件、绝缘器件和医疗器械等。

(14) 聚砜（PSF）。

聚砜是透明的耐高温工程塑料。它突出的优点是具有优异的热稳定性，高温下仍然在很大程度上保持在室温下所具有的力学性能，这是一般工程塑料所不及的。它可在 $-100℃\sim150℃$ 温度下长期使用，在高温下的耐热老化性能极好。它在整个热塑性工程塑料中具有最高的耐蠕变性。它还具有优良的耐氧老化性、能自熄、易电镀。它在宽广的温度和频率范围内具有优良的电性能和较好的化学稳定性。其缺点是耐候性、耐紫外线较差，成型温度高。聚砜主要作为要求高强度、耐热性、绝缘性的材料。

(15) 聚苯硫醚（PPS）。

聚苯硫醚是一种介于热塑性与热固性之间的新型耐高温、耐腐蚀的工程塑料，具有突出的耐热性，热分解温度在400℃以上，可在250℃下长期使用；耐腐蚀性也很好，除强氧化酸外，对其他酸、碱及有机溶剂均很稳定。其胶接强度高，特别是对玻璃、陶瓷、钢材、铅、银、镀铬、镀镍制品等都有很好的黏结力。它的电绝缘性、强度、尺寸稳定性、抗蠕变和耐燃性很好，可注射成型，也可喷涂和热熔敷。主要用做化工耐腐蚀件、耐热结构件、H级绝缘材料、密封环、高温胶黏剂等。

2. 热固性塑料

(1) 酚醛塑料 (PF)。

酚醛塑料是热固性塑料中产量最大的老品种，其一般特性是机械强度高，坚硬耐磨，性能稳定，抗蠕变性优于许多热塑性工程塑料；耐热性较高，在水润滑条件下具有极低的摩擦系数；电性能优良，吸湿性差；耐腐蚀性好。除强碱外，能耐酸和其他化学介质的侵蚀；尺寸稳定，不易变形，且价格便宜。其缺点是质地较脆，颜色较深，耐光性差，特别是加工性差，只能模压。它主要用做绝缘材料，如电气开关、灯头、线路板等，在航天工业中作为烧蚀材料以隔绝热量防止金属壳层熔化。

(2) 氨基塑料 (UF)。

氨基塑料的特点是无、硬度高、制品表面光洁、耐电弧。脲醛塑料主要用于制造各种颜色鲜艳的日用品（纽扣、瓶盖等）、民用电器、食具等。三聚氰胺甲醛塑料主要用于制造耐电弧、防爆的电器，电动工具绝缘配件，耐沸水食具等。氨基塑料层压板可用做装饰板。

(3) 环氧塑料 (EP)。

环氧树脂的特点是坚韧、收缩率低、耐水、耐化学腐蚀、耐溶剂，与许多材料可以牢固黏结，介电性能优良。

环氧树脂是黏结性能优良的胶黏剂，可用来黏结金属材料，修补复合材料等；还可用浇铸方法固定电器嵌入件；用玻璃纤维生产增强塑料用于机械、电气、宇航结构件，压力容器及高强度的构件。

(4) 有机硅塑料 (SI)。

有机硅塑料是由硅树脂与石棉、云母或玻璃纤维等配制而成的。其产品有浇铸件、压塑件和层压制品。有机硅塑料的主要特点是不燃，具有优良的电绝缘性和卓越的耐高低温性，可在300℃下长期使用，突出的憎水防潮性，良好的耐大气老化性。主要用于高频绝缘件、H级绝缘件，温带地区电机、电气绝缘件、耐热件等。

(5) 聚氨酯 (PUR)。

聚氨酯具有低温性能优良、耐油和耐化学药品的特点，易于成型，是很好的隔热保温和吸音、防振材料。

(6) 不饱和聚酯 (UP)。

不饱和聚酯的主要优点在于可在常温、常压下固化，因此可用于制造大型制件，主要用于玻璃纤维或玻璃布作为增强材料以生产玻璃钢材料，用来制造汽车外壳、火车门窗、汽艇外壳、化工容器、雷达罩等。

5.1.3 塑料在汽车上的应用

为实现汽车轻量化，提高汽车的舒适性和安全性，近年来，各国汽车塑料制品的用量日益增多，目前每辆轿车上的塑料用量已达9%左右。

1. 汽车对塑料性能要求

汽车对塑料性能要求见表5-3。

表5-3 汽车对塑料的性能要求

力学性能	要求具有一定的抗拉强度、抗压强度、剪切强度和冲击强度
热学性能	要求具有一定的耐热性。在发动机室里使用的部件温度一般为120℃，有时高达150℃～170℃，塑料的性能受高温影响很大，高温下性能降低，低温下发生脆化
长期使用性能	要求具有抗蠕变性能。塑料黏弹性体有蠕变特性，在长期承受载荷下易发生变形
尺寸稳定性	要求在使用过程中尺寸稳定。塑料比金属材料收缩率大，固化后达到稳定尺寸也需要一定时间

2. 塑料在汽车结构件和内外装件上的应用

塑料在轿车结构件和内外装件上的应用，主要是为了满足轿车轻量化、提高安全性、节约能源、降低生产成本等要求。

目前，许多通用塑料、工程塑料及其增强塑料都能在不同程度上替代钢、铜、不锈钢、铝合金、无机玻璃等材料，用做轿车结构件或内外装件，其中，又以聚丙烯、聚氯乙烯、聚乙烯、ABS等最为常用。表5-4列举了用做轿车结构件和内外装件的塑料品种及其应用实例。

表5-4 用做轿车结构件和内外装件的塑料品种及其应用实例

塑料名称	应用实例
聚丙烯、玻纤增强聚丙烯、无机填料增强聚丙烯、电镀级丙烯	车厢、发动机舱、车身、取暖及通风系统、水箱面罩、灯壳、工具箱、备胎罩、电瓶、电线接线柱、接线盒盖、消声器等
聚氯乙烯、氯化聚氯乙烯、玻纤增强聚氯乙烯、热固性低发泡聚氯乙烯	转向盘、保险杠套、货车地板、仪表板罩、汽车顶盖内衬、后盖板表皮、操作杆盖板、备胎罩、货箱衬里、窗玻璃升降器盖、电线包覆层等
低密度聚乙烯、高密度聚乙烯、超高分子量聚乙烯	汽油箱、挡泥板、顶篷和门的减振材料、行李厢垫、空气导管、储罐等

续表

塑料名称	应用实例
高抗冲 ABS、超高抗冲 ABS、高刚性 ABS、电镀 ABS、透明 ABS、氯化共混 ABS	百叶窗、车轮罩、后挡泥板、仪表板、收音机罩、空气排气口、转向盘喇叭盖、调节器手柄、格栅、后护板、上通风盖板、支架、镜框等
有机玻璃、珠光有机玻璃、甲基丙烯酸甲酯共聚膜塑料	窗玻璃、车灯玻璃、仪表玻璃、反光镜、窥镜、油标、罩盖、仪表壳等
尼龙—6、尼龙—66、尼龙—1010、玻纤增强尼龙、MC 尼龙	保险杠、汽车牌照框架、转向柱套、汽油箱盖、头枕支架、遮阳板支架、侧裙、燃油滤清器盖、进气口外板、车轮罩、散热器水箱、后端板、燃油管道、气制动管道、泵壳、接线柱、熔断器壳、轴承架、刮水器齿轮、门外侧手柄、飞轮盖等
均聚甲醛、共聚甲醛、玻纤增强甲醛	转向臂、水泵叶轮、门外侧手柄、油箱盖、制动泵壳体、制动单向油阀、排水阀、燃油泵、燃料节流泵、化油器空气入口、减振器、轴承保持架、悬置球节、格栅、减速器齿轮、刮水器齿轮和枢轴、开关滑动板、遮阳板托架和框架、门调节器手柄、驾驶室内镜框、加热器风扇和操作杆、空调和真空调节阀等
聚碳酸酯、玻纤增强聚碳酸酯	窗玻璃、保险杠、信号灯玻璃、灯具、仪表标牌、遮阳板、风扇等
PBT、玻纤增强 PBT、阻燃 PBT、发泡 PBT、PET、玻纤增强 PET	发动机罩壳、车牌支架、安全带、气泵壳体、燃油泵壳体、油箱、车尾板、前挡泥板延伸部分、开关接插件、点火线圈架和外壳。接线柱座、分电器盖、电气接线盒、空调器阀门、调速器电缆连接管、废弃净化系统阀门、车轴连接杆、天线杆、操作杆手柄、调速器盖等
反应注射成型聚氨酯（RIM）	保险杠、散热器隔栅、扰流板、翼板等
氟塑料及其复合材料	活塞环、各种垫片、垫圈、阀座、轴承、滑块等

3. 塑料在汽车软饰件上的应用

塑料在软饰件上的应用，主要是满足汽车饰件的安全、美观以及舒适性等要求。这就要求塑料具有优良的吸振、耐热、耐老化和一定的机械强度，以及轻量化、手感好、成型工艺简便、使用寿命长等。汽车典型塑料软饰件见表 5-5。

表 5-5 汽车典型塑料软饰件

内饰件名称	塑料名称
座椅、头枕	聚氨酯泡沫塑料
扶手、仪表缓冲垫	聚氨酯泡沫塑料、聚氯乙烯
仪表盖板、前柱饰条、控制箱体	ABS
仪表盘托架、车门饰板芯材、制动手柄、中后支柱装饰条	聚丙烯
转向盘	聚丙烯、聚氨酯
车门内饰板表皮、车顶内饰表皮	聚氯乙烯
车顶内饰托架	聚丙烯、聚苯乙烯

4. 汽车塑料件的位置、名称和车身塑料产品的鉴别方法

汽车上塑料件的位置和名称如图 5-1 所示，括号中代表该塑料的种类。车身塑料产品的鉴别方法是查看压制在塑料部件上的 ISO 代号，一般在零件拆下后就能看到所标的代号。

燃烧鉴别：切下一小片塑料，用镊子夹住放入火中燃烧，查看其火焰颜色、燃烧情况及闻气味。例如，PVC 塑料受热后容易熔化，燃烧时火焰呈绿色或青色，有盐酸味；聚烯烃类塑料在燃烧时的火焰没有明显的烟雾，有蜡的气味；聚酯酸纤维素类塑料经点燃后有醋酸味；ABS 塑料燃烧时有明显的烟雾产生。

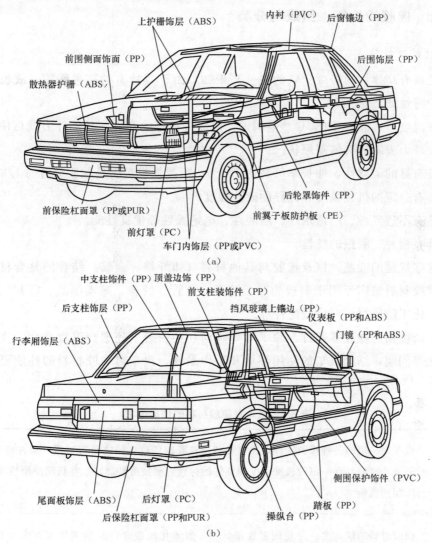

图 5-1 现代承载式汽车使用塑料件的部位衡量和标准

(a) 从车前观察；(b) 从车后观察

焊接法：塑料焊条能与之焊合的即为此种焊条类型质地的塑料品种，市场上能提供的

焊条大致有 6 种。

敲击法：用手敲击塑料制品内侧，PU 塑料声音较弱。

打磨法：PU 塑料用砂纸打磨后没有粉末，而 PP 塑料则有粉末。PU 塑料易被划伤，PP 塑料不易被划伤等。

5.2 橡 胶

5.2.1 橡胶的性能、组成与分类

1. 橡胶的性能特点

橡胶是具有高弹性的轻度交联的线性高聚物，由于其特有的高弹性能，故也称为弹性体。橡胶的特性如下：

（1）在温度（-50℃～150℃）范围内，能保持很好的弹性，稍加外力就可使其产生很大的变形，外力去除后又恢复原状。

（2）具有好的柔软性，伸长率可高达 100%，而弹性模量仅是软质塑料的 1/30 左右。

（3）具有一定的机械强度和优异的疲劳强度。

（4）具有不透气性、不透水性、耐磨性、电绝缘性等优良性能。

（5）具有缓冲、吸振的特性。

由于这些优越的性能，以及橡胶与其他材料（如纤维、金属）结合的复合材料呈现的特性。使橡胶材料被广泛用于制造轮胎、胶带、胶管、胶鞋、减震制品、密封制品、电缆绝缘材料、化工防腐材料与橡胶配件等。

汽车上所使用的橡胶零部件。除了承受震动和冲击外，还遇到温度变化、介质侵蚀以及部件老化等问题，结合汽车的使用环境和工作条件，汽车对橡胶材料的性能要求归纳见表 5-6。

表 5-6　汽车对橡胶材料的性能要求

力学性能	汽车上采用的各种橡胶零件，主要是利用橡胶的弹性，使之具有减震、缓冲或密封作用，所以要求橡胶具有一定的机械强度和良好的弹性，耐疲劳性能好，在长期使用情况下不改变其应用的性质
工作温度	橡胶材料的缺点之一是使用温度偏低，一般硫化橡胶允许长期工作温度大多在 100℃ 左右，比较好的如硅橡胶、氟橡胶也只能在 200℃～300℃ 之间使用；而橡胶的物理—力学性能又随温度的升高而降低。为了提高橡胶零件的使用寿命，在使用中要根据使用环境和工作温度，选用耐热性能适应的橡胶品种

续表

介质影响	许多橡胶零件在使用过程中，要经常接触到各种腐蚀性介质，如油类、溶剂、酸、碱等，不同品种的橡胶抵抗各种介质侵蚀的能力也有所不同，使用中要选择合适的胶种，使其在所接触的环境中有良好的物理机械性能
老化性能	老化是使用橡胶制品中的突出问题，直接关系到橡胶制品的使用寿命，在制造橡胶零件、使用胶料时必须加以考虑

2. 橡胶的组成

橡胶制品以生胶为基础，并加放适量的配合剂和增强材料组成高弹性状态的高分子材料，见表 5-7。

表 5-7　橡胶的组成

生胶：未加配合剂的天然或合成橡胶称为生胶，是橡胶制品的主要组分，它决定橡胶的性能，还能把各种配合剂和增强材料黏结成一体	
配合剂：加入配合剂的主要目的是为了提高橡胶制品的使用性能和工艺性能	硫化剂和硫化促进剂使具有极大的可塑性的胶料变为富有弹性的硫化胶
	增塑剂用以增强橡胶的塑性，改善加工工艺性能，提高胶料的某些物理机械性能
	防老化剂用以防止橡胶老化，提高使用寿命
	填充剂用以提高橡胶的强度，降低成本
增强材料：主要用来提高橡胶的力学性能，如强度、硬度、耐磨性和刚性等	

3. 橡胶的分类

(1) 橡胶按其来源不同可进行如下分类：

①天然橡胶：是从植物（如橡胶树等含胶植物）中采集的一种高弹性物质，经一定的处理和加工，包括去杂质、净化、凝固、水洗、压片等工艺加工制成的。

天然橡胶品种很多，除天然胶乳外，干胶中的烟片胶、白绉片胶、褐绉片胶和其他品种的天然橡胶，其主要成分为橡胶烃。

②合成橡胶：是以石油、天然气等物质中所得的某些低分子不饱和烃作为原料，经聚合反应而成的。合成橡胶原料来源丰富、成本低廉，合成橡胶品种和数量都有很大发展，目前产量已超出天然橡胶。

(2) 橡胶按用途不同可进行如下分类：

①通用橡胶：主要品种有丁苯橡胶、氯丁橡胶和丁腈橡胶等。

②特种橡胶：主要用于高温、低温、酸、碱、油和辐射介质条件下的橡胶制品，主要品种有乙丙橡胶、硅橡胶和氟橡胶等。

5.2.2 常用橡胶品种，性能和用途

1. 天然橡胶

天然橡胶是橡胶工业中应用最早的橡胶，它主要取自橡胶树上采集的白色胶乳，此胶乳可直接用来制作各种胶乳制品，大量的胶乳经加工制成固体的天然橡胶。

天然橡胶在常温下具有高弹性，加热后逐渐变软，升温到130℃～140℃软化，150℃～160℃变黏，成熔融状态，当温度继续上升至200℃左右时开始分解，270℃时急剧分解。温度降低，橡胶慢慢变硬，弹性逐渐降低，温度降至0℃，弹性明显减小，继续冷却到－72℃以下，则变成脆性固体。受冻的生胶加热到常温又可恢复原状。

天然橡胶有优良的综合性能，其弹性、耐寒性与加工性更为优越；缺点是不耐老化，耐油性和耐溶剂性较差且易燃烧。天然橡胶有广泛的用处，大量用于制造各类轮胎（尤其是子午线轮胎和载货汽车轮胎），以及胶管和橡胶工业制品。此外，它还用于制造胶鞋、日常生活用品及医疗卫生制品等。

2. 合成橡胶

合成橡胶的特性与用途见表5-8。

表5-8 合成橡胶的特性与用途

类别（按性能和用途）	性能与应用	品种
通用合成橡胶	与天然橡胶相同或接近，物理—力学性能和加工性能较好，能广泛用于制造轮胎和其他一般橡胶制品的橡胶	丁苯橡胶（SBR）、顺丁橡胶（BR）；异戊橡胶（IR）、氯丁橡胶（CR）；丁基橡胶（HR）、丁腈橡胶（NBR）
特种合成橡胶	具有特殊性能，专供耐热、耐寒、耐化学腐蚀、耐溶剂、耐辐射等特殊场合使用	乙丙橡胶（EPDM）、硅橡胶（SI）；氟橡胶（FPM）、聚氨酯橡胶（UR）；丙烯酸酯橡胶（ACM）、氯醇橡胶（ECO）

（1）通用合成橡胶的性能和一般用途。

①丁苯橡胶（SBR）。丁苯橡胶是目前合成橡胶中产量和消耗量较大的通用合成橡胶。丁苯橡胶具有良好的平衡综合性能，在一定条件下具有较高的耐磨耗性能，耐候、耐热、耐氧老化及耐油性等在某种程度上优于天然橡胶，常温流动性几乎与天然橡胶相同，与天然橡胶及顺丁橡胶并用性好。但其弹性、耐寒性、耐屈挠性、耐撕裂性和黏着性均比天然橡胶差，工艺加工性能不如天然橡胶，且由于硫化反应速度较慢，硫化促进剂用量较大。

不过，其硫化操作比较安全，且生产成本较低。

丁苯橡胶（如丁苯—30）可以代替天然橡胶使用，也可与天然橡胶并用。丁苯橡胶主要用于轮胎，其次用于胶带、胶管、胶辊、胶布、电缆和其他橡胶工业制品，还可用于胶鞋及日常生活用品等。

②顺丁橡胶（BR）。顺丁橡胶消耗量仅次于丁苯橡胶和天然橡胶，占第三位。顺丁橡胶具有很高的弹性、良好的耐低温性，耐磨耗性能优异，滞后损失小，生热性低，耐热老化性好，且生产成本较低。但顺丁橡胶的抗张强度比天然橡胶和丁苯橡胶都低，撕裂强度较差，工艺加工性能的黏着性能较差，冷流性较大，对生胶的包装、储存和半成品的停放较高的要求。以上不足之处可以通过其他橡胶并用得以改善。

顺丁橡胶大部分用于轮胎（特别是乘用车胎），还可以用来制造其他耐磨性制品，如胶带、胶营、胶辊、胶鞋等，也可制造耐寒性能制品。

③异戊橡胶（IR）。因其性能与天然橡胶十分相近，又称为合成天然橡胶。

异戊橡胶在综合性能上是目前合成橡胶中最好的一种。在物理—力学性能方面，耐屈挠龟裂性、电绝缘性、生热性、耐水性与耐老化性等优于天然橡胶，而强度、硬度等比天然橡胶略差，且冷流性及伸长率都较大。此外，其成本较高。

异戊橡胶的用途与天然橡胶相似，可用做轮胎的胎面胶、胎体胶、胎侧胶、胶带、胶管、胶鞋、工业制品、浸渍制品，以及医疗制品和食品用制品等。

④氯丁橡胶（CR）。氯丁橡胶物理—力学性能与天然橡胶相似，其生胶抗张强度较高。氯丁橡胶耐老化性能优越，耐候性和耐臭氧性能优良，耐热性能良好，耐油性能良好（仅次于丁腈橡胶），并具有难燃性和自熄性，气密性较好。其不足之处是储存稳定性差，电绝缘性较差，加工时对温度的变化比较敏感，耐寒性能较差。

氯丁橡胶广泛用于制造各种橡胶制品，如轮胎胎侧、耐热运输带、耐油及耐腐蚀的胶管、容器衬里、汽车和拖拉机的配件、胶板、胶辊、电线电缆外皮、门窗密封条等，还可做胶黏剂使用。

⑤丁基橡胶（HR）。丁基橡胶最突出的性能是气密性相当好；化学稳定性很高，具有极好的耐热老化性能、耐候性、耐化学药品性；电绝缘性及耐电晕性均比一般合成橡胶好；耐磨耗性优良；耐寒性好；并具有良好的减振性能。不足之处是硫化性能较差，硫化速度很慢，加工性能或黏性等较差，与其他橡胶相容性差，耐油及耐溶剂性能也较差。

由于丁基橡胶气密性好，因此被广泛用做制造充气轮胎的内胎，还可用于制作电线、电缆等绝缘材料，并用于制造胶布、化工耐磨蚀容器衬里、防振橡胶制品等。

⑥丁腈橡胶（NBR）。丁腈橡胶具有优异的耐油性，良好的耐非极性溶剂性能，且随丙烯腈含量增加，其上述性能也提高。耐热性能比丁苯橡胶好，还具有良好的耐磨性、耐老化性和气密性。不足之处是耐臭氧性能、耐寒性、电绝缘性都比较差。

丁腈橡胶广泛用做耐油橡胶制品，如制作油封、轴封及垫圈等工业制品，还可制作耐油胶管、输送带，并用于制作能导出静电的纺织行业用胶辊等。

（2）特种合成橡胶的性能和一般用途。

①聚氨酯橡胶（UR）。聚氨酯橡胶是含氨基甲酸酯基（—NHCOO—）链结构的弹性体总称。聚氨酯橡胶的特性是强度高，耐磨耗性能超过其他橡胶，具有优异的弹性、耐老化性、气密性、耐油性和耐溶剂性。不足之处是耐水性差，尤其是聚酯型聚氨酯橡胶，在高温时遇到酸、碱的情况下，更不能与水接触。聚氨酯橡胶主要用于制造胶带、耐油胶管、胶辊以及耐磨耗工业橡胶制品。

②乙丙橡胶（EPDM）。乙丙橡胶因基本属饱和高分子化合物，分子内没有极性取代基，故链节柔顺性好。乙丙橡胶耐老化性能优异，耐臭氧性能特别好，耐候性能优越，耐热老化性能好。它还具有优良的电绝缘性和耐化学腐蚀性，以及很好的弹性。不足之处是硫化速度慢，与其他不饱和橡胶并用困难，自黏性和互黏性都较差，加工性能也差。

乙丙橡胶是制造耐热运输带、蒸气胶管以及耐化学腐蚀的密封件的良好材料，也可用于制作电线、电缆及汽车零件（如垫片、密封条、散热器胶管等）。由于耐老化性能好，因此它是制作建筑防水材料的理想材料。

③氟橡胶（FPM）。氟橡胶的突出特性是耐热氧老化性能极好，耐高温性能、耐化学腐蚀性和耐油性能优异。不足之处是耐寒性差，抗张强度随温度升高而下降很快，工艺加工性能差，价格昂贵。

氟橡胶多用于国防工业部门，如制作各种耐高温、耐油、耐化学腐蚀、耐真空的密封材料等，也用于化学工业、机械、制造、电气等部门。

④硅橡胶（SI）。硅橡胶有优越的耐高低温性能，可在-100℃～300℃温度范围内保持弹性；优异的耐臭氧老化、耐热氧老化和耐候老化性能，优良的电绝缘性能，并具有生理惰性。不足之处是常温下其硫化胶的抗张强度、撕裂强度、耐磨耗性能较低，耐化学药品性差，价格昂贵。硅橡胶应用于工业及航空事业上（用做密封、减振及绝缘材料），在医疗卫生方面也有一定的应用。

⑤丙烯酸酯橡胶（ACM）。丙烯酸酯橡胶是饱和橡胶，具有很高的稳定性，故耐热性和耐老化性优良，耐油性优异。不足之处是耐寒性低，耐水和蒸气性能都较差，弹性和耐磨性不够好。丙烯酸酯橡胶主要用来制造耐高温、在油介质中使用的制品，如汽车的耐热密封垫、油封和耐热耐油海绵制品等。

5.2.3 橡胶制品在汽车上的应用

橡胶是汽车用的一种重要材料。橡胶材料在汽车用非金属材料中占有重要地位，是其他材料难以替代的。每辆汽车有数百个橡胶件，总重达几十千克，占整车自重的3%～6%。其中轮胎约占橡胶件总重的70%。可见，轮胎是汽车的主要橡胶件。此外，还有各种汽车用橡胶配件如胶管、胶带、密封体、减振垫等约300多件。

1. 汽车上常用橡胶的特性及用途

常用橡胶性能及一般用途见表 5-9。

表 5-9 常用橡胶性能及一般用途

类别	名称	代号	抗拉强度/MPa	延伸率/%	使用温度/℃	抗撕性	耐磨性	回弹性	耐油性	耐碱性	耐老化	加工性	价格	特殊性能	用途举例
通用橡胶	天然橡胶	NR	25~30	650~900	-54~70	好	中	好	差	好	中	好		高强、绝缘、防震	通用制品、轮胎
	丁苯橡胶	SBR	15~20	500~800	-45~100	中	好	中	好	中	中	差	高	耐磨	通用制品、轮胎、胶版、胶布
	顺丁橡胶	BR	18~25	450~800	-70~100	中	好	好		好	中			耐磨、耐寒	轮胎、耐寒运输带
	异戊橡胶	IR	20~27	600~900	-55~70	好	好	好	差	好	中	差	高	绝缘、耐水	胶管、胶带
	氯丁橡胶	CR	25~27	800~1000	-40~120	好	中	中	好	好	好		高	耐酸、耐碱、耐燃	胶管、电缆、胶黏剂、汽车门窗嵌条
	丁基橡胶	HR	16~21	650~800	-40~130			好	好		好			气密、耐酸碱、吸振	内胎、水胎、化工衬里
	丁腈橡胶	NBR	15~30	300~800	-10~120	中	中	中	好		中			耐油、耐水、气密	油管、耐油密封垫圈
特种橡胶	聚氨酯橡胶	UR	20~35	300~800	-30~70	好	好	中	好	差				高强、耐磨	实心轮胎、胶辊、耐磨件
	乙丙橡胶	DMEP	10~25	400~800	-50~130	好	中	中		好	好			耐水、绝缘	汽车配件、散热管、耐热胶管、绝缘件
	氟橡胶	FPM	20~22	100~500	-10~280	中	中	中	好	好	好			高耐油、耐碱、耐热、耐真空	化工衬里、高级密封件、高真空橡胶件
	硅橡胶	SI	4~10	50~500	-100~250	差	差	差		好			高	耐热、绝缘	耐高、低温制品、耐高温绝缘件、印模
	丙烯酸酯橡胶	ACM	8~14	300~800	-10~180	中	良		好	中	好			耐油、耐热、耐老化	油封、皮碗、火花塞护套

2. 典型汽车橡胶配件举例

汽车橡胶配件主要有各种胶管、传动带、油封及高压密封、减振缓冲胶垫、窗玻璃密封条等。这些橡胶配件应用于汽车各种部位,数量虽然不太大,但对汽车的质量与性能却起着相当重要的作用。

（1）汽车用胶管。

每辆汽车中所用的胶管有几十种,总长约 30 m,用胶量达到 10~20 kg。所用的橡胶材料有天然橡胶、丁腈橡胶、三元乙丙橡胶、氯丁橡胶、丙烯酸酯橡胶管等。

胶管用于汽车上的燃油、制动、冷却、空调等系统中,包括水、气、燃油、润滑油、液压油等的输送管,其中,液压制动胶管、气压制动胶管、其他制动胶管、水箱胶管、动力转向胶管、离合器液压胶管等是汽车上重要的机能体。

胶管按结构可分为纯胶管、夹布胶管和编织胶管；按其耐压性能分为低压管、高压管和真空管。汽车胶管的种类和用途见表 5-10。

表 5-10 汽车胶管的种类和用途

耐油软管	主要有汽油油管、柴油油管、机油软管等。软管一般由内胶层、增强层和外胶层组成。内层胶一般用丁腈橡胶制成,外层胶用丁腈橡胶或耐候性好的氯丁橡胶、乙丙橡胶等制成,如果要求耐候、耐油性更好还可以采用氯醇橡胶。按使用压力的不同,增强层可以采用夹布、纤维编织或加入一层钢丝编织层
水箱连接软管	水箱连接软管是连接汽车水箱的进出水口的胶管。这种胶管属于耐高压胶管,工作压力低于 0.1 MPa。应用较多的是夹布胶管。水箱胶管的工作压力不高,要求在 100℃ 热水条件下能正常使用即可。胶管的强度为 10 MPa,伸长率为 300%,以前大量应用天然橡胶配合填充料、软化剂、炭黑等制造。现在已被耐候性、耐老化性、耐寒性好的三元乙丙橡胶所代替
刹车橡胶软管	长期用于驻载重汽车上,这种胶管属于耐高压胶管。胶管所承受的压力最高可达 10 MPa,一种是胶管的内胶层为丁腈橡胶,外层胶是氯丁橡胶或三元乙丙橡胶,增强层采用氯磺化聚乙烯橡胶,外层是氯丁橡胶的结构；另一种是内层是氢化丁腈橡胶,外层是氯磺化聚乙烯橡胶的结构。新胶管的脉冲次数在 120℃ 时可达 400 万次,比传统结构增加 100 万次。轿车上的刹车软管多采用尼龙材料制造,尼龙管的耐老化性、尺寸稳定性、耐液体性均优于橡胶管
空调管	分为低压管和高压管。空调管的主要特点是能有效地防止制冷剂氟利昂的渗漏。PA 作为内胶层,外胶层采用 RH。为了克服 PA 的缺点,美国、日本已开发出了 PA 为隔离层、NBR/CH 为外胶层的新型胶管

（2）汽车用的胶带。

汽车用的胶带大多是无接头的环形带。车用胶带主要是 V 形带。通常有三种,即包布 V 带、切割 V 带和多楔 V 带,以切割 V 带为多。切割 V 带两侧没有包布,屈挠性好,摩擦系数大,具有受力大、线速高、散热性及耐疲劳性良好和节能等特点。常用胶种有 NBR 和 CR。

汽车的偏心轴等的传动带多采用齿形 V 形带（旧称三角带）,要求传动速度准确、耐高速、噪声低、使用时间长。

（3）橡胶密封件。

橡胶是制造密封件的主要材料，品种繁多，为了改善橡胶的性能，可以掺用塑料。塑料还可用作橡胶密封件的附件，如支承环、挡圈、缓冲圈和磨损调整圈等。

橡胶密封件种类主要有O形圈、油封和皮碗，虽然结构简单，但关系到汽车各部件的工作性能是否正常发挥，所以，不但要求其具有很好的机械强度，而且更强调其耐热性、耐油性及耐各种使用介质的性能。橡胶用作密封衬垫的特点及应用见表5-11。

表5-11 橡胶用作密封衬垫的特点及应用

材料	代号	使用温度/℃	耐寒性	耐介质性	耐磨	其他	主要应用
丁腈—18	NBR	−40～100	好	耐油性差			寒冷地区使用的皮碗
丁腈—26	NBR	−30～120	一般	耐油性好，大量使用于耐油密封衬垫	较好	不能用于磷酸酯系统液压油及极压添加剂齿轮油中	各种密封圈、油封、纯胶或夹布皮碗
丁腈—40	NBR	−20～120	较差	耐油性很好			耐油性要求高的密封圈和油封（耐寒性较差）
氯丁橡胶	CR	−40～130		耐油性一般，耐冷冻		耐候性好，耐老化性好	阀门用夹布隔膜、夹布V形密封圈、耐氟利昂皮碗
聚硫橡胶	T	0～80	差	耐油性、溶剂性极好	差	强度差	固定部位固定密封衬垫、腻子
天然橡胶	NR	−50～80	好	不耐油，可用在水、醇、植物油中	好	易老化，应避紫外光、日光、臭氧	汽车刹车皮碗、不要求耐油和耐热的一般衬垫密封件
异戊橡胶	IR	−50～80	好	不耐油，可用在水、醇、植物油中	好	易老化，应避紫外光、日光、臭氧	
顺丁橡胶	BR	−40～80	好	不耐油，可用在水、醇、植物油中	比天然橡胶耐磨	易老化，应避紫外光、日光、臭氧	与天然橡胶并用
丁苯橡胶	SBR	−40～120		不耐油，只能用于刹车油（植物油）中			耐动植物油用各汽缸O形圈、垫圈

（4）橡胶防振配件。

汽车行驶时各部分的振动，会影响汽车的舒适性。为降低汽车振动噪声，在各处采用了防振橡胶，如发动机支承、扭振缓冲器行驶部分的支撑缓冲橡胶、轴套、橡胶耦合器等。典型汽车防振橡胶的结构形式举例如下：

①块状防振橡胶：汽车中使用的防振橡胶都是块状，它们大都由防振橡胶和金属底板黏结在一起制成如图5-2所示。

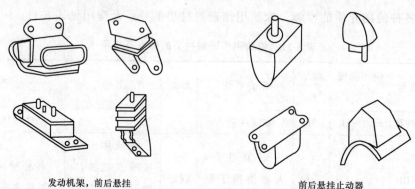

图 5-2　块状防振橡胶

防振橡胶的形状及结构是经过精密计算或试验确定的，所以不能任意改动它的结构尺寸，安装时也要注意安装部位和角度的正确。防振块对橡胶的要求是其弹性及承受长时间反复负载的能力，当然也要考虑其环境温度及使用时可能接触的介质。保证橡胶与金属底板黏结良好，在使用中始终不脱离、不分层。

②橡胶弹簧是辅助汽车钢板弹簧工作的。在主钢板弹簧位移大时，载荷进一步增加使主弹簧和辅助弹簧共同发生作用。橡胶弹簧的外形如图5-3所示，橡胶弹簧的截面结构如图5-4所示。它是一个中空的橡胶制件，在汽车中用于钢板弹簧的上端，钢板弹簧变形至一定程度即接触橡胶弹簧，并与之共同作用，提高汽车舒适性。

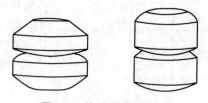

图 5-3　橡胶弹簧的外形

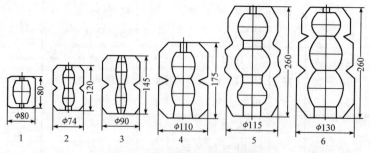

图 5-4　橡胶弹簧的截面结构

空气弹簧是一个比较复杂的橡胶防振配件，除了少数紧固件及上下板，多数零件都由橡胶制成，这种弹簧的中间密闭，充入低压压缩空气，使空气和橡胶的吸振特性组合成一体，具有良好的隔振性能，又能防止噪声，有效提高舒适性。

本章小结

本章主要介绍了非金属材料中塑料与橡胶的性能特点及其使用。

塑料的优点是质量轻，比强度高，化学稳定性好，抗冲击性及柔韧性好，绝缘性能好、手感好，具有很低的摩擦系数及良好的耐磨性，吸振和消声效能好，设计自由度大，成型加工性优良，可利用回收。塑料的缺点是强度不如金属材料，耐温性能较差，导热性较差，尺寸稳定性差，长期使用性能较差，易老化，易发生蠕变、疲劳、结晶、易燃烧。

塑料按热性能和成型特点分为热塑性塑料和热固性塑料，按塑料使用特点分为通用塑料、工程塑料。汽车上常用的塑料有：聚乙烯、聚丙烯、ABS树脂、聚酰胺、聚碳酸酯、聚甲醛等。

橡胶是一种在使用温度范围内处于高弹性状态的高分子材料，具有高弹性、高延伸率、优异的抗疲劳性，还具有良好的耐热性、耐候性、耐油性、耐透气性、耐透水性、绝缘性、耐酸、耐碱、耐磨性、耐辐射等特性。

橡胶按原料来源不同分为天然橡胶和合成橡胶；按用途分为通用橡胶和特种橡胶。汽车常用的橡胶品种有天然橡胶、丁苯橡胶、异戊橡胶、顺丁橡胶、丁基橡胶、丁腈橡胶、乙丙橡胶、聚氨酯橡胶、丙烯酸酯橡胶、硅橡胶、氟橡胶等。

习题与思考

一、填空题

1. 按热性能和成型特点分类，塑料可分为_____和_____；按塑料使用的特点分类，塑料可分为_____、_____和_____。

2. 橡胶按其来源不同，分为有_____和_____；橡胶按用途，分为有_____和_____，其中通用胶主要品种有_____、_____和_____。

二、简答题

1. 塑料有哪些性能特点？
2. 试说出你所知道的塑料在汽车结构件、内装件、外装件、功能件上的应用，用的是哪种塑料？
3. 橡胶如何分类？常用的橡胶有哪些？
4. 橡胶由什么组成？简述橡胶在汽车配件上的应用。

第6章　玻璃、陶瓷

学习目标

【知识目标】
1. 了解玻璃的组成及性能特点；
2. 了解陶瓷材料的性能、组成及分类。

【技能目标】
学会比较汽车新型玻璃材料，能够分析陶瓷在汽车上的应用。

【素养目标】
通过玻璃和陶瓷的在汽车上使用，培养学生善于探索、百折不挠、钻研科学的精神。

6.1　玻　璃

6.1.1　玻璃的性能、组成及分类

1. 玻璃的概念及组成

玻璃是现代工业中的一种重要工程材料，通常具有透明、硬而脆、隔音的特性，有艺术装饰作用和较好的化学稳定性，特制的玻璃还具有绝热、导电、防爆和防辐射等一系列特殊的功能。

玻璃是由熔融物通过一定方式的冷却，并伴随黏度逐渐增大，而得到的具有力学性能和一定结构特征的非晶态固体。自然界中多数无机物质，由于熔融物在冷却时，极容易结晶固化，而不具有玻璃态。只有某些物质，如硅酸盐、硼酸盐和磷酸盐等，其熔融物容易过冷而形成玻璃态。

玻璃由各种氧化物的原料，如石英砂、石灰石、长石、强碱、硼酸、铅化合物、钡化物等，加入辅助原料以使玻璃获得某些必要的性质和加速熔制过程的原料，如澄清剂、着色剂、脱色剂、乳浊剂、氧化剂、助熔剂等制成。

玻璃的化学成分较为复杂，主要是二氧化硅（SiO_2）和各种金属氧化物，如氧化钠、氧化钾、氧化钙、氧化铝和氧化铅等。玻璃的化学组成，可用通式 $R_2O \cdot RO \cdot 6SiO_2$ 来表示，其中的 R_2O 代表一价金属氧化物，RO 代表二价金属氧化物。在普通玻璃中，二氧化

硅占68%～78%，一价金属氧化物占14%～16%，二价金属氧化物占8%～12%。

玻璃的性质与化学组成关系很大，例如减少玻璃中的碱性氧化物。增加二氧化硅或氧化硼的含量，可提高其透光性和耐热性；玻璃中加入一定量的氧化铅和氧化钡等，就可制得光彩夺目、敲击时有清脆的金属声音的高级玻璃器皿和艺术品。因此，玻璃工业中常常通过改变其化学组成，来制得预定性能的玻璃，以适应各方面的需要。

2. 玻璃的性能特点

玻璃是一种非晶态固体，透明、硬而脆，除此之外还具有其他一些特性，见表6-1。

表6-1 玻璃的性能特点

力学性能	玻璃有较强的抗压强度和硬度，但抗弯强度和抗拉强度均不高，是一种脆性材料
光学性能	玻璃的重要使用性能是透光性，杂质含量越低，玻璃的透光性越好
热稳定性	指玻璃在温度突然变化的情况下抵抗破裂的能力，玻璃热膨胀系数越低，热稳定性越好
化学稳定性	玻璃具有耐水、空气以及绝大多数酸碱盐等介质腐蚀的性能

3. 玻璃的分类

玻璃及其制品的种类较多，范围较广。因此，应掌握玻璃的成分、性质和用途。目前，关于玻璃的分类尚无统一标准，常见的有两种分类方法，一是按照化学成分分类，二是按照性质和用途分类，具体分类见表6-2和表6-3。

表6-2 玻璃按照化学成分分类

钠玻璃	主要成分是 SiO_2、Na_2O、CaO，故又称钠钙玻璃。这类玻璃的软化点较低，易于熔制，因杂质含量较多，制品多带有绿色，力学性质、热性质、光学性质都较差，它只能用做普通的建筑和日用玻璃制品
钾玻璃	主要成分是 K_2O、SiO_2、Na_2O 和 CaO，也是一种普通玻璃。这类玻璃质硬而有光泽，性能比钠玻璃好，多用来制作化学仪器、用具以及高级玻璃制品
铅玻璃	主要成分是 PbO、K_2O 和 SiO_2，这类玻璃的特点是具有鲜明的色彩和美丽的光泽，质软而易于加工，敲击时发出悦耳的金属声，对光的折射和反射性都很强，化学稳定性好。铅玻璃通常称为晶质玻璃，主要用作光学仪器、高级器皿和装饰艺术品
石英玻璃	又称水晶玻璃，含100%的 SiO_2。这种玻璃的热膨胀系数很小，具有很高的热稳定性、极强的力学性质以及优良的光学性质，是制造高级光学仪器、光学零件以及耐高温、耐高压、耐高频绝缘等特殊用途制品的理想材料。但由于其熔制温度高，加工困难，成本较高，因而只是在一些有特殊要求的地方使用
高硅氧玻璃	通常可代替石英玻璃，成本比石英玻璃低，性能与石英玻璃相仿。高硅氧玻璃中 SiO_2 含量在96%以上，B_2O_3 含量为3%

除以上几种玻璃外，还有硼硅玻璃、铅镁玻璃和铅硼玻璃等，它们同样是以其中所含主要成分而取名的。

表 6-3 玻璃按照性质和用途分类

建筑玻璃	主要是指平面玻璃，包括窗用平板玻璃、装饰用平板玻璃、安全玻璃和特种平板玻璃
技术玻璃	主要是指光学玻璃、仪器玻璃、玻璃器具和设备以及特殊技术玻璃，如导电、磁性、防辐射、耐高温、激光等方面应用的玻璃
日用玻璃	包括各种瓶罐、器皿和装饰用玻璃
汽车玻璃	汽车用玻璃是安全玻璃，不仅是汽车的安全部件，也是装饰制品，起到防风沙、防雨雪、防碰撞冲击，保护驾乘人员的作用
玻璃纤维	可作为复合材料中的增强体

6.1.2 玻璃的在汽车上的应用

1. 汽车玻璃的性能要求

汽车用玻璃的使用量占汽车总质量的 3% 左右（轿车），为提高汽车的安全性，扩大视野，有扩大量的倾向。汽车对车用玻璃的性能要求如下：

1) 透明性：透光性良好且透视的影像不产生变形。
2) 耐候性：要求玻璃不会因为气温的变化而引起品质的改变。
3) 机械强度：要求玻璃对风压具有足够的强度，有一定的抗冲击或弯曲的能力。
4) 安全性：车辆冲撞时不会伤害乘员。
5) 特殊性能：要求高级轿车玻璃具有抗弹性、防爆性等。

2. 常用汽车玻璃种类与特点

汽车用玻璃的基材必须是质地优良的浮法玻璃，其色调大体有无色透明玻璃、过渡蓝色玻璃、过渡绿色玻璃、青铜色玻璃几类。每辆汽车平均使用的玻璃约 3 m^2，重 30~60 kg，约占汽车质量的 3%。

汽车上使用的玻璃都必须是安全玻璃。我国从 1988 年起开始执行汽车用安全玻璃国家标准。汽车用安全玻璃是由无机材料或无机与有机材料复合材料所构成的产品，应用于车辆时，可以减少车祸中严重伤人的危险。国标对其可见性、强度和耐磨性都有规定。

根据玻璃在汽车上的安装位置不同，分为风窗玻璃、后窗玻璃、前角窗玻璃、前门窗玻璃、后门窗玻璃、后角窗玻璃和后侧窗玻璃等。汽车玻璃在汽车上所处的位置如图 6-1 所示。

生产窗用玻璃的原料主要是石英石、石灰石、白云石和纯碱等，此外还需加入助熔剂、澄清剂、脱色剂，若制造彩色装饰玻璃还需加入着色剂。

窗用平板玻璃具有良好的透光性能，包括有较好的透紫外线和红外线的能力，有较高的化学稳定性，能隔音、隔热，抗压强度较高；但抗拉及抗弯强度却不高，特别是韧性差，抗冲击力差，是典型的脆性材料。这种玻璃由于极易造成人身伤害事故，而逐步被淘汰。

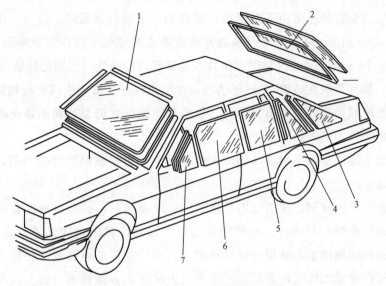

图 6-1 轿车的玻璃
1—风窗玻璃；2—后窗玻璃；3—后侧窗玻璃；4—后角窗玻璃；
5—后门窗玻璃；6—前门窗玻璃；7—前角窗玻璃

汽车常用玻璃主要有：夹层玻璃、钢化玻璃、区域钢化玻璃。

钢化玻璃：钢化玻璃是指将玻璃加热到软化点附近然后骤冷的方法制成的玻璃，是采用平板玻璃或浮法玻璃经过二次加工而成的高强度玻璃。按照加工方法的不同，分为物理钢化玻璃和化学钢化玻璃两种类型，作为汽车玻璃的都是物理钢化玻璃。物理钢化又称为淬火钢化，是应用十分广泛的一种钢化玻璃，是将平板玻璃在加热炉中加热到650℃左右，经过一段时间后，在处于软化状态但尚未变形的情况下，从炉中取出，然后气冷淬火钢化，使之迅速、均匀地冷却，当冷却到室温时，就形成了高强度的钢化玻璃。

钢化提高了玻璃的强度和热稳定性。钢化玻璃具有比普通玻璃高得多的力学强度、抗冲击性和热稳定性；一旦破碎时，碎片无尖锐的棱角，对人体不易造成直接伤害，增加了安全性。但如果发生事故，钢化挡风玻璃呈蜘蛛网状全面破碎，玻璃突然变得不透明，使驾驶员突然失去前方视野，极易导致二次交通事故的发生。

钢化玻璃主要装在汽车的侧面以及后窗上，通常其厚度为 4 mm。1978 年后，美国已在轿车上试用 3.2 mm 厚的钢化玻璃。玻璃厚度减薄主要会引起安全性和隔音性能下降，钢化困难，刚性下降，装配时容易发生破裂。因此在选用时必须权衡安全性、实用性和经济性。

夹层玻璃：夹层玻璃是针对钢化玻璃存在的不完善之处而产生的，是目前最适合于用作前挡风玻璃的安全玻璃。夹层玻璃不用淬火处理而是用黏结的方式来解决玻璃的强度问题，是由两张或两张以上的普通平板玻璃和钢化玻璃，在中间夹上弹性的透明塑料薄膜等，采用特殊工艺处理而制成的多层平板玻璃或弯形多层玻璃。它主要用于高层建筑的门窗、交通运输工具的风窗、有特殊要求的门窗以及各种仪器、仪表、高压电气设备等防爆部位的窥视玻璃。

汽车用夹层安全玻璃通常由三层组成，即玻璃、中间的加强膜、玻璃。两侧玻璃层的厚度各为 2.0～3.0 mm，中间的加强膜通常是由聚乙烯醇缩丁醛或聚甲基丙烯酸酯制成，膜厚为 0.38～0.76 mm。夹层玻璃的突出特点是具有高的弹性（比钢化玻璃高）、较高的强度（抗弯强度一般不及钢化玻璃），同时热稳定性也比较好。由于中间夹层物质的增强作用和黏结作用，当玻璃受到外力冲击破坏时，仅会产生辐射状的裂纹而不致使碎片脱落或飞溅伤及乘员，属于较为高级的安全玻璃。

聚丙烯醇缩丁醛制成的夹层玻璃的冲击强度比其他夹层玻璃要大很多倍，所以此种夹层玻璃使用量最多。

区域钢化玻璃：区域钢化玻璃是钢化玻璃的一个新品种，是分区域控制钢化程序的钢化玻璃。区域钢化玻璃一旦破坏，在驾驶员的主要视野区域内仍能保持较大的玻璃碎片，而其周围却呈钢化玻璃状态，破裂成蜂窝状网纹。由于这种玻璃破裂后仍能保证驾驶员有清晰的视野，可以避免二次事故的发生，又不对人体造成直接伤害，加上成本比夹层玻璃低，也是较好的汽车安全的代用品。

区域钢化玻璃与全钢化玻璃钢化工艺的区别在于冷却时（淬火时）气流的强弱不同。

汽车特种玻璃主要有防爆、防弹玻璃，中空玻璃，防水玻璃，特种挡风玻璃。

防爆、防弹玻璃：这是一种特制玻璃，具有较大的抗冲击强度及透光性好、耐热、耐寒等特点，当遇到爆炸或弹击时，轻则玻璃可以完好无损，重则即使玻璃破裂，子弹亦不易穿透玻璃，碎片不会脱落伤人，主要用于重要人物及各国首脑所乘用的防弹车的玻璃。

中空玻璃：是用胶粘法将双层或多层平板玻璃黏结在一起，使玻璃之间形成中空的一种玻璃。由于中间充以干燥空气，因而具有隔音、隔热、保温、不结霜、不产生凝结水以及吸收紫外光的作用，在高档客车上有着十分广泛的应用。

防水玻璃：玻璃表面上涂覆了一层化学耐久性优异的含氟薄膜，这种薄膜不会影响玻璃原来的颜色与光泽，有效寿命可达 3～5 年。在汽车行驶时，涂有薄膜的玻璃上落下的水滴会在风压的作用下迅速滚落，车内的人像和物像不会映射到风挡玻璃上而影响驾驶员的视线。在夹层玻璃或钢化玻璃表面涂覆一层碱性有机薄膜，可以制成防雾玻璃。因为水在这种薄膜上可以均匀展开成膜，不会结露而成雾，对在寒冷地区使用的车辆非常实用。

特种挡风玻璃：许多高档轿车采用热反射膜玻璃作为挡风玻璃，其表面涂有金属氧化物层，可以防止车内的热量向车外传递，以保持车内的温度。

综上所述，汽车玻璃的种类和特点见表 6-4。

表 6-4 汽车玻璃的种类和特点

汽车玻璃的种类	汽车玻璃的特点
钢化玻璃	很高的强度、冲击韧性和热稳定性，破碎时无尖锐棱角，不易伤人
夹层玻璃	较高的强度，较好的热稳定性
防爆玻璃	较大的抗冲击强度及较好的透光性、耐寒、耐热等性能

续表

汽车玻璃的种类	汽车玻璃的特点
中空玻璃	隔音、隔热、保温、不结霜，不产生凝结水及吸收紫外线等性能
防水玻璃	水滴在玻璃上迅速滚落，车内人像、物像不会映射到风窗玻璃上
特种挡风玻璃	防止车内热量向车外传递，保持车内温度

6.1.3 汽车用玻璃的发展趋势

1. 汽车用玻璃的发展概况

汽车玻璃的功能已经不仅仅是抵御风寒、防止雨水、尘土。随着汽车工业的飞速发展，汽车用玻璃的重要性不断提高。汽车玻璃在汽车行驶中要给乘员提供良好的视野，在遇到突发性事故时不会伤害驾乘人员，还要求其轻量化和多功能化。车用玻璃技术已作为评价现代汽车技术的一个重要标志。自20世纪90年代，国外的汽车玻璃已向轻量化、绝热化、安全性和多功能方向发展。

汽车玻璃已经经历了由平板型向曲面型、普通型向强化型、全钢化向局部钢化、钢化玻璃向夹层玻璃、三层向多层夹层等发展的过程。

2. 汽车用玻璃的新品种

天线夹层玻璃：该天线是在玻璃夹层中装置导线，即利用含银发热线的导电性，可直接用于接收汽车车内收音机、电视机、移动电话、卫星导航等的信息。

除霜玻璃如图6-2所示：除霜玻璃是采用网板印制法将导电性胶印制在玻璃上，然后在玻璃加热成型时黏附，这种印制电路可加热玻璃起到除霜作用。

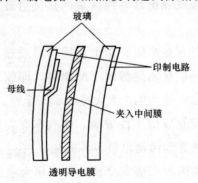

图6-2 除霜玻璃

热线反射玻璃如图6-3所示：热线反射玻璃是用喷镀或其他方法使金属薄膜镀在玻璃表面或把已喷镀金属薄膜的聚酯薄膜夹在夹层玻璃中间，使玻璃具有反射功能，喷镀电解质以使汽车玻璃在确保规定的可见光透射的前提下，充分反射近红外线，可减轻空调的负荷，辅助空调控制车室内温度。

调光夹层玻璃：采用一种光的透射率和散射度可变的玻璃，达到遮挡太阳能、适当的采光、隐蔽保护等功能，提高了窗玻璃的控制环境功能及汽车的舒适性和居住性。

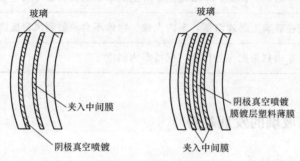

图 6-3　热反射玻璃

3. 汽车用玻璃的新技术

（1）轻量化。自 1988 年开始，日本已将汽车的前挡风玻璃全部实行夹层玻璃化。近年来，由于原材料玻璃的薄化和加工技术的进步，夹层玻璃已由两块 3 mm 厚改为两块 2 mm 厚的玻璃制成。随着钢化玻璃技术的进步，汽车的侧面和后窗玻璃也由原来 4 mm 厚减薄到 3.1 mm。如按 1.8 L 的标准轿车测算，玻璃轻量化后，每辆车的质量可减轻 11 kg 左右。

（2）绝热化。工厂现代汽车使用的玻璃面积已从原来的 5% 增加到 30%，并有逐渐增大的趋势。因而对玻璃的绝热性能提出更严格的要求。据测定，流入汽车玻璃的阳光热量一般要占阳光总热量的 55%。为了防止阳光热量流入，降低玻璃的透光率，提高反射率是十分必要的。但玻璃反射率过大又会造成过强的闪光感，这对司机和乘客的眼睛是不利的。据实验测知，可见光区域的光线热量是难以隔绝的，而红外线区域的热反射极易隔绝。因此汽车上的所有玻璃如果都安装成隔绝红外线区域的热反射玻璃，那么轿车上的空调设备的负荷可减轻 20%～25%。

（3）提高安全性。国外已在有些高级轿车上使用不碎玻璃，这种玻璃十分坚固，经得起强力冲击，由于其内层还有一层聚乙烯醇缩丁醛塑料。即使玻璃被打碎，碎片也不会落进轿车内，该玻璃还具有恢复原状的功能，大大提高了安全性。

（4）具有憎水性。通过涂膜制成憎水性玻璃，使汽车在行驶过程中，利用风压，将水珠从玻璃上吹掉，并且玻璃上的雾和污物也很容易擦洗。

（5）多功能化。近年来，英国的夹层安全玻璃公司研究室已开发成功光电遮阳顶篷玻璃。这种玻璃的夹层中嵌有太阳能电池板，用它做顶篷后，当停车时能聚集太阳能，为车内冷动风扇提供动力，以保持车内空气流动，同时还可以对轿车蓄电池进行充电。

我国台湾宝马汽车公司已研制成可调节车窗透明度的玻璃。即在两层玻璃内涂饰一层液晶，如要改变车窗的透明度，只要按一个电钮，就可变成不同透明度的玻璃，犹如电脑屏幕上的亮度调节。

现在一些轿车外面没有拉杆天线，供车载电话、电视或收音机使用，若在夹层玻璃中嵌入无线电电路或在玻璃表面镀一层透明导电膜，就能起到天线的作用，又可以去掉车外易摆动的拉杆天线，消除因风吹天线而导致的风噪，车辆外形也变得美观流畅，清洗车身也更加方便。

总之，未来轿车的玻璃，不仅能对轿车起美化作用，而且是构成现代汽车性能所必备的部分。因此，车用玻璃向智能方向发展的步伐必将加快，前景更加美好。

6.2 陶　瓷

6.2.1 陶瓷材料的性能要求及分类

1. 陶瓷材料的概念

陶瓷在人们的传统认识中是指陶器和瓷器，后泛指整个硅酸盐材料（包括玻璃、水泥、耐火材料、搪瓷）和氧化物类陶瓷材料。在英、美等国，陶瓷则常被当作所有无机非金属材料的简称。

陶瓷材料除应用传统的陶瓷制品外，由于制造工艺的改进，陶瓷性能得到很大的改善，出现了精细陶瓷，广泛应用于制造零件、工具和工业构件等。现代陶瓷材料已和高分子材料、金属材料并称为三大固体工程材料。

2. 陶瓷材料的性能要求

（1）力学性能：陶瓷为各类材料中硬度最高的材料，具有很高的抗压强度和硬度，适用于超硬耐磨材料，如陶瓷刀具；陶瓷塑性很差，只有在高温下才出现塑性变形，所以具有较高的高温强度；陶瓷不易发生塑性变形，所以韧性极低，属于典型的脆性材料，限制了陶瓷作为结构件的广泛应用。

（2）热性能：陶瓷材料一般具有高的熔点，大多在2 000℃以上；在高温下具有极好的化学稳定性；陶瓷的导热性远低于金属材料；陶瓷可制作耐火材料，又是良好的隔热材料。

（3）电性能：陶瓷是传统的绝缘材料，大量用于制作各种电压（1～110 kV）的绝缘器件，如压电陶瓷、磁性陶瓷、透明铁电陶瓷作为功能材料，扩大陶瓷的应用范围。

（4）化学性能：陶瓷的组织结构非常稳定，在高温下不易氧化；对酸、碱、盐以及熔融有色金属等的腐蚀有较强的抵抗能力。

3. 陶瓷材料的分类

陶瓷产品的种类很多，通常分为传统陶瓷和精细陶瓷两大类。

（1）传统陶瓷（又称普通陶瓷）：其以天然的硅酸盐矿物（如黏土、长石、石英）为原料制成，又称硅酸盐陶瓷。主要用于日用、建筑、卫生陶瓷制品，以及低压、高压电瓷，耐酸及过滤陶瓷等。

（2）精细陶瓷：采用高强度、超细粉末原料，经过特殊的工艺加工，得到结构精细且具有各种功能的无机非金属材料。常用的精细陶瓷按其用途分为功能陶瓷和工程陶瓷。功能陶瓷在汽车上主要用于制造发动机和热交换器零件以及传感器；工程陶瓷又可分为氧化陶瓷（如氧化铝陶瓷、氧化锆陶瓷、部分稳定氧化锆等）和非氧化陶瓷［如氮化硅陶瓷、碳化硅、赛阿隆（Sialan）等］。

6.2.2 精细陶瓷在汽车上的应用

随着电子工业、空间技术的发展，精细陶瓷以其优良的力学性能、耐热性、耐蚀性、耐磨性及低密度（约等于钢铁的1/2），在汽车上的应用越来越广泛，主要是在结构件和功能件上的相继开发和应用，对降低车辆质量，降低燃油消耗等直接或间接的轻量效果十分显著。

陶瓷在汽车上的应用一方面用于功能材料，如氧传感器，水温传感器等；另一方面用于结构性的部件，如机械密封、催化剂容器、火花塞、隔热板、活塞等（见表6-5）。

表6-5 精细陶瓷在汽车上的应用

被利用的性能	材料	零件名称	应用装置
耐磨性	Al_2O_3	泵	油压部件
	SiC	机械密封	滑动部件
	Si_3N_4	双向密封	
	TiC	刀头	切削工具
	TiN	摇臂等	气门系部件
耐热性	Al_2O_3	孔口衬套	排气处理部件
	TiO_3	热交换器	
	堇青石	排气触媒载体	
高温高强度	Si_3N_4	转子、转化器、热交换器	气体涡轮部件
	SiC	发热元件接头	柴油发动机部件
绝缘性	Al_2O_3	火花塞	点火系部件
		陶瓷加热器	进气加热部件
离子传导性	ZrO_2	温度传感器、氧传感器	排气处理系统
电子传导性	TiO_2	氧传感器	排气处理系统
	迁移金属氧化物	温度传感器	排气处理系统
压电性	PZT	爆震传感器、油传感器	发动机控制系
	$PbTiO_2$	超声波传感器	后方报警装置

6.2.3 功能陶瓷在汽车上的应用

由于社会对汽车的安全设计、空气污染、废气的彻底燃烧及舒适性的要求不断提高,电喷发动机、ABS 防抱死装置等电子装置在汽车上的应用,对控制对象的方式多样化、技术含量要求越来越高,使功能陶瓷在汽车上的应用也不断增加,尤其是陶瓷传感器的开发已成为汽车电子化的重要环节。此外,还应用了各种执行元件,如陶瓷加热器、导电材料、显示装置等。

1. 汽车传感器特性

要能长久适应汽车特有的恶劣环境(高温、低温、振动、加速、潮湿、噪声、废气);要小型轻量;重复使用性要好(精度达到 0.5%~1%),输出范围广。

2. 典型汽车传感器举例

(1) 氧传感器。

氧传感器的作用是在使用三元触媒剂和废气净化系统过程中,如果空燃比与理论值不符,CO、HC、NO_x 的净化能力会急剧下降,因此,氧传感器的作用是检测废气中氧的浓度并将废气中空燃比的变化转变成电信号传给电喷发动机的电子控制单元(ECU)。目前较实用的主要是使用稳定氧化锆固体电解质的氧传感器,其输出稳定,速度响应性好,已被用于各种车辆;其缺点是在低温(400℃以下)时动作较难,需用加热器加热或温度补偿。

(2) 爆震传感器。

爆震传感器的功用是把爆震时传到缸体上的机械振动转换成电信号,输入 ECU 作为爆震控制信号。按检测原理分为磁致伸缩型和压电型两种类型。磁致伸缩型利用的是镍合金等磁性材料的磁阻随机械变化的性能;压电型是机械振动用压电效果变为电压振动,变化效率高,结构上的自由度也高。变化元件一般采用 PZT 压电体。

(3) 倒车报警系统用传感器。

倒车报警系统用传感器属压电性传感器如图 6-4 所示。压电性是指一旦加力,就产生电压,反之一加上电压,就会产生位移或力这一性质。压电性陶瓷一般常用 $BaTiO_3$,后开发了压电性更大、动作温度范围大的 $Pb(Zr、Ti)O_3$ 压电体。在倒车报警器上,作为超声波的接收器和发射器。

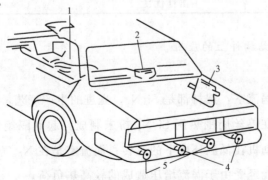

图 6-4 倒车报警系统

1—主开关;2—显示部位;3—倒车声响计算机;
4—接收用后方响应传感器;5—输出用后方响应传感器

6.2.4　工程陶瓷在汽车上的应用

工程陶瓷由于具有良好的综合性能，用它代替耐热合金大幅度地提高热机效率，降低能耗，节约贵重金属，达到轻量化效果，实用性优良。广泛用于发动机和热交换零件，特别是采用 SiN4、SiC 的汽车柴油机零件（活塞、汽缸套、预燃烧室）；用于燃气轮机陶瓷化，可使热循环的最高温度 950℃ 升高到 1 350℃，热效率提高 25%，绝热发动机可取消冷却系统。

1. 汽车对结构性陶瓷的性能要求

陶瓷有优良的耐热性、隔热性，硬度高，有优良的高温强度、高耐蚀性、高耐磨性、低膨胀系数，隔热性好及低密度，作为发动机用材料，也要设法提高其韧性、成型性、可靠性等综合性能，克服制造技术要求高、成型加工时间长的缺点。

2. 常用工程陶瓷的特性

陶瓷的种类及性能见表 6-6。

表 6-6　陶瓷的种类及性能

	种　类	符　号	性能特点
氧化陶瓷	氧化铝	Al_2O_3	优良的机械强度，耐热性、化学稳定性好
	氧化锆	ZrO_2	优异的强度和韧性，导热性低，但耐高温
	部分稳定氧化锆	PSZ	室温强度高，韧性好，但弹性、导热性只有 Si_3N_4 的一半，耐高温性差
非氧化陶瓷	氮化硅	Si_3N_4	质量轻，强度高，韧性好，耐热，耐腐蚀，耐热冲击，耐磨
	碳化硅	SiC	在高硬度下具有高耐磨性，耐热，但其耐冲击性、耐热冲击性比 Si_3N_4 差
	赛阿隆		较 Si_3N_4 相比，有较高硬度，导热系数小，耐腐蚀，耐热冲击性优良

3. 工程陶瓷在汽车结构件上的应用

(1) 陶瓷电热塞。

陶瓷电热塞和陶瓷涡流室，选材都是 Si_3N_4，先进的生产工艺，并以新的设计克服脆性方面的问题；电热塞是在钨丝周围热压 Si_3N_4 粉末制成，起到隔绝钨丝的传热作用，使钨丝温升较快，稳定了发动机在低温环境下的运转；涡流室是在 N_2 气体保护下不加压烧结而成，陶瓷材料使涡流室能经受由于涡流增压造成的较高热负荷。

(2) 陶瓷活塞。

活塞顶部采用 Si_3N_4 制造，在活塞环槽部位喷镀金属，金属卡环热压配合紧固在活塞上，然后采用加压硬钎焊法使其结合，强度分布波动小，提高了机械强度，热冲击性优良，减小了质量；活塞环的滑动面采用了等离子喷镀陶瓷的方法。

（3）陶瓷—铝复合排气管。

用 Ai-Si 合金短纤维和陶瓷复合材料制成的排气管骨架，再浇注熔化的铝液制成陶瓷—铝复合排气管；陶瓷排气管可取消隔热板，增加发动机室的容积，提高了净化效果。陶瓷涡轮采用 Si_3N_4 制造的陶瓷涡轮叶片，其热膨胀系数小，利用这一特点，采用热压和钎焊相结合的方法把陶瓷叶轮和金属轴连接起来，使陶瓷叶轮的惯性力矩比金属叶轮减少了1/3，提高了叶轮的动态响应性。

本章小结

本章主要介绍了非金属材料中玻璃与陶瓷的性能特点及其使用。

玻璃是由各种氧化物（如石英砂、石灰石、长石、硼酸、铅化合物等）原料熔融、冷却、固化，并加入辅助原料制成的无机非金属材料。汽车上使用的玻璃应满足有良好的透明性、耐候性、有足够的强度，有一定的抗冲击或抗弯曲的能力，有较好的安全性。

汽车玻璃主要有钢化玻璃、区域钢化玻璃、夹层玻璃、天线夹层玻璃、调光夹层玻璃、热线反射玻璃、除霜玻璃等。

陶瓷材料的力学性能表现为具有很高的抗压强度和硬度，但塑性很差、韧性极低；隔热性、耐腐蚀性、抗氧化性、绝缘性很好，有很高的熔点，在高温下有极高的化学稳定性。

陶瓷材料分为传统陶瓷和精细陶瓷，精细陶瓷按用途不同分为工程陶瓷和功能陶瓷。汽车上可采用精细陶瓷制造氧传感器、水温传感器、爆震传感器、火花塞、陶瓷电热塞、隔热板、活塞、活塞环、气门、气门座、进排气管、陶瓷涡轮和叶轮等。

习题与思考

一、填空题

1. 汽车常用玻璃主要有_____、_____和_____。

2. 汽车特种玻璃主要有_____、_____、_____、_____。

3. 陶瓷产品的种类很多，通常分为传统陶瓷和精细陶瓷两大类。常用的精细陶瓷按其用途分为_____和_____。

二、简答题

1. 对汽车玻璃的性能有哪些要求?
2. 常用的汽车玻璃主要有哪几种?
3. 陶瓷如何分类?试说出你所知道的汽车上应用陶瓷的例子。
4. 陶瓷有何性能特点?

第7章 复合材料、摩擦材料

学习目标

【知识目标】
1. 了解复合材料的种类及性能特点;
2. 了解汽车对摩擦材料的性能要求和使用方法。

【技能目标】
总结摩擦材料、复合材料在未来汽车上的应用发展趋势。

【素养目标】
通过了解摩擦材料、新型复合材料的发明创造历程,培养学生尝试新思路、新方法的创新意识。

7.1 复合材料

7.1.1 复合材料的性能、组成及分类

1. 复合材料的概念

在汽车的轻量化进程中,由于金属、塑料、橡胶、陶瓷等材料在性能上各有优点与不足,各有较合适的应用范围。因而,高性能的复合材料的发展及在汽车中的应用变得特别重要。

复合材料是由两种或两种以上的物理和化学性质不同的物质经一定方法合成而得到一种新的多相固体材料。复合材料可改善或克服组成材料的弱点,充分发挥材料的综合性能,例如,塑料和玻璃的强度及韧性都不强,而其复合而成的材料(玻璃纤维塑料)却有很高的强度与韧性,而且质量很小。

复合材料可按照构件和受力要求,给出预定的、分布合理的配套性能,进行材料的最佳设计。汽车保险杠和板簧等零件使其纤维方向与受力方向垂直,传动轴中的纤维方向与轴向呈45°时,既可使零件得到合理的强度和刚性,又使轻量化效果大大提高。

复合材料可以创造单一材料不易具备的性能和功能,或在同一时间里发挥不同的功能。黄铜片与铁片的双金属片复合材料如图7-1所示,具有控制温度开关的功能。由两层塑料的中间夹一层铜片所构成的复合材料如图7-2所示,能在同一时间里的不同方向上具有导电和隔热的双重功能。这些功能都是单一材料所无法实现的。所以,复合材料开拓了一条

创造材料功能的新途径。

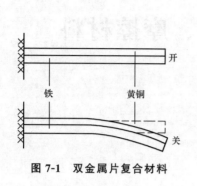

图 7-1 双金属片复合材料

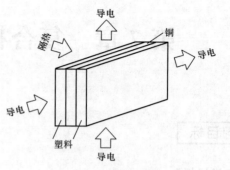

图 7-2 夹层复合材料

2. 复合材料的组成

复合材料的组成见表 7-1。

表 7-1 复合材料的组成

基体： 主要起黏结作用	非金属基体材料：合成树脂、碳、石墨、橡胶、陶瓷等
	金属基体材料：铝、镁、钢及其合金
增强材料： 　提高复合材料的强度和韧性； 　常用的增强材料有玻璃纤维、碳纤维、芳纶纤维等	

3. 复合材料的分类

复合材料可以由金属、高分子聚合物和陶瓷中任意两者来合成，也可以由两种或更多的金属、陶瓷、高分子聚合物来制备。因此复合的范围很广、种类很多，具体见表 7-2。

表 7-2 复合材料的种类

按性能、用途分类		按基体分类			按增强材料种类及形态分类			
功能复合材料	结构复合材料	高分子基	陶瓷基	金属基	层叠复合材料	连续纤维复合材料	细粒复合材料	短切纤维复合材料

目前使用最多的主要复合材料如图 7-3 所示。

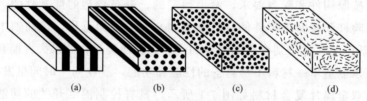

图 7-3 主要的纤维复合材料结构
（a）层状复合；（b）连续纤维复合；（c）颗粒复合；（d）短切纤维复合

4. 复合材料的性能特点

复合材料中的各组成材料在性能上互相取长补短并保持各自的最佳特性,从而获得优良的性能效果,与其他材料相比较的突出特点如下:

(1) 比强度和比模量较高:复合材料有比其他材料高得多的比强度(强度极限除以密度)和比模量(弹性模量除以密度);

(2) 抗疲劳性能好:多数金属的疲劳极限是拉伸强度的40%~50%,而碳纤维增强的复合材料则可达70%~80%;

(3) 破损安全性好:复合材料每平方厘米上独立的纤维有几千根甚至几万根,当构件过载并有少量纤维断裂后,会迅速进行应力重新分配,由未断裂的纤维来承载,使构件在短时间内不会失去承载能力,提高使用安全性;

(4) 高温性能好:一般铝合金在400℃时弹性模量大幅度降低,强度显著下降,而碳(或硼)纤维增强铝合金制成的复合材料在此温度下强度和模量基本不变,是高温状态下工作零件的理想材料;

(5) 减振性良好:机械的自振频率与材料比弹性模量的平方根成正比,由于复合材料的比模量大,自振频率很高,不易产生共振。纤维与基体的界面具有吸振能力,故振动阻尼高;

(6) 独特的成形工艺:复合材料可以整体成型,减少了零部件紧固和接头数目,材料利用率也高得多。例如,硼纤维增强复合材料,100 kg 的原料可获得 80 kg 的零件。

各种材料的性能比较见表 7-3。

表 7-3 各种材料的性能比较

材料名称	密度/ (g·cm^{-3})	抗拉强度/MPa	比强度(抗拉强度/密度)	弹性模量/MPa	比模量(弹性模量/密度)
钢	7.8	1 030	0.130	210 000	27
硬铝	2.8	470	0.170	75 000	26
玻璃纤维增强材料	2.0	1 060	0.530	40 000	21
碳纤维—环氧树脂	1.45	1 500	1.030	140 000	21
硼纤维—环氧树脂	2.1	1 380	0.660	210 000	100

7.1.2 复合材料在汽车上的应用

在汽车上所采用的复合材料是纤维增强塑料(FRP)、纤维增强陶瓷(FRC)、纤维增强金属(FRM)。

1. 纤维增强塑料（FRP）

（1）纤维增强塑料（FRP）的种类见表 7-4。

表 7-4　纤维增强塑料（FRP）的种类

按基体的性质分类		按纤维材料分类
FRP：是指玻璃纤维与热固性塑料组成的复合材料，如环氧树脂、酚醛树脂、聚酯树脂等	FTP：是指玻璃纤维与热塑性塑料组成的复合材料，如尼龙、聚碳酸酯、聚乙烯、聚丙烯等	玻璃纤维增强材料（GTRP） 碳纤维增强材料（CFRP） 合成纤维（Kedar）增强材料

（2）纤维增强塑料（FRP）作为汽车材料的特点。

FRP 密度低，且比强度高，因而可减轻汽车自重，降低发动机负荷，提高燃料利用率；由于 FRP 的流动性和层压性好，可制成形状各异的曲面，其设计自由度大，有利于设计空气阻力小的车身形状，满足美观要求，可一体成型，减少装配工序；着色方便，在树脂中混入颜料可达到任意着色的目的；可随时根据设计要求调整纤维配比及排列，以便在不同取向上得到合理的强度和刚性，也可任意调整厚度，从而制成轻量的不等向性、不等厚度的制件；耐冲击性好，可大量吸收冲击能，有利于提高安全性。不足之处是生产率低，可靠性差，接合强度低（只能铆接或化学黏结），阻热性、耐燃性、表面涂装性差等。

（3）玻璃纤维增强材料（GTRP）。

玻璃纤维增强材料是汽车上应用最广的复合材料，它的成型方法及在汽车上的应用归纳如下：

BMC 材料（即块状模压塑料）：BMC 材料是加有填料、化学增稠剂、固化剂、颜料、脱模剂等的树脂与短切玻璃纤维等主要成分混合成块料，装入配合挤压模后压缩成型的，其为预制材料。其成型自由度大，但是在混合搅拌时玻璃纤维被破坏，使强度下降。BMC 生产的汽车零件有轻型车进气罩下体、护风圈、前大灯、前端电枢、空调器壳、发动机盖、发动机壳等。

SMC 材料（片状模压塑料复合材料）：SMC 是用低黏度的不饱和聚酯树脂、填充剂、增稠剂、固化剂、内脱模剂等组分浸渍片状玻璃纤维而制成的片状模压塑料复合材料。由于浸渍时玻璃纤维不受破坏，可得到比 BMC 强度更高的成型件，SMC 是片状的，有利于模压成型，使生产率大大提高，SMC 材料改善了表面粗糙度，保持了尺寸稳定性，提高了生产率。SMC 生产的汽车零件有车顶导流板、翼子板、前大灯箱、车轮盖、车门、侧板、车身装饰物嵌饰条、风挡窗框、顶盖、发动机罩及通风孔等。

树脂注入法（RTM 法）：RTM 是在装入玻璃纤维的封闭模具里压入树脂，常温或加热固化。其由玻璃纤维毡或预浸玻璃纤维粗纱和不饱和聚酯组成。设备简单，投资小，且制品物理性能优异，适合中小规模生产。由于树脂成型是在封闭的模具里，逸出的聚苯乙烯少,是一种环保成型法。RTM 生产的汽车零件有护风罩、前后保险杠、导流罩、顶盖、后举升门等。

拉制成型法(PP):拉制成型法是将多根玻璃线同时连续地通过树脂液,使之浸渍、聚束后通过拉(伸)模制成所需的断面形状,加热后使之固化。拉制成型法生产的汽车零件有大型货车用集装箱内外板的隔板(与铝板共用)、保险杠横梁、推杆、车架等。

RIM 反应注射模压成型法:RIM 反应注射模压成型法是把两种和两种以上的液态树脂迅速混合同时注入模子里,在模内很快反应固化成制品。RIM 反应注射模压成型法生产的汽车零件有保险杠、转向机等。

RRIM 增强反应注射成型法:RRIM 增强反应注射成型法是用玻璃纤维增强 RIM 的方法。它具有成型性好、弹性好、耐冲击性好等优点,大量用于保险杠等。RRIM 增强反应注射成型法生产的汽车零件有保险杠、挡泥板、车门外蒙皮等。

(4) 碳纤维增强材料(CFRP)。

CFRP 是由人造丝、石油沥青、聚丙烯为原料制成。

碳纤维增强塑料(CFRP)的性能特点:CFRP 的成型加工法与 GFRP 差不多,CFRP 材料具有高的比强度和比弹性模量,密度低,抗压强度比 GFRP 高一倍左右,它还具有较好的耐疲劳特性,是一种理想的汽车材料;CFRP 还具有很好的耐蠕变性能,耐腐蚀性能,热伸缩性小,能导电,X 射线穿透性好,耐磨性高,磁电屏蔽性好,振动衰减快,振动传导小,这些性能适用于汽车材料。CFRP 的缺点主要表现在耐冲击性差,易发生纤维和树脂之间的层间分离,在与金属连接处易发生电化学腐蚀,且价格昂贵。

采用碳纤维增强塑料生产的汽车零件有发动机挺柱、保险杠骨架、大梁、横梁、传动轴、悬挂板簧等。

(5) 芳纶(Kevlar)纤维复合材料。

芳纶纤维复合材料是一种有机合成纤维,具有高强度、高弹性、低密度,它的强度与碳纤维相同,而质量比碳纤维小 10%~15%,比玻璃纤维小 45%,具有高的抗拉强度及压缩模量,耐破坏性、振动衰减性、疲劳性,成本较高。

芳纶纤维复合材料生产的汽车零件有:缓冲器、门梁、托架、铰链、变速器支架、压簧、传动轴等。

为了降低成本和提高复合材料的耐冲击性,开发了高性能的混合纤维,即碳纤维、玻璃纤维和芳纶纤维交错层压或交织增强方法获得的纤维。随着汽车用 FRP 零件在可靠性、安全性、高质量和成本方面的进一步开发和试验,其用途会越来越广泛。

2. 纤维增强陶瓷(FRC)

纤维增强陶瓷是克服陶瓷脆性的有效方法,利用纤维承受载荷可提高断裂强度,阻止裂纹扩展,提高断裂韧性,分散裂纹的扩展使断裂面积增大和利用纤维的拉伸增大抗断裂能力。高弹性纤维增强陶瓷可提高陶瓷的强度,耐热纤维增强陶瓷可提高陶瓷的高温强度。

纤维增强陶瓷与陶瓷的性能特点比较见表 7-5。

表 7-5　纤维增强陶瓷（FRC）与陶瓷的性能特点比较

类　别	性能特点
碳纤维系增强陶瓷	高弹性模量、高强度、耐磨性好，膨胀系数低
陶瓷纤维系增强陶瓷	优良的抗氧化性，耐热性好，抗强度高，断裂韧性较高
晶须纤维系增强陶瓷	高强度、高抗断裂韧性

纤维增强陶瓷有待于继续开发，除界面的控制方法等基础研究外，还应开发廉价的成型加工法和评价方法，推广纤维增强陶瓷的应用范围。

3. 纤维增强金属（FRM）

（1）纤维增强金属材料特点。

FRM 材料的特点是比强度、比刚性高，耐热性等化学性能高，热传导和电导性优良，耐磨性高。如果只追求轻量化效果，无需采用 FRM，只有同时要求良好的耐热性、耐磨性以及热传导和电导性时，才有必要采用 FRM。

（2）纤维增强金属（FRM）在汽车上的应用。

汽车零件中有 FRM 化的有活塞、活塞销、连杆、气门系的摇臂、挺柱、汽缸体等。

FRM 活塞：汽车发动机的第一道活塞耐磨环采用 Al_2O_3/Al 的纤维增强金属 FRM，耐磨性优良、强度高、成本低，热膨胀少，可减少活塞与汽缸的间隙，降低发动机的噪声，提高耐灼烧性，热导性好。

FRM 连杆如图 7-4 所示：铝连杆的杆部嵌入直径 0.025 mm 的不锈钢，提高了强度、刚性，减轻了质量；活塞销采用 $Al_2O_3+SiO_2$ 长纤维增强，显著提高了强度；转子式发动机径向密封片采用碳纤维增强铝合金制成；转子式真空泵叶片采用分散离子型 C/Al 合金复合材料。

图 7-4　FRM 连杆

但由于使 FRM 广泛应用的课题尚待解决，如基体金属和纤维的结合问题，成型体制造方法问题，控制强化纤维的取向、分布状态问题，FRM 没有能像 FRP 那样被大量应用。复合材料在加工使用中存在一些问题，复合材料难磨碎、磨细、熔融和降解，易燃且燃烧时放出大量有毒气体，在成型时，挥发出的气体会扩散到空气中，对环境造成污染。党的二十大报告指出，我们要加快发展方式绿色转型，实施全面节约战略，发展绿色低碳产业，倡导绿色消费，推动形成绿色低碳的生产方式和生活方式。随着科技的不断提高，发挥复合材料优势特点，解决复合材料上述问题，满足更好绿色低碳生活要求，复合材料在汽车上的应用必将会越来越广泛。

7.2 摩擦材料

汽车用摩擦材料主要用于汽车传递动力、制动减速、停车制动，是汽车消耗较大的材料之一，也是汽车制动系统与行车系统的重要组成材料。汽车摩擦材料用于汽车制动摩擦片、汽车离合器摩擦片及手制动摩擦片等，对汽车的安全性、使用性及操纵稳定性起着十分重要的作用。

7.2.1 汽车摩擦材料的组成

汽车摩擦材料主要由增强材料、胶黏剂及填充材料等组成。

（1）增强材料。增强材料是摩擦材料的一个重要组成部分，纤维的选用对摩擦材料的摩擦、磨损性能有着重要的影响，增强材料主要有石棉、钢纤维、玻璃纤维、碳纤维、有机纤维和混杂纤维等。

（2）胶黏剂。选择胶黏剂首先要考虑热性能，此外还要求其结构强度高、模量低、贴合性好、分解温度高、分解物少、分解速度慢及分解残留物有一定的摩擦性能等。早期使用的主要是橡胶型胶黏剂，但橡胶因耐热性差且磨损大，已逐渐被酚醛树脂取代或与树脂混合。目前国外大都采用改性树脂。

（3）填充材料。填补材料是摩擦材料中不可缺少的组分，其在摩擦材料中主要起改善材料的物理与力学性能，调节摩擦性能及降低成本的作用，可分为有机、无机和金属三种材料。目前，填料常用重晶石、硅灰石、氧化铝、铬铁矿粉、氧化铁、轮胎粉及铜、铅等粉末等。

7.2.2 汽车上制动摩擦片的要求

用于制动摩擦片和离合器片的摩擦材料有着严格的性能要求。这类摩擦元件的主要功能是将动能转变成热量，然后热量被吸收或散发掉，同时通过摩擦减低摩擦材料和被它贴合的部件之间的相对运动。为了达到这些目的，汽车用摩擦材料必须满足以下要求：

1. 有足够高而稳定的摩擦系数

摩擦系数是摩擦材料最重要的技术指标之一，通常它不是一个常数，而是受温度、压力、速度或者表面状态、摩擦环境等影响而变化。理想情况下，摩擦系数应该是受这些因素的影响变化较小的。

2. 具有合适的抗热衰退性及恢复性

制动蹄片在制动时，温度不高，摩擦系数是稳定的，但在高温时摩擦系数会下降，出现热衰退现象，所以要求摩擦蹄片具有良好的抗热衰退性能。性能良好的摩擦片要求摩擦表面有足够的耐分解性,分解后的表面始终保持良好的摩擦状态,不产生分解产物的硬质层。

3. 具有较高的耐磨性

耐磨性是衡量摩擦材料使用寿命的重要指标。它包括常温下制动片的抗剪切能力和高温时制动片的高分子有机物地的抗热分解能力。

4. 有大单位面积吸收功率及低磨损

摩擦片的单位面积吸收功率越大,制动能力越强,汽车的制动时间越短。所以,必须依据运动部件的质量及速度的增加来选择合适的制动摩擦片。

5. 较高的机械强度

摩擦片必须在常温时具有良好的结构强度,以保证整个制品的装配、使用及铆钉的连接强度,以及在高温时也能保持一定的强度;要求摩擦材料具有良好的冲击韧性、抗压强度、抗剪强度,以及良好的导热性,性能随温度的变化小。

6. 噪声

汽车制动噪声的产生与制动机机构有关,也与摩擦片有关。一般来说,摩擦片的材料的种类是影响汽车制动噪声的因素,金属成分含量过高,模量过大,摩擦系数过高,都会造成较大的制动噪声。

7.2.3 制动摩擦片材料的分类

1. 石棉摩擦材料

由石棉、聚合物、摩擦性能调节剂三部分组成,以聚合物黏结而形成的基体;摩擦时易于磨合,舒适性好。

2. 金属陶瓷摩擦材料

采用粉末冶金方法制成的铁基、铜基金属陶瓷材料;在高速高压下摩擦系数变化小;价格高,噪声大,脆性大,低温效率低。

3. 半金属基摩擦材料

由高组分的金属粉末、纤维及摩擦性能调节剂组成,并用有机或无机胶黏剂黏结在一起,这种摩擦材料的耐磨、耐热性能很好,制动噪声低。

4. 碳纤维摩擦材料

优良的热传导性及高耐性,其单位面积的吸收率高、密度小。

随着汽车制造技术水平的不断提高,对使用的摩擦材料提出更为严格的技术要求。尤其是近年来,对石棉公害的提出,使人们开发出更多的新型摩擦材料被,适应了汽车制动的高性能要求。新型摩擦材料主要有:钢纤维摩擦材料、陶瓷纤维摩擦材料、芳纶纤维摩擦材料、碳纤维摩擦材料、硅灰石纤维摩擦材料。

7.2.4 制动片的种类和性能

汽车制动片的种类和性能见表 7-6。

表 7-6　汽车制动片的种类和性能

分类制法材料\组成及制法	有机摩擦材料						无机摩擦材料		
	编织物		模压			滚压	烧结		
	编织物	专用编织物	树脂模压	半金属	橡胶模压		金属	陶瓷金属	陶瓷
成分 - 基体	石棉织物	石棉织物	短纤维石棉	短纤维石棉	短纤维石棉	短纤维石棉	无	无	无
成分 - 胶黏剂	树脂干性油	树脂干性油	粉末树脂	粉末树脂	橡胶	液状树脂、干性油	金属粉	金属粉陶瓷粉	
成分 - 填充剂	无	无	摩擦改进剂	摩擦改进剂,金属约40%以上	摩擦改进剂	摩擦改进剂			陶瓷粉
制造工序	石棉布↓浸渍↓干燥热处理↓精加工	石棉布↓浸渍↓干燥↓热成型↓热处理↓研磨↓精加工	混合↓预成型↓热成型↓热处理↓研磨↓精加工	同左	混合↓挤压↓干燥↓成型↓热处理↓研磨↓精加工	混合↓液压挤出↓干燥↓热处理↓研磨↓精加工		混合↓成型↓烧结↓研磨↓精加工	
结构	柔和	稍柔软	硬	硬	稍柔软	柔软	甚硬	甚硬	甚硬
负荷限度	轻	轻—中	中	中—重	中	轻—中	中—重	重	重
摩擦系数	中—高	中—高	低—高	低—高	中	中	低—中	低—高	低—高
摩擦稳定性	低	中	良	良	中	中	良—优	优	优
磨损（低温）	良	良	良	良	中	良	中	中	中
磨损（高温）	差	中	良	良	差	差	良—优	优	优
机械强度	中—高	高	低—中	低—中	低—中	低	高	高	高
配对损伤	优	良	良	中—良	差—中	良	差	差	差
振鸣	优	良—优	中—良	良—优	良—优	良—优	差	差	差
颤动	—	优	中—良	中	中	—	—	—	—

续表

分类 制法 材料 组成及制法	有机摩擦材料					无机摩擦材料		
^	编织物		模压		滚压	烧结		
^	编织物	专用编织物	树脂模压	半金属	橡胶模压	金属	陶瓷金属	陶瓷
价格	中—高	高	低—中	中—高	低	低	高	高	高
主要用途	工业用	工业用	小型车 大型车 圆盘衬片	圆盘衬片 铁路车辆 工业用	小型车 大型车	小型车	小型车 铁路车辆	航空用 工业用 铁路车辆	航空用

7.2.5 离合器片

汽车传动系的离合器是一个依靠离合器摩擦片的摩擦力工作的机构，它利用摩擦片所形成的摩擦力矩传递动力。

对离合器片的性能要求与制动摩擦片的性能要求基本一致。

长期以来，离合器摩擦片采用带铜丝的石棉或织物浸渍酚醛树脂、橡胶并加以各种填料后热压而成，后被不含铜丝的材料所替代，如玻璃纤维与酚醛树脂制成。

本章小结

本章主要介绍了汽车上复合材料及摩擦材料的性能及使用。

复合材料的性能特点表现为比强度和比模量较高，抗疲劳性、破损安全性好，高温性能、减振性能好，具有独特的成型工艺。复合材料按性能、用途不同分为功能复合材料和结构复合材料；按基体材料不同分为高分子基、陶瓷基、金属基；按增强材料种类和形态不同分为细粒复合材料、短切纤维复合材料、连续纤维复合材料、层叠复合材料。汽车上采用的复合材料是纤维增强塑料（FRP）、纤维增强陶瓷（FRC）、纤维增强金属（FRM）。

汽车上使用对摩擦材料的要求：有符合要求的摩擦系数，有合适的抗热衰退性，有良好的耐磨性，有较好的物理性能及力学性能，噪声小。摩擦材料在汽车上主要用于制动装置和离合器。

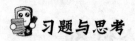习题与思考

一、填空题

1. 在汽车上所采用的复合材料是_____、_____、_____。
2. 汽车传动系的离合器，是一个依靠_____的摩擦力工作的机构，它利用摩擦片所形成的_____传递动力。

二、简答题

1. 复合材料具有哪些性能特点？
2. 汽车上常用的复合材料有哪几种？
3. 汽车对摩擦材料有什么性能要求？
4. 汽车上哪些零部件要用摩擦材料？

第 8 章　汽车涂装涂料、车用胶黏剂

> 学习目标

【知识目标】
1. 了解汽车对涂装涂料性能要求及分类；
2. 了解黏结剂的特点、组成和分类。

【技能目标】
了解涂装的工艺过程，学会合理的选择使用汽车美容涂装材料和相关产品。

【素养目标】
培养节约材料意识，安全教育和工匠精神，绿色低碳，推动绿色发展，增强环境保护意识，弘扬专业精神、劳动精神和勤俭节约精神。

8.1　汽车涂装涂料

8.1.1　汽车涂装的性能要求及分类

随着我国汽车工业的飞速发展，汽车保有量迅速升高，汽车由单纯的客货运输工具，转变为人们追求舒适性、展现个性审美的时尚产品。所以，汽车的装饰性是决定汽车商品价值的重要因素，而汽车的装饰性除车型设计和车内装饰外，主要靠涂装。汽车的涂装不再是简单的"油漆"，其目的是通过对各种类型的汽车车身、底盘、车架、车厢和零部件的涂装，赋予汽车漂亮的外观和优良的防护性能。

1. 汽车涂装的性能要求

汽车是户外使用产品，随着地球环境的恶化，影响了汽车油漆涂层的使用寿命，污染物侵入漆面引起涂层早期损坏。汽车油漆涂层的主要污染源为工业落尘、酸雨、农药、昆虫与鸟粪、汽车自身污染和道路交通的飞溅等。涂层必须具有极高的耐腐蚀性、耐水性、耐汽油、机油性、耐候性、耐酸雨、耐化学药品、抗划伤性及机械强度，即具有优良的防护性能。

汽车的涂装还应有良好的外观装饰性，特别是车身涂装，必须选用合适的涂装涂料，选择合理的涂装设备与工艺，在良好的涂装环境条件下，监控好汽车涂料、涂膜的性能指

标，才能使涂层具有优良的装饰性。汽车涂层的装饰性主要取决于色彩、光泽、丰满度和平整度。汽车色彩一般依据汽车类型、用途、外形设计和市场的流行色彩来选择。汽车还要求涂层具有高光泽，汽车面漆层要求平整光滑，不应有颗粒。

2. 汽车涂装的分类

按汽车涂装的对象，分为新车的生产线涂装、汽车修补涂装。

按汽车涂装不同部位，分为车身外板涂装、行驶系涂装、其他部位涂装。

8.1.2 汽车涂装工艺

1. 新车的生产线涂装工艺

汽车涂装中汽车车身涂装是汽车涂装工艺中工序最多、涂层质量要求最高、工艺最复杂的典型多层涂装代表。新车车身涂装工艺如图 8-1 所示。

（1）漆前磷化处理工艺。以提高涂层的附着力和耐蚀性为目的，漆前进行磷化处理。在处理前清洗除去车身表面的油污和尘埃，经磷化液处理；微细的磷酸锌、铁盐结晶，处理方法为浸渍法；磷化膜质量为 $1\sim3\ g/m^2$，膜厚为 $1\sim2\ \mu m$，结晶粒为 $1\sim10\ \mu m$。

（2）阴极电泳涂底漆工艺。阴极电泳涂装法能形成与底材附着性良好的、耐蚀性优良的底漆层；所使用的涂料是以改性环氧树脂和防锈颜料为主要成分组成的水分散性涂料；涂膜厚度为 $20\sim35\ \mu m$，在三涂层体系一般选用 $20\sim25\ \mu m$ 的膜厚作为底漆层。

（3）喷中涂工艺。采用静电涂装或空气喷涂法涂布以耐候性良好的（抗紫外线性强）树脂、体质颜料为主体的涂料；涂膜与底漆具有优良的附着性，耐崩裂性，耐候性；涂膜厚：第一道为 $40\sim45\ \mu m$，第二道为 $30\sim35\ \mu m$。

（4）涂面漆工艺。采用静电涂装或空气喷涂法涂布以耐候性树脂、着色颜料为主体的涂料；涂膜具有优良的耐

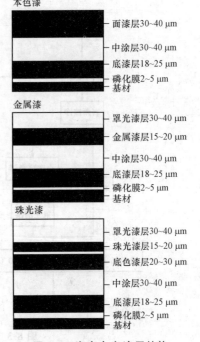

图 8-1　汽车车身涂层结构

候性、鲜映性，光泽优良；在金属闪光涂装场合先涂一道底色漆层，再在其上采用"湿碰湿"工艺涂一层罩光涂层；本色面漆为 $40\sim50\ \mu m$。

2. 汽车修补涂装

（1）汽车修补涂装的特点。与工厂的生产线涂装不同，它无法规范作业，因车型、汽车及涂层的老化程度（如涂膜变色、失光、粉化、开裂等）或损伤程度、形状和颜色不同，不能按规定的工艺顺利进行作业，因而要求作业人员具有较高的涂装操作技艺。

（2）汽车修补涂装工艺。汽车修补涂装工艺一般由表面准备、涂底漆、刮腻子填平、喷中涂、涂面漆等工序组成，视涂层的损坏状态和现场的具体条件确定执行哪道工序。汽车修补典型流程如图8-2所示。

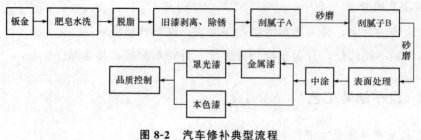

图 8-2　汽车修补典型流程

双组分低温汽车面漆涂装工艺流程如图 8-3 所示。

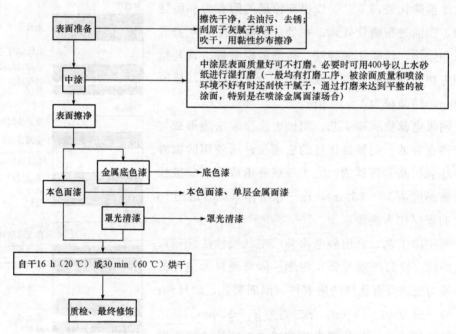

图 8-3　双组分低温汽车面漆涂装工艺流程

8.1.3　汽车涂料

1. 汽车涂料的概念

涂料是指一种液态或固态的有机材料，采用特定的工艺方法涂于物体表面，干燥固化后能形成牢固附着，并具有一定物理机械和化学性能的涂层，又称漆膜。

2. 汽车涂料的基本性能要求

（1）涂膜性能：良好的力学性能，耐各种环境介质侵蚀性能，漆膜耐久性好，不变色，不褪色；

（2）施工性能：涂装作业容易，对涂装施工环境及装备适应性强；

（3）环保性能：对施工人员无危害，对环境无污染或排放物易处理；

（4）储运性能：在运输及仓储过程中自身不产生影响施工及涂膜性能的化学变化及分散状态的变化。

3. 汽车涂料的分类

（1）按功能分类：涂料可分为底漆、中涂涂料、面漆（单涂层面漆、底色漆、罩光清漆）、防腐蚀涂料等；

（2）按干燥（固化）成膜机理分类：

①溶剂挥发干燥型：仅液态漆膜中的溶剂挥发以后就干燥成膜，如硝基漆，属于快干类涂料，干燥仅需几分钟；

②氧化聚合干燥型：随涂膜中的溶剂挥发的同时吸收空气中的氧气产生氧化聚合反应，交联固化成膜，如油性漆、油改性的醇酸树脂漆等，一般在常温下需16～24 h才能干燥；

③双组分室温交联型：在涂布之前涂料中添加一定量的固化剂，随溶剂挥发，双组分或多组分之间反应而交联固化成膜，如双组分聚氨酯涂料、原子灰腻子等，干燥速度也较快速；

④热固化型：随涂膜中的溶剂挥发，必须加热到一定的温度，才能交联固化成膜的涂料，如氨基烤漆、热固性丙烯酸树脂涂料（现是新车用涂料的主流）。

（3）按漆基分类：醇酸树脂漆、硝基漆、氨基漆、丙烯酸树脂涂料、聚氨酯涂料等。

4. 汽车涂料的组成

涂料虽然有较多的品种，用法及特性也各不相同，但它们都由成膜物质、颜料、溶剂和助剂4种成分或其中2～3种成分组成。

（1）成膜物质（又称漆基、连接剂）：它是涂料成膜不可缺少的物质，是决定漆膜性能的主要因素。涂料在储存期内不发生明显的物理、化学变化，涂装后，在规定的条件下能迅速固化成膜。汽车用涂料的成膜物质均为各种优质的合成树脂。

（2）颜料：漆用颜料均为细粉状，它或是天然矿物、金属粉，或是化学合成的无机化合物或有机染料。颜料能赋予涂料色彩和遮盖力，并有助于决定其耐久性和功能，有助于提高抗腐蚀性、填平性和降低成本。

（3）溶剂（俗称稀料）：它的作用是将涂料调到储运各种涂布方法所需的黏度。溶剂是由真溶剂、助溶剂和稀释按所需要的溶解性能和挥发速度配制而成的混合物，具有挥发性，在涂装和成膜过程中会挥发，留下不挥发成分（树脂和颜料等）形成硬的漆膜。

有机溶剂系涂料是采用挥发性有机化合物（VOC）作为溶剂的涂料，对环境污染严重且易燃；无机溶剂系涂料是采用水作为溶料，环保型涂料，不易燃，是21世纪汽车用涂料的主流。

（4）助剂（又称添加剂）：改善颜料的分散性和抗沉淀性，改善涂料的储存性、涂装施工性和防止漆膜缺陷。主要在涂料制造和涂装过程中发挥很大作用，在涂料中用量小而品种多。

5. 涂料在汽车上的用途

涂料在汽车上的用途见表8-1。

表8-1 涂料在汽车上的用途

	涂 料	用 途
车身外板	底漆	钢板的接缝、箱形结构内部及车身外板的防锈
	中涂涂料（二道漆）	提高面涂精度及一般涂膜性能
	面涂涂料	确保美观、耐候性及一般涂膜性能
行驶系	底盘各部分涂料	汽车底部防锈
	隔声涂料 耐冲击涂料	汽车底部的隔声、防振、耐冲击
其他	自然干燥型修补用涂料	修补用
	防锈剂	车底部、箱形结构内部的防锈
	涂膜保护剂	涂膜的保护
	密封剂	钢板接缝的防尘、防锈、防水
	塑料用涂料	保险杠、仪表板、其他部件的美观，耐候性及一般涂膜性能

6. 汽车修补涂料

汽车修补涂料均属自干型或低温（80℃以下）烘干型。

底层涂料是指为各种面漆作基底层所用的涂料，包括底漆、封闭底漆或隔底漆等。直接涂布在经过表面预处理的物体表面上的第一道漆，在修补涂装场合也可用于覆盖旧漆面上。通常用于裸钢板表面上以增进耐腐蚀能力，其主要功能是牢固地附着于物体表面，为涂层体系提供牢固的基础。现代汽车修补底漆有钢板、镀锌钢板、铝材和不锈钢等表面的专用底漆，聚丙烯塑料专用底漆（即PP底漆）等。底漆应根据被修补底材类型、涂层体系、涂装条件和配套的中涂、面漆品种来选择。

汽车底层涂料的种类有五种，其性能见表8-2。

表 8-2 底层涂料的种类及性能

通用底漆	它的性能介于底漆与二道浆之间，其颜料含量较高； 它具有一定的填平性，而防锈、耐水性较同类底漆差，一般喷两道，达到足够的膜厚（50 μm）才具有较好的填平性和防锈性
中涂	它是为填平被涂面上的微小刮痕而设计的，通常作为紧接面漆前的封底涂层； 它具有良好的流平性，能提供良好的刮痕填平性和增加面漆层的光泽度及丰满度； 它具有一定耐候、耐紫外线性，以保护底漆层不受侵蚀
腻子	它是用以填平被涂面上存在的较深的凹陷，含颜料量较多的涂料一般是供刮涂用，也有供喷涂、刷涂的腻子配方； 每道腻子层可比中涂厚； 腻子一般是涂刮在底漆上，在修补涂装场合原子灰腻子可直接涂刮在钢板上
封底漆	它具有封闭和封固底涂层，并具有一定填平性，具有能增强面漆光亮度和调色力等功能； 其光泽比中涂高，与面漆接近，喷涂后能显现被涂面的缺陷，使操作者及时消除之，故又称这一涂层为"显影层"； 由于推出了具有较佳耐候性的中涂漆，此类漆的用量已大量减少，有时以面漆替代
防渗封底漆	它用作为防止被涂面上的旧漆涂层的颜色（尤其是有机颜料之色）渗出的封底涂层，不可打磨穿； 一般需喷涂具有填平性能的中涂后方可进行磨平作业
隔绝底漆	隔绝底漆不可任意使用，尤其不可用于厚膜涂装体系，否则有可能会使附着力受损或产生龟裂；在喷涂含强溶剂的涂料时防止咬起底层

修补用中间层涂料是作为介于底漆与面漆层之间的涂层所用的涂料，其主要功用是改善被涂工件表面和底漆涂层的平整度，为面漆层创造良好的基底，提高面漆涂层的装饰性（鲜映性和丰满度）和整个涂层的抗击性。

修补常用面漆如下：

（1）硝基面漆（俗称汽车喷漆）：该类面漆由硝化棉及合成树脂混合配制而成，硝化棉带来快干特性，合成树脂赋予膜厚、光泽和色彩与颜色的耐久性，改性的硝基面漆，是用优质树脂（丙烯酸树脂和有机硅树脂等）以改善其耐候性。硝基面漆具有易施工、快干和能抛光、适于局部修补等特性，即使在涂装条件不理想场合，也能得到高水准的漆面；一般的汽车喷漆耐候性差，而且涂装固体成分低，需喷涂 3~4 道才能达到所要求的面漆涂层厚度。硝基漆所用溶剂的溶解力强，可能造成旧漆膜被咬起（起皱），当修补较旧的车辆时应特别注意。

（2）丙烯酸树脂喷漆：丙烯酸树脂喷漆是由丙烯酸系列的热塑性树脂组成，也仅由溶剂挥发而成膜，因而表干极快，且具有高光泽和良好的颜色耐久性，强制低温干燥与硝基面漆相类似。丙烯酸树脂喷漆的涂膜具有打磨、抛光性能，抛光程度则视对光泽的需求而定。快干和抛光性能是汽车修补面漆所需的主要特性，前者可提高工效减少粘尘，后者是消除修补面缺陷和斑痕的手段之一。其施工喷涂性能与硝基面漆相同，它的表干较硝基漆稍快，对喷涂时的温度变化甚为敏感。在选用丙烯酸树脂喷漆场合，与底漆配套良好和稀释剂选用正确，则可获得极佳效果，能得到耐久性良好的涂膜。

(3) 空气干燥合成磁漆：空气干燥合成磁漆又称自干型合成磁漆，它是由干性油或各种物质改性的合成树脂制成。该类磁漆的涂装固体成分高，喷涂两道漆即能得到光泽度高的，且有较佳刮痕填平性的涂膜；该类磁漆所用溶剂较弱，故对旧漆层一般不能产生咬起、膨胀现象的危险；其涂膜一般不具有抛光性，不宜作为轿车修补用面漆，而供载重汽车驾驶室、货箱面漆的翻新用；因自干型磁漆表干慢（即所需不沾尘时间较长），故对干燥环境的要求严格，最好能在无尘的喷漆室中喷涂，以避免沾上灰尘；另外，该类面漆涂膜不具有硝基面漆和丙烯酸面漆那样的抛光性能。

(4) 双组分汽车面漆：双组分汽车面漆是由主料和固化剂分装，主料一般是羟基丙烯酸/三聚氰胺树脂混合物或聚氨酯树脂，固化剂是多异氰酸类树脂。在使用前按一定配比混合，一般室温下即可自干，也可在80℃下烘干，以加速固化。双组分汽车面漆的涂装固体成分高，且有极佳的刮痕填平性的漆膜。在20℃～80℃之间的任何温度下，其干燥速度都比其他修补涂料快。此类漆在双组分混合后有4～8 h的生命期（或称有效时间、使用寿命），超过这段时间后，所有混合过的漆料即应处理。

7. 汽车涂层的保养

汽车油漆涂层的主要污染源为工业落尘、酸雨、农药、昆虫与鸟粪以及汽车自身污染和道路交通的飞溅等，它直接影响汽车油漆涂层的使用寿命，污染和侵入漆面引起涂层早期损坏。涂层主要污染源如下：

(1) 工业落尘：工业落尘是指由化学、钢铁、发电以及纺织等工厂所排出的微小粒子，这些微粒带有水汽，特别是又带有少量磁性，这些微粒常会附着于漆面可能造成漆层表面的细孔和变色（锈点），甚至可能渗入、穿透涂层，导致底材生锈，损坏车身结构。工业落尘侵蚀的防护的最好办法是定期清洗，当已发生工业落尘侵蚀，则用10%的草酸液清洗。

(2) 酸雨：酸雨是化工厂和发电厂等排出的烟气，含有大量的二氧化硫以及氮的氧化物和水，与臭氧结合后分别形成硫酸和硝酸，很容易和云中水汽融合形成酸雨，当pH值降到一定的程度后，就会侵蚀漆膜；水泥厂水泥灰混于水中会呈强碱性，它们会侵蚀漆膜，成为点状变色形态。酸雨侵蚀的防护方法可以通过提高面漆的耐酸雨性，使用耐酸雨性优良的新车用面漆和汽车修补用面漆，汽车修补漆中的聚氨酯漆的耐酸雨的侵蚀能力最好，酸雨造成的轻度污染需用打磨和打蜡护理。

(3) 酸、盐或碱：汽车油漆涂层的耐化学作用的性能仍有一定的限度，所以会发生酸、盐或碱等的局部污染，可能造成针状穿孔及变色，农业及园艺喷洒的杀虫剂、除草剂、鸟粪等造成汽车涂膜的污染，在呈现于湿气和温暖阳光中造成漆膜的斑点、孔和小泡，浓缩的除草剂可视为脱漆剂；鸟粪亦能造成漆膜的严重扭曲或变色；某些飞虫的残尸被阳光烤晒后会造成漆膜变色和龟裂。

（4）石油制品、机油、黄油、刹车油和防冻液：来自汽车的污染包括有石油制品、机油、黄油、刹车油和防冻液等，它们可能使漆膜产生污迹或破损。在公路上，排气废料、焦油和其他筑路材料以及各种喷洒作业的残渣可能污染漆膜，焦油、沥青和润滑油等污迹可用200号汽油（白醇）或类似的溶剂擦拭。

现代的汽车涂层大多能抵抗一般情况的大气侵蚀，如能遵循简便的维护步骤，可使涂层更能保持其光泽，发挥其保护的功效。清洗是汽车漆面日常养护的重要环节之一，经常用冷水加少许液体清洁剂清洗漆膜。经一般清洁后检视，并按需要用温水、200号溶剂汽油（白醇）或酒精去除局部污染。不定期地使用优质抛光水（1年约2次），以恢复光泽，并去除车上堆积的污迹及锈渣。打蜡是提高光泽及加强抗污能力的重要方法，打蜡必须用白醇或液体蜡质清洗液清除前次打蜡留下的蜡质。汽车应停放在有良好通风的室内，以防在车辆长时间停置时，残留在漆面上的水会渗入漆膜，造成涂层保护性能变差。车辆太脏时如在雨中或泥泞路上行驶过后，应及时冲洗，并认真冲洗车辆的底盘部位，冲洗后立即吹干或擦干漆面及缝隙，及时有效地做好汽车涂层的保养工作。

8.2 车用胶黏剂

8.2.1 胶黏剂的特点、组成与分类

粘结技术采用新材料、新工艺，是现代科学技术的一门新技术。它具有快速、牢固、经济及节能等特点，可代替部分铆接、焊接和机械装配等烦琐工艺，既节省时间、费用，同时又提高产品质量和提高劳动生产率。

1. 胶黏剂的概念及特点

黏结技术使用的材料是胶黏剂，又称黏合剂。它既能把同种材料黏结在一起，也能将性质截然不同的两种材料黏结在一起。

与铆接、焊接、螺钉连接方法相比，黏结技术具有的优点是：可以黏结不同性质的材料和不能用铆、焊方法连接的金属薄板箔以及微形、异形等复杂工件；黏结接头应力分布均匀，有良好的抗疲劳强度；整个黏结接头部分都承受负荷，因此力学强度较高。黏结接头具有优良的密封、绝缘和抗腐蚀性能，同时还能防止金属发生电化学腐蚀；黏结工艺温度低。

与铆接、焊接、螺钉连接方法相比，黏结技术的缺点是：黏结接头抗剥离强度、不均匀扯离强度和冲击韧度较低；黏结质量检查困难；胶黏剂的老化问题，耐热性差等。

2. 胶黏剂的组成

天然胶黏剂的组成比较简单，合成胶黏剂大多是由多数成分混合配制而成。这些组成

按其作用不同分为：基料、固化剂与硫化剂、增塑剂与增韧剂、填料、稀释剂与溶剂等，有的还加入其他附加剂。

（1）基料：使胶黏剂获得良好的黏附性能，它的性质和用量对胶黏剂起决定作用。

（2）固化剂与硫化剂：通过催化剂（或称促成剂）与主体黏合物质（基料）进行化学反应，使热塑性的线型主体黏合物质交联成坚韧或坚硬的网状结构，又称交联剂或硬化剂。

（3）增塑剂与增韧剂：增塑剂能增进固化体系的塑性，提高弹性和改进耐寒性；增韧剂能增加韧性，提高其剥离强度、抗剪强度及低温性能。

（4）填料：可降低成本，提高黏结强度、耐热性，降低脆性，消除制件成型应力，增加热导率，提高导电、导磁性。

（5）稀释剂与溶剂：能降低合成胶黏剂的黏度，易流动，提高浸透力，改善其工艺性能，并延长使用期限。

（6）其他附加剂：为增加胶黏剂某一些方面的使用性能而加入各种附加剂。在高温条件下使用胶黏剂要加入阻燃剂；加速胶黏剂中的树脂固化和橡胶硫化反应速度的固化促进剂和硫化促进剂；防止胶层过快老化的防老剂；提高原来不粘或难粘的材料之间的黏结力的增黏剂等。

3. 胶黏剂的分类

（1）按基料的来源分类（表8-3）。

表8-3　胶黏剂按基料的来源分类

有机胶黏剂	天然胶黏剂	动物胶	皮胶、骨胶、鱼鳔胶、血朊胶、虫胶等
		植物胶	淀粉、糊精、松香等
		矿物胶	沥青、地蜡、硫黄等
	合成树脂胶	热固性树脂型	酚醛、环氧、聚氨酯、丙烯酸酯、有机硅、聚酯、聚酰亚胺等
		热塑性树脂	聚乙烯醇缩醛、聚酰胺（尼龙）、过氧乙烯、聚乙酸乙烯、乙酸纤维等
		橡胶型	丁腈、氯丁、聚硫、丁苯、异丁橡胶、硅橡胶、羟基橡胶等
		混合剂	环氧—酚醛、环氧—聚酰胺、环氧—聚氨酯、环氧—缩醛、环氧—聚酯、环氧—聚矾、环氧—聚硫、环氧—氯丁、环氧—缩醛—有机硅、环氧—丁腈、乙烯—乙酸乙烯、丙烯酸酯—环氧、丙烯酸酯—聚氨酯
无机胶黏剂			磷酸盐、硅酸盐、硼酸盐、硫酸盐、玻璃陶瓷胶等

（2）按使用性能和用途分类（表8-4）。

表 8-4 胶黏剂按使用性能和用途分类

种 类	作用性能	举 例
结构胶	用于结构件的胶接，具有良好的抗剪强度，不均匀扯离强度，承受较大负荷	环氧胶黏剂、酚醛胶黏剂、无机胶黏剂等
非（半）结构胶	胶接强度次于结构胶，能用于非主要受力或不受力的胶接部位、定位、紧固	聚氨酯胶、丙烯酸酯胶、有机硅胶、聚酯胶、丁腈胶、氯丁胶
密封胶	涂抹于密封面，能承受压力而不泄漏，密封	聚氨酸、酚醛、环氧、硅橡胶、丁腈橡胶、厌氧胶、热熔胶
浸透胶	良好的浸透性，能渗入铸件裂缝和多孔材料，提高表面质量，改善切削性能	硅酸盐浸渗胶、厌氧浸透胶、聚酯浸渗胶等
功能胶	具有特殊功能或有特殊固化反应	导电胶、导磁胶、导热胶、耐热胶、耐低温胶、应变胶、厌氧胶、热溶胶、光敏胶、吸水胶

(3) 按固化条件分类。

①室温固化胶黏剂（又称冷固化胶黏剂）：不需另外加热，在室温（20℃～30℃）条件下，便可固化；

②中温固化胶黏剂：是指需要加热到130℃的固化胶黏剂；

③高温固化胶黏剂（又称热固化胶黏剂）：是指需要加热到130℃以上温度固化胶黏剂；

④光敏固化胶黏剂：依靠光能引发固化的胶黏剂；

⑤挥发固化胶黏剂：是指溶剂挥发而固化、凝聚，形成黏附膜的胶黏剂。

8.2.2 胶黏剂在汽车上的应用

胶黏剂已被广泛地应用于汽车制造业，它主要用于汽车车身的密封和主要部件和总成部件黏结。胶黏剂能够代替铆焊，其优越性是简化结构、防振、隔热、防腐、防漏、密封可靠、减少噪声、减轻车辆自重等，同时可提高质量和使用寿命。

采用丁腈酚醛混合型胶黏剂黏结刹车蹄与摩擦片结构件，可提高刹车效果；采用各种橡胶型胶黏剂将汽车风挡玻璃直接黏结在窗柜上或密封在橡胶密封条上，增加了车身整体强度和风挡玻璃的密封性。

为保证汽车车身钣金件接缝的密封性能，多在缝内涂敷各种黏结密封剂，以防止水分、灰尘侵入引起锈蚀。胶黏剂也用于汽车内饰材料如泡沫塑料、皮革、橡胶、海绵、地毯以及车门橡胶密封条的黏结。

为了防振隔音隔热，在汽车车身顶盖、发动机机罩以及底板、侧围板等处涂敷或喷涂隔热胶或者各种汽车专门防振静音涂料及板材。

汽车密封胶对用于修复冻裂汽车发动机缸体，汽车缸体各部位的漏水、漏油、套接松动及缸盖的破损等，操作简便而成本低。为解决汽车发动机、变速箱及底盘"三漏"，广泛采用如液态密封胶。

本章小结

汽车对涂料的性能要求有优良的防护性能和良好的外观装饰性。按汽车涂装的对象分为新车的生产线涂装和汽车修补涂装；按汽车涂装部位不同分为车身外板涂装、行驶系涂装和其他部位涂装。汽车修补涂装工艺一般由表面准备、涂底漆、刮腻子填平、喷中涂、涂面漆等工序组成。

汽车涂料是指一种液态或固态的有机材料，采用特定的工艺方法涂于物体表面，干燥固化后能形成牢固附着，并具有一定物理机械和化学性能的涂层，又称漆膜。对汽车涂料的基本性能要求有涂膜性能、施工性能、环保性能和储运性能。汽车涂料按功能可分为底漆、中涂涂料、面漆（单涂层面漆、底色漆、罩光清漆）、防腐蚀涂料等；按干燥（固化）成膜机理可分为溶剂挥发干燥型、氧化聚合干燥型、双组分室温交联型和热固化型；按漆基可分为醇酸树脂漆、硝基漆、氨基漆、丙烯酸树脂涂料、聚氨酯涂料等。

汽车修补涂料均属自干型或低温（80℃以下）烘干型，底层涂料指为各种面漆作基底层所用的涂料，包括底漆、封闭底漆或隔底漆等；修补用中间层涂料是作为介于底漆与面漆层之间的涂层所用的涂料，其主要功用是改善被涂工件表面和底漆涂层的平整度，为面漆层创造良好的基底，提高面漆涂层的装饰性（鲜映性和丰满度）和整个涂层的抗石击性。修补常用面漆有硝基面漆（俗称汽车喷漆）、丙烯酸树脂喷漆、空气干燥合成磁漆、双组分汽车面漆。

黏结技术使用的材料是胶黏剂，又称粘合剂。它既能把同种材料黏结在一起，也能将性质截然不同的两种材料黏结在一起。合成胶黏剂大多是由多数成分混合配制而成。这些组成按其作用不同分为基料、固化剂与硫化剂、填料、增塑剂与增韧剂、稀释剂与溶剂等，有的还加入其他附加剂。

习题与思考

1. 汽车涂装要求有哪些防护性能？
2. 简述汽车修补涂装工艺流程。
3. 试述在日常生活中该怎样护理和保养汽车涂层？

素质拓展题

同学们通过对金属材料和非金属材料的学习，我们掌握了汽车金属材料和非金属材料的具体应用情况、性能和发展。

请学生通过完成某一车型材料的调查研究报告，要求对材料性能进行辨识，能够向顾客介绍该车型选材的优势；能分析汽车材料的主要性能，具备工艺分析的能力，以完成钣金工艺施工；通过完成指定车型运行材料的选用报告，学会辨识真伪，并完成汽车机电工和配件管理工对油品和汽车零配件材料的选取，掌握其中的工艺应用。

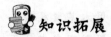

知识拓展

汽车美容的新材料及新技术

汽车美容是一项庞杂的系统工程。在汽车美容数十年的发展完善过程中，其作业设备和美容用品已逐渐成熟，呈多样化、系列化。现代汽车美容是指利用专业美容系列产品和高科技技术设备，采用特殊的工艺和方法，对车内外进行清洗，漆面增光、打蜡、抛光、镀膜及深浅划痕处理，全车漆面美容，发动机表面翻新等一系列养车护理技术，以达到"旧车变新，新车保值，延寿增益"的功效。汽车美容材料常称为汽车美容用品，分为车身美容护理用品、车身漆面处理材料、汽车内饰用品、汽车发动机清洁护理用品等几大系列。

常用的车身美容用品主要有车用清洗剂和车蜡两大类。

车用清洗剂目前在国内外汽车专业美容行业中广泛使用水系清洗剂，其配方基本不含碱性，一般由多种表面活性剂配制而成，具有很强的浸润和分散能力，能有效地去除车身表面的尘埃、油污，保护车身不受有害物质的侵蚀，保持漆面原有的光泽。常用的水性清洗剂有不脱蜡洗车液、脱蜡洗车液、上光洗车液、泡沫上光洗车剂、天然洗车液等。有机清洗剂主要用来去除车身表面的油脂、润滑油、污垢、石蜡、硅酮抛光剂、橡胶加工助剂以及手印等。目前经常使用的有机溶剂有煤油、汽油、甲苯、二甲苯、三氯乙烯、四氯化碳及200号溶剂汽油。三合一清洗剂亦称二合一香波，是一种高级表面清洗剂，它既有清洗功能，又有上蜡功能，可以满足快速清洗兼打蜡的要求。二合一清洗剂主要由多种表面活性剂配制而成。上蜡成分是一种具有独特配方的水蜡，清洗作业中，在漆面形成一层蜡膜，增加车身的鲜艳程度，可有效地保护车漆。常用的二合一清洗剂有汽车清洁上蜡香波、电脑洗车机用高泡香波、电脑洗车机用上蜡香波等。

车蜡是车身表面最外层的保护，打蜡除了能增加漆面的光洁度外，其在车表形成的蜡膜还能有效地防止产生静电、防止紫外线的照射，起到抗高温、防氧化、防水、防划伤及研磨抛光等作用。我国汽车美容车蜡的种类有：天然棕榈蜡、研磨蜡、硅蜡、特氟隆蜡、含釉成分蜡及色蜡。

车身的漆面处理作为现代汽车美容的重要组成部分，包括漆面失光处理、漆面浅划痕处理、喷涂等内容。漆面失光处理在汽车美容作业中采用特殊处理工艺与方法，配合专用的护理用品，可以有效地去除失光，再现漆面的亮丽风采。但对于因摩擦、硬伤所产生的各种划痕处理，浅划痕采用抛光研磨的方法，深划痕则需采用喷涂施工完成。

汽车内部装饰大多数使用人造革、聚氨酯泡沫塑料、塑料壁纸、乳胶海绵、人造地毯、布、丝绒和木材等材料，增加车内美观。例如顶蓬、地毯、门板、仪表盘等。目前在国内，汽车内饰大多还是使用易燃、有毒、污染环境的溶剂型胶黏剂，如氯丁胶胶黏剂。溶剂型胶黏剂不仅造成资源严重浪费，严重污染环境，而且对施工人员的健康造成很大威胁。在很长一段时间内溶剂不断地缓慢释放出来，使司乘人员受到伤害，而水基胶黏剂由于以水为溶剂，不含有毒溶剂，甚至可以做到 VOC 几乎为 0。因此近年来在汽车工业上，水基胶黏剂正在取代传统的溶剂型黏合剂，开始用于汽车内饰。目前在汽车内饰用水基聚氨酯黏合剂研制方面，美国、日本和西欧走在前列。我国水基聚氨酯黏合剂的应用和研究尚处于起步阶段，此外对于品种繁多的有机高分子织物，今后的方向应该是纳米化。因为一些材料纳米化后，可以有抗菌、无臭、杀菌作用。近年来汽车用纺织品材料和装饰件依靠科技创新，使得强度高、柔性好、耐高温、可再生、色泽漂亮材料和产品大量出现。具体表现在：高性能纺织品包括经编织物、非织造布等已广泛应用到汽车内饰；塑料及其复合材料的应用，未来将会开发有良好降噪和耐冲击性能的内饰件材料；外饰件要求开发耐化学侵蚀和抗轻微碰撞性能的聚合物材料，降低塑料零部件的表面粗糙度以及免油漆的外装饰件复合材料；随着轻量化材料的发展，各种碳纤维增强的复合材料大量涌现。

第三篇
汽车运行材料

第 9 章　汽车燃料

> **学习目标**

【知识目标】
1. 了解石油的性能指标及炼制方法；
2. 了解汽油的主要性能指标、牌号以及选用；
3. 了解轻柴油的主要性能指标及选用；
4. 了解车用用环保燃料的品种及特点。

【技能目标】
学会区分汽油、柴油的型号并正确地选择和使用，能够列举新能源汽车并分析新能源汽车的发展趋势。

【素养目标】
通过对能源、不可再生资源和石油危机的认识，培养学生社会责任感和可持续发展意识，树立生态保护理念，遵循可持续发展的原则，注重节能减排，保护自然。

汽车的主要燃料包括石油、汽油、轻柴油和其他代用燃料。目前，汽车上使用的燃料主要是汽油和柴油。汽车代用燃料的研究已经成为世界各国研究的课题，石油气、液化天然气等的应用已逐渐被推广。此外，还有一些正在开发中的代作燃料。

9.1　石　油

石油在国民经济中的地位和作用十分重要，石油又称为原油，被誉为"黑色的金子""工业的血液"等，它对于经济、政治、军事和人民生活的影响极大。日常生活中到处可见石油产品及其附属品的身影，如汽车上用到的汽油、柴油、石油气、润滑油、制动液、塑料、纤维等，都是从石油中提炼出来的。

石油是一种黏稠的液体，易燃烧，有特殊的气味，颜色丰富，有红、金黄、墨绿、黑、褐红、淡白色等，原油的颜色与它本身所含胶质、沥青质的含量有关，胶质、沥青质的含量越高，原油的颜色越深，原油的颜色越浅油质越好。原油的密度一般为 0.8~1.0 g/cm³，黏度范围很宽，凝固点差别很大，沸点范围为常温到 500℃ 以上，可溶于多种有机溶剂，但不溶于水，可与水形成乳状液。

9.1.1 石油的分类和组成

1. 石油的分类

（1）工业分类法。工业上通常按原油密度 ρ 的大小分为四类：$\rho < 0.830 \text{ g/cm}^3$ 为轻质原油；$\rho = 0.830 \sim 0.904 \text{ g/cm}^3$ 为中质原油；$\rho = 0.904 \sim 0.966 \text{ g/cm}^3$ 为重质原油；$\rho > 0.966 \text{ g/cm}^3$ 为特重原油。

（2）商品分类法。

①按含硫量分类：含硫量小于 0.5% 的原油称为低硫原油；含硫量为 0.5%～2% 的原油称为含硫原油；含硫量大于 2% 的原油称为高硫原油。

②按含蜡量分类：从石油中取出一馏分，其黏度为 $53 \text{ mm}^2 \cdot \text{s}$（50℃），然后测其凝点。当凝点低于 -6℃ 时，称低蜡原油；当凝点在 -6℃～21℃ 时，称含蜡原油；当凝点大于 21℃ 时，称多蜡原油。

（3）化学分类法：根据石油的密度、沸点等物理、化学特性，通常将以烷烃为主的石油称为石蜡基石油；以环烷烃、芳香烃为主的石油称为环烃基石油；介于二者之间的石油称为中间基石油。

（4）关键馏分特性分类法：用特定的仪器，将石油在常压 250℃～275℃ 和减压 275℃～300℃ 下蒸馏出来的两个关键馏分，根据这两馏分测算出的特性因素，石油可分为：石蜡基、石蜡—中间基、中间—石蜡基、中间基、中间—环烷基、环烷—中间基和环烷基七种原油。

2. 石油的化学组成

组成石油的主要化学元素是碳和氢。组成石油的各化学元素的含量是碳为 83%～87%、氢为 11%～14%、硫为 0.06%～0.8%、氮为 0.02%～1.7%、氧为 0.08%～1.82% 及微量金属元素镍、钒、铁等。各种元素在原油中不是以单质的结构存在，而是以相互结合的各种碳氢化合物或非碳氢化合物而存在，由碳和氢化合形成的烃类是构成石油的主要组成部分，占 95%～99%，不同产地的石油中，各种烃类的结构和所占比例相差很大，但主要属于烷烃、环烷烃、芳香烃和不饱和烃四类。

石油产品中还含有一些非烃化合物，它们对石油产品的使用性能和石油加工都有很大的影响，在石油的炼制过程中，多数精制过程都是为了去除非烃化合物。非烃化合物主要包括含硫化合物、含氧化合物、含氮化合物及胶质、沥青质等。石油产品中的非烃化合物主要是胶质和沥青质，其含量在石油中占 10%～40%。

含硫化合物包括硫化氢、硫醇、硫醚、二硫化物、环硫醚、噻吩及其衍生物等。活性硫化物如硫化氢、硫醇等能直接腐蚀金属；而非活性硫化物如硫醚、噻吩等受热时，会分解或发生氧化反应生成硫酸、硫醇或硫化氢，形成对金属的间接腐蚀。

石油中的含氧化合物分为酸性氧化物和中性氧化物。酸性氧化物中，环烷酸占 90%，环烷酸是属于不溶于水的有机酸，对金属有腐蚀作用，在有水存在的条件下，可与多种金属直接反应生成相应环烷酸盐。环烷酸盐对油的氧化起催化作用，在石油中可用碱洗法除去。

石油中氮化物含量极少。含氮化合物性质很不稳定，易氧化叠合生成胶质，使油品颜色变深，质量下降，并加速油品胶质的生成，影响油料的储存。含氮化合物还可使酸性催化剂中毒。燃料中若有较高的含氮量，燃烧时就会产生难闻的臭味。

石油中的胶质和沥青质是有多种元素（碳、氢、硫、氧、氮等）组成的多环化合物。胶质是呈树脂状的黏稠物质，呈现深黄色或棕色。沥青质是非晶固体呈现深褐色或黑色，全部集中在渣油中。胶质和沥青质可使石油的颜色变深，氧化安定性下降，黏温性变差，燃烧后形成积炭。

3. 石油的馏分组成

石油中各种碳氢化合物都有不同的沸点，因此随着对石油逐步加热，不同的温度使不同沸点的成分蒸发出来。将某一温度范围内蒸发出来的成分积聚后再分离出来，就可以得到不同成分含量的石油产品。这些蒸发出来的成分，通常称为馏分。在低温范围内蒸发出来的称为轻馏分；在高温范围蒸发出来的称为重馏分。石油中的轻馏分是汽油，中馏分是柴油，重馏分是润滑油的原料，重油蒸发剩下的称为沥青，沥青是良好的铺路材料。

9.1.2 石油的炼制

组分不同的石油，其加工方法有差别，产品的性能也不同，加工时应当做到物尽其用。根据各炼油厂主要产品的不同，炼油厂可分为三种类型，即燃料型、燃料—润滑油型与燃料—化工型。本书仅介绍燃料—润滑油型炼油厂石油的炼制过程。

1. 石油炼制的基本过程

在生产燃料和润滑油的炼油厂里，通常是先将原油进行常压、减压蒸馏，依次分离为汽油、煤油、柴油、重柴油，以及轻质、中质和重质润滑油等各种沸点不同的馏分，上述过程属于物理过程，原油中的烃类化合物在结构上没有发生变化，这称为一次加工。以一次加工得到的各种馏分为原料，按产品质量的要求，分别进行加工，可生产不同品种、规格的燃料和润滑油等石油产品。在加工过程中有化学反应发生，且原料中的烃类化合物在结构上也发生变化，称为二次加工。石油炼制过程中属于一次加工工艺的主要是常压与减压蒸馏。属于二次加工中的转化工艺的主要有热裂化、催化裂化、加氢裂化、延迟焦化、催化重整与烷基化；属于二次加工中精制工艺的主要有酸碱精制、溶剂精制、加氢精制、润滑油加氢处理、白土补充精制、丙烷脱沥青、脱蜡等。

2. 石油炼制工艺

（1）分离。分离工艺有两种：一种是按沸点不同的范围来分离，即常压、减压蒸馏；另一种是按化学组成分离，如溶剂或分子筛脱蜡等。

（2）转化。转化工艺有两种：一种是将化学结构转化，如催化重整和异构化；另一种是将化学结构和沸点范围同时转化,如烷基化、热裂化、催化裂化和加氢裂化等。

(3) 精制。精制工艺有两种：一种是净化除去硫、氧和氮的化合物,如电化学等；另一种是稳定,将不饱和烃转化为饱和烃,如加氢精制等。

3. 石油炼制的基本方法

(1) 常压蒸馏（直馏）：常压蒸馏是制取轻质燃料的基本方法。根据组成原油的各类烃分子沸点的不同,在常压下利用加热、蒸发、冷凝等工艺过程,直接将原油分馏出汽油、煤油、柴油、重油等馏分。一般 35℃~200℃ 的馏分为直馏汽油馏分；75℃~300℃ 的馏分为煤油馏分；200℃~350℃ 的馏分为柴油馏分；350℃ 以上的馏分为润滑油或裂化原料。直馏馏分主要是由烷烃与环烷烃组成,一般不含饱和烃,所以直馏产品性质安定,不易氧化变质,易于长期储存,但抗爆性较差。

(2) 减压蒸馏：减压蒸馏是利用降低压力可以降低液体沸点的原理,将常压渣油在减压塔内进行分馏。减压可以制得各种润滑油馏分及一部分燃料油。但用这种方法制得的润滑油组分还含有非理想组分,因此还需要进行精制。

(3) 催化裂化：在催化剂的作用下使烃分子热裂化的过程称之为催化裂化。原料油是在合成硅酸铝催化剂的作用下,使大分子烃热裂化变成小分子烃,同时还使其分子结构改变,使不饱和烃大大减少,异构烷烃和芳香烃增加。催化裂化通常以重质馏分（如减压馏分、焦化柴油及蜡油等）为原料,也有用预先脱沥青的常压重油为原料的。催化裂化的产品主要有石油气、汽油与轻柴油。催化裂化的汽油产率高,为 46%~60%,不饱和烃含量少,异构烷烃与芳香烃含量高,故化学稳定性好,辛烷值高,抗爆性好,可用作航空汽油与高辛烷值汽油的基本组分。催化裂化的柴油产率为 20%~40%,但因含正构烷少,点火性较差。催化裂化是目前二次加工工艺中采用最为普遍的一种。

(4) 加氢裂化：在高温、高压、有催化剂和氢气存在的条件下,使原料油受热后通过裂化反应转化为轻质油的加工工艺,称之为加氢裂化。加氢裂化既有催化裂化反应,又有烃类的加氢反应,由于加氢反应可使不饱和烃变为饱和烃,并使非烃类化合物也发生反应。因此,加氢裂化产品稳定性好,腐蚀性小。加氢裂化可以获得各种高品质的油品。如高辛烷值的汽油、低冰点的航空煤油、低凝点的柴油、黏温性好的润滑油等。此外,加氢裂化还具有原料范围广（从直馏重柴油到减压渣油等均可使用）、生产灵活性大（汽油与柴油产率可依需要调整）、产率高（以生产汽油为主时,汽油产率可达 75%；以生产柴油为主时,柴油产率可达 85%）等特点。但由于加氢裂化是在高压条件下操作,生产的条件要求较苛刻,投资大,故目前未能像催化裂化那样得到普遍应用。

(5) 催化重整：在有催化剂作用的条件下,对汽油馏分中的烃分子结构进行重新排列使其形成新分子结构的过程,称为催化重整。将汽油馏分进行催化重整,可以得到高辛烷值的汽油、轻芳香烃和氢气三大产品。催化重整的原料油是直馏、裂化和焦化汽油馏分。

(6) 石油的精制：通过常压、减压蒸馏而得到的汽油、煤油、柴油和各种润滑油馏分,仍是半成品,含有硫化物、氧化物、胶状物及不饱和烃等非理想成分,不能直接使用。须经精制加工给予除去。精制的方法有酸碱精制、溶剂精制、加氢精制、白土精制、脱蜡等。

(7) 燃料、润滑油的调和：现在市场上销售的商品燃料，都是将几种不同加工方法所得的燃料馏分进行调和后制成的产品。同时还在燃料中加入各种添加剂，如抗爆剂、抗凝剂、防胶剂、防锈剂等，以满足现代汽车发动机的要求，这一工艺过程就是燃料调和过程。

经过精制方法所得到的润滑油馏分是调和商品润滑油的基础油，它不能直接作为润滑油产品，通常还需要按照产品油的性能要求，将不同黏度或不同加工方法所得到的基础油互相混合，并加入一定量用以提高润滑油各种使用性能的添加剂，如清净分散剂、抗氧化剂、抗腐剂、抗磨剂、抗泡沫剂、黏度指数改进剂等，这一工艺过程就是润滑油调和过程。

4. 我国的主要石油产品

以原油为原料，目前我国已能制成 2 500 多种性能相异的不同石油产品，以及 3 000 多种石油化学品。石油产品虽然多，但可分成以下七大类：气体类产品、燃料类产品（F）、润滑油脂（L）、柏油类产品（B）、溶剂类产品（S）、石油化学品及其他产品。

9.2 汽 油

9.2.1 车用汽油的性能指标

汽油是从石油中提炼出来的，由碳、氢组成的烃类化合物，是一种密度小且易于挥发的液体燃料，密度一般在 0.71～0.75 g/cm^3 之间，自燃点为 415℃～530℃。根据其用途、品质的不同，汽油可分为车用汽油、航空汽油、工业汽油和溶剂汽油。汽油发动机使用的是车用汽油，习惯上将车用汽油简称为汽油。过去曾采用在汽油中添加四乙基铅以提高抗爆性的含铅汽油，后因会对环境造成严重污染而不再使用。目前汽车广泛使用无铅汽油。

对车用汽油的基本要求是：能在极短时间内由液态蒸发成气态，形成良好的可燃混合气，在油路中不挥发形成"气阻"，不发生爆燃，在储存和使用过程中不发生显著的质量变化，燃烧后无沉积物，不应引起发动机零件的腐蚀，不含有机械杂质及水分，以及对环境的污染少等。这些要求靠一系列性能指标来保证。

1. 汽油的挥发性

汽油由液体状态转化为气体状态的性能称为汽油的挥发性。汽油挥发性好就易汽化，与空气混合均匀，燃烧速度快，燃烧完全，发动机易起动，加速及时，各工况间转换灵敏柔和。但挥发性太好则可能会在油管中形成气泡，产生"气阻"。挥发性不好的汽油汽化不完全，造成燃烧不完全，增加油耗及排放污染，没有完全燃烧的油滴还可能破坏润滑油膜，增加磨损。

评定汽油挥发性的指标主要有馏程和饱和蒸气压。

(1) 馏程。馏程是油品在规定条件下蒸馏所得到的，以初馏点和终馏点表示其蒸发特征的温度范围。馏程的测定是按 GB/T 6536《石油产品馏程测定法》的规定进行的,它是将 100 mL 试样按规定条件进行蒸馏,系统观察温度计读数和冷凝液体积并根据这些数据计算和报告结果。

试验时将试样加入蒸馏烧瓶中,按要求调节加热速度,从冷凝管下端滴下第一滴冷凝液所观察到的温度称为初馏点;量筒内回收到 10 mL、50 mL、90 mL 冷凝液时的温度分别称为 10%、50%、90%馏出温度;当全部液体从蒸馏烧瓶底部蒸发后的温度称为终馏点。

初馏点和 10%馏出温度表示汽油中含轻质馏分的量,这两种温度对汽油机冬季起动的难易程度和夏季是否发生"气阻"有很大影响。该温度低,发动机易起动,起动时间短,耗油少,所以要求不高于 70℃,但也不宜过低,过低时,在夏季易产生"气阻"。一般车用汽油的初馏点为 35℃~45℃,10%馏出温度则以 60℃~65℃为宜。10%馏出温度与汽油机可能启动的最低气温见表 9-1。

表 9-1 汽油机可能启动的最低气温和 10%馏出温度

可能启动气温/℃	−29	−18	−7	−5	0	5	10	15	20
10%馏出温度/℃	36	53	71	88	98	107	115	122	128

50%馏出温度表示汽油的平均挥发性。该温度低,可改善发动机的加速性,工作稳定性和起动后的升温性能,所以要求不高于 120℃。

90%馏出温度和终馏点表示汽油中含重质馏分的量,该温度高,汽油挥发性差,即汽油在点火爆发前处于未蒸发状态的数量多,将冲刷汽缸壁上的油膜,稀释润滑油,加剧磨损。由于燃烧不完全,还会造成油耗大,污染增加。90%馏出温度要求不高于 190℃,终馏点不高于 205℃。

汽油蒸发后仍有一些残留物,它表示汽油中重质馏分和在储存中氧化生成的胶质含量,这些物质会黏结或沉积在进气门、化油器量孔或电喷发动机的喷嘴上,影响混合气的配制精度及发动机正常工作。

(2) 饱和蒸气压。饱和蒸气压是表示汽油挥发性的另一个指标,是指在一定温度下,汽油的液气两相达到平衡时的蒸气压强称为汽油的饱和蒸气压。汽油饱和蒸气压主要用来控制车用汽油挥发性上限(下限由馏程控制)。汽油的饱和蒸气压过高,使汽车在夏季工作时,特别是在高原地区易发生"气阻",增大汽油在储存与使用中的蒸发损失。汽油不产生气阻的最大饱和蒸汽压与气温的关系见表 9-2。

表 9-2 汽油不产生气阻的最大饱和蒸汽压与气温的关系

气温/℃	10	16	22	28	33	38	44	49
最大饱和蒸汽压/kPa	93.3	84.0	76.0	69.3	56.0	48.7	41.3	36.7

2. 汽油的抗爆性

汽油的抗爆性是指汽油在发动机的汽缸内燃烧时防止产生爆燃的能力。爆燃是汽油机的一种不正常燃烧。它是在特定的情况下，当混合气已燃烧了 2/3～3/4 时，由于受到汽缸温度、压力上升的影响，在未燃部分的混合气中产生大量不稳定的过氧化物，在正常火焰前锋未到达前，由于剧烈氧化而自燃，产生许多火焰中心，火焰传播极快，形成压力脉冲，使汽缸内产生清脆的金属敲击声。爆燃导致机件过快磨损，热负荷增加，噪声增大，功率下降，油耗上升。影响爆燃的因素很多，如发动机结构与工作条件等，其中最重要的是压缩比，高压缩比发动机易产生爆燃。抗爆性好的汽油允许发动机采用较高的压缩比，从而提高动力性和经济性。

汽油的抗爆性用辛烷值评定。辛烷值是代表点燃式发动机燃料抗爆性的一个约定数值。在规定条件下的标准发动机试验中，通过和标准燃料进行比较来测定，用和被测定燃料具有相同抗爆性的标准燃料中异辛烷的体积百分数表示。测定的方法有研究法（RON）和马达法（MON）两种。

（1）研究法辛烷值（RON）：以较低的混合气温度（一般不加热）和较低的发动机转速（一般在 600 r/min）的中等苛刻条件为其特征的实验室标准发动机测得的辛烷值。测定时按 GB/T 5487 的规定进行，先选定两种标准液：一种是异辛烷，其抗爆性相当好，规定辛烷值为 100；另一种是正庚烷，其抗爆性很差，规定辛烷值为 0，把它们按不同的体积比混合即可获得各种不同抗爆能力的参比用标准燃料；再把试油加到标准的试验用可变压缩比单缸发动机中，通过改变汽缸高度逐渐加大压缩比使之发生爆燃，并达到标准的爆燃强度（可从仪表上读出）。然后，在相同条件下选择辛烷值接近的标准燃料与试油进行对比试验，当某种标准燃料与进行对比试验的试油相同时，该标准燃料中异辛烷的体积百分数即为试油辛烷值。

（2）马达法辛烷值（MON）：以较高的混合气温度（一般加热至 149℃）和较高的发动机转速（一般达 900 r/min）的苛刻条件为其特征的实验室标准发动机测得的辛烷值。其测定的方法与研究法辛烷值基本相同。

从测定条件可知：马达法辛烷值表示汽油在发动机重负荷条件下高速运转的抗爆能力，它模拟载货汽车在公路条件下行驶的工况；研究法辛烷值表示汽油发动机在常有加速条件下低速运转时的抗爆能力，它模拟轿车在城市道路条件下行驶的工况。同一种汽油用研究法测定的辛烷值比马达法测定的辛烷值要高 6～10 个单位，这一差值称为汽油的灵敏度，可用来反映汽油抗爆性随运转工况激烈程度的增加而降低的情况，汽油灵敏度越小越好。

由于研究法辛烷值和马达法辛烷值都不能全面反映车辆运行中燃料的抗爆性能，一些国家引用一个称为抗爆指数的指标，它是同一种汽油研究法辛烷值与马达法辛烷值的平均数，即：

$$抗爆指数 = (RON + MON)/2$$

抗爆指数也称平均辛烷值，可反映在一般条件下汽油的平均抗爆性能。

由于汽油的抗爆性对发动机工作影响很大，人们一直致力于提高汽油辛烷值。提高汽油辛烷值常用的方法如下：

采用先进的汽油炼制工艺。汽油各种组分的辛烷值有很大区别。一般来说，用常压蒸馏法获得的直馏汽油辛烷值只有 40～55；用热裂化和延迟焦化制取的汽油，辛烷值达 50～

65；催化裂化、加氢裂化和催化重整炼出的汽油辛烷值达 85 以上。因此，采用先进的炼油工艺是提高汽油辛烷值的有效途径。

在汽油中调入辛烷值改善组分。汽油中调入烷基化油、异构化油和适量的苯、甲苯等。它们都能提高抗爆性，但芳香烃的苯等不容易燃烧完全，且有毒。自 20 世纪 70 年代起，国外出现了新的高辛烷值汽油调和组分——含氧化合物，如甲基叔丁醚（MTBE）等。MTBE 的研究法辛烷值为 117，不仅抗爆性好，而且因为含氧，燃烧性能好，可减少芳香烃调入量，使车用汽油在有较高辛烷值的同时，排放更加干净。

3. 汽油的安定性

汽油在正常的储存和使用条件下，保持其性质不发生永久变化的能力，称为汽油的安定性。安定性不好的汽油，容易发生氧化反应，生成胶状物质和酸性物质，使辛烷值降低，酸值增加，颜色变深，使用这种汽油，易堵塞电喷式发动机的喷嘴，气门黏结关闭不严，积炭增加，汽缸散热不良，火花塞积炭导致点火不良等。

评定汽油安定性的指标主要有实际胶质和诱导期。

(1) 实际胶质。实际胶质是指在规定的条件下测得的车用汽油蒸发残留物的正庚烷不溶部分。测定时按 GB/T 8019《车用汽油和航空燃料实际胶质测定法（喷射蒸发法）》的规定，使已知量的汽油在控制温度和空气流的条件下蒸发，再在残留物中加入一定量正庚烷，按规定除去正庚烷溶液后剩余部分便为实际胶质，用 100 mL 试样中所含毫克数（mg/100 mL）表示，它可用来判断汽油在汽油机中生成胶质的倾向。国家标准规定实际胶质不超过 5 mg/100 mL。

(2) 诱导期。诱导期是指在规定的加速氧化条件下，汽油处于稳定状态所经历的时间周期，可评定汽油在储存期间产生氧化和形成胶质的倾向。诱导期越长，汽油越不易被氧化。测定时，按 CB/T 256《汽油诱导期测定法》的规定，把试样置于密闭容器 68.8 kPa 的氧气中，在温度为 100℃条件下，保持压力不下降所经历的时间，以分钟（min）计。要求车用汽油的诱导期不小于 480 min。

为了提高汽油的安定性，一是采用先进炼制工艺，使易氧化的活泼的烃类及非烃类尽量减少；二是在汽油中加入抗氧防胶剂和金属钝化剂。

4. 汽油的防腐性

汽油的防腐性是指汽油阻止与其相接触的金属被腐蚀的能力。汽油中引起腐蚀的物质主要是硫、硫化物、有机酸、水溶性酸和碱等。这些成分对燃料供给系中金属零件会产生直接或间接的腐蚀作用。汽油的防腐性由下列指标评定：

(1) 硫含量。硫含量是指存在于油品中的硫及其衍生物的含量，以质量百分数表示。汽油中的硫燃烧后生成 SO_2 和 SO_3，遇到冷凝水或水汽时，会生成亚硫酸和硫酸，对金属有强烈的腐蚀作用，所以应严格控制硫含量。测定时按 CB/T 380《石油产品硫含量测定法（燃灯法）》的规定，将试样放在灯中燃烧，用碳酸钠水溶液吸收生成的二氧化硫，并用容量分解法计算硫含量。国家标准规定，车用汽油的硫的质量分数不大于 0.15%。

(2) 硫醇硫含量和博氏试验。石油中还有一些含硫化合物，其中硫化氢（H_2S）和低分子硫醇（RSH），与元素硫（S）一样，都能腐蚀金属，称为活性硫化物，汽油中不允许存在。测定时须按 SH/T 0714《芳烃和轻质石油产品硫醇定性试验法（博氏试验法）》的规定，将有亚硫酸钠溶液的试样加在量筒中，经摇动，观察混合液外观变化，判断其中是否存在硫醇和硫化物。再通过添加硫黄粉，摇动并观察溶液的最后外观变化，进一步确认硫醇的存在。1993 年，车用汽油的国家标准还增加了对硫醇硫含量进行定量试验的要求，试验时按 GB/T 1792《馏分燃料中硫醇硫含量测定法（电位滴定法）》的规定，要求硫醇硫的质量分数不大于 0.001%。

（3）铜片腐蚀试验。铜片腐蚀试验是指在规定条件下，测定油品对于铜的腐蚀倾向。测定时按 GB/T 5096《石油产品铜片腐蚀试验法》的规定，把一块已磨光的铜片浸在一定量的试样中，并按要求维持 50℃±1℃ 的温度，保持 3 h±5 min，待试验周期结束时取出铜片，经洗涤后与腐蚀标准色板进行比较，如铜片只有轻度变色为 1 级，中度变色为 2 级，深度变色为 3 级，4 级为腐蚀。

（4）酸度。酸度是指中和 100 mL 油品中的酸性物质所需要的氢氧化钾毫克数，以 mg/100 mL 表示。测定时按 GB/T 379《含乙基液汽油酸度测定法》的规定，用 85% 乙醇溶液抽出汽油中的有机酸，再用氢氧化钾与醇溶液进行中和滴定。国家标准规定，车用汽油的酸度不大于 3 mg/100 mL。

（5）水溶性酸和碱。水溶性酸是指无机酸和低分子有机酸；水溶性碱是指氢氧化钠和氢氧化钾等。它们是在石油炼制过程中残留下来的，对金属有强烈的腐蚀作用，汽油中不允许存在。测定时按 CB/T 259《石油产品水溶性酸及碱测定法》的规定，用蒸馏水或乙醇水溶液抽提试样中水溶性酸和碱，然后分别用甲基橙或酚酞指示剂检查抽出液的颜色变化情况，或用酸度计测定其 pH，以判定有无水溶性酸或碱的存在。

5. 汽油的清洁性

汽油的清洁性是指汽油是否含有机械杂质和水分。机械杂质和水分会造成油路堵塞，磨损加剧等严重后果。最简单的检查方法是将 100 mL 汽油注入玻璃量筒中沉淀 12~18 h，然后观察量筒，如果透明、清洁，无机械杂质和水分沉淀即为合格。精确测定机械杂质和水分，按 GB/T 511《石油产品和添加剂机械杂质测定法（重量法）》和 GB/T 260《石油产品水分测定法》的规定进行。

9.2.2 车用汽油的牌号和规格

目前，我国车用汽油标准执行的是 GB 17930—2011《车用无铅汽油》（表 9-3），我国车用汽油的牌号是按汽油的抗爆性评定指标——研究法辛烷值大小划分的，牌号越高，说明其抗爆性越好。按照国家新标准，车用汽油分为 3 个牌号，即 90 号、93 号和 95 号，为了与国际接轨，随后又增加了 97 号汽油。4 种汽油牌号的含义，如 90 号表示其研究法辛烷值不低于 90 号，93 号、95 号、97 号含义类推。97 号汽油主要用于装有尾气催化转换器及压缩比高于 9.8 以上的汽车，为目前国际先进水平。

表 9-3 车用无铅汽油 (GB 17930—2011)

项 目		质量指标			试验方法
		90	93	97	
抗爆性:					
研究法辛烷值 (RON)	不小于	90	93	97	GB/T 5487
抗爆指数 (RON+MON)/2	不小于	85	88	报告	GB/T 503、GB/T 5487
铅含量① (g/L)	不大于	0.005			GB/T 8020
馏程:					
10%蒸发温度/℃	不高于	70			GB/T 6536
50%蒸发温度/℃	不高于	120			
90%蒸发温度/℃	不高于	190			
终馏点/℃	不高于	205			
残留量 (体积分数)/%	不大于	2			
饱和蒸气压:					
从 11 月 1 日至 4 月 30 日	不大于	88			GB/T 8017
从 5 月 1 日至 10 月 31 日	不大于	72			
实际胶质, (mg/100 mL)	不大于	5			GB/T 8019
诱导期/min	不小于	480			GB/T 8018
硫含量② (质量分数)/%	不大于	0.015			SH/T 0689
硫醇 (需满足下列要求之一)					
博氏试验	不大于	通过			SH/T 0174
硫醇硫含量 (质量分数)/%	不大于	0.001			GB/T 1792
铜片腐蚀 (50℃, 3 h)/级	不大于	1			GB/T 5096
水溶性酸或碱		无			GB/T 259
机械杂质及水分		无			目测
苯含量 (体积分数)/%	不大于	1.0			SH/T 0713
芳烃含量③ (体积分数)/%	不大于	40			GB/T 11132
烯烃含量③ (体积分数)/%	不大于	30			GB/T 11132

注: ①车用汽油中, 不得人为加入甲醇以及含铅含镁的添加剂。
②允许采用 GB/T 380、GB/T 11140、SH/T 0250、SH/T 0742。有导议时, 以 SH/T 0689 测定结果为准。
③对于 97 号车用汽油, 在烯烃、芳烃总含量控制不变的前提下, 可允许芳烃的最大值为 42% (体积分数)。允许采用 SH/T 0741, 有异议时, 以 GB/T 11132 测定结果为准。

9.2.3 车用汽油的选用及使用注意事项

1. 车用汽油的选用

不同型号的汽车发动机的压缩比不同,所选用汽油的牌号也不同,不能认为只要是汽油就可以加。若汽油的辛烷值满足不了发动机压缩比的要求,发动机就会产生爆震燃烧,影响汽车的正常使用。正确选用汽油牌号不仅可延长发动机的使用寿命,而且还可达到节油的目的。

车用汽油的选用主要是根据发动机的压缩比,发动机的压缩比越高,所需使用的汽油牌号就越高,可在汽车的使用说明书中查到发动机的压缩比和汽车生产厂家推荐的汽油牌号。车用汽油的基本选用原则是:压缩比在 8.0 以下的发动机,应选用 90 号车用无铅汽油;压缩比在 8.0~8.5 之间的发动机,应选用 93 号车用无铅汽油;压缩比在 8.5~9.5 之间的发动机,应选用 93 号、95 号车用无铅汽油;压缩比在 9.5~10.5 之间的发动机,应选用 97 号车用无铅汽油。

2. 汽油使用注意事项

发动机长期使用后,由于燃烧室积炭、水套积垢等原因,使压缩比等因素发生变化,爆燃倾向增加,此时应及时维护发动机,如压缩比变了,原牌号汽油不能满足需要,可考虑更换汽油牌号。

原用低牌号汽油改用高牌号汽油时,可把点火提前角适当提前,以发挥高牌号汽油优良性能;反之点火提前角应适当延后,以免发生爆燃。

在炎热夏季和高原地区,由于气温高、气压低,易发生气阻,应加强发动机散热,使油管和汽油泵隔热,或换用饱和蒸气压较低的汽油。

汽车从平原驶到高原地区后,可换用较低辛烷值汽油,或适当调前点火提前角。

汽油不能掺入煤油或柴油,后者挥发性和抗爆性差,会引起爆燃和严重破坏发动机润滑,导致发动机损坏。

不要长期存放变质的汽油,否则结胶、积炭严重,这对电喷发动机工作的影响更大。同时,尽可能加满油箱,以免蒸发损失。

汽油易燃、易爆、易产生静电,使用中要注意安全。

9.3 柴 油

9.3.1 柴油的性能指标

柴油和汽油一样,是从石油中提炼出来的,也是由碳、氢元素组成的烃类化合物。柴油可分为轻柴油和重柴油。轻柴油用于高速柴油机,重柴油用于中、低速柴油机。汽车用柴油机属于高速柴油机，所用柴油为轻柴油。对柴油的基本要求是：具有良好的流动性，能保证在各种使用条件下燃料顺利的供给；容易喷散、蒸发，形成良好的混合气，使发动机容易启动，混合器能平稳地燃烧，保证柴油机工作柔和，喷油器不结胶，燃烧室内无积炭；对发动机零件无腐蚀作用，不含有机械杂质和水分，以及对环境的污染少等。这些要求靠一系列性能指标来保证。

1. 柴油的燃烧性

柴油的燃烧性是指其自燃能力。当柴油喷入燃烧室后到出现火焰中心的一段时间称为着火延迟期。如果柴油燃烧性差，着火延迟期就长，喷入燃烧室的柴油积聚量多，一开始着火，就有过量的柴油参加燃烧反应，使汽缸压力上升过急，产生强烈的发动机振动现象，使功率下降，油耗增大，磨损加剧。

柴油的燃烧性可用十六烷值评定。与汽油辛烷值类似，也是用两种燃烧性差异很大的作为基准物对比得出的数值一种为正十六烷，燃烧性好，其十六烷值为100；另一种是 a—甲基萘，燃烧性差，其十六烷值为0，按不同比例将它们混合在一起，可获得十六烷值0～100的标准燃料。在可变压缩比的标准单缸十六烷值测定柴油机上，将被试燃料与标准燃料进行同期闪火对比试验，若被试燃料与某标准燃料在相同条件下同期闪火，则标准燃料的正十六烷体积百分数，即为被试燃料的十六烷值，这种测定方法即 GB/T 386《柴油十六烷值测定法（同期闪火法）》。

柴油机的转速越高，燃烧速度越快，对十六烷值要求就越高，一般 1 000 r/min 以下的柴油机，应使用十六烷值 35～40 的柴油；1 000～1 500 r/min 的柴油机，应使用十六烷值为 40～45 的柴油，1 500 r/min 以上的柴油机，应使用 45～60 的柴油。另外，十六烷值越高，汽车就越容易起动。但十六烷值也不宜过高，否则柴油的低温流动性、喷雾和蒸发等均受到影响，致使燃烧不完全，降低发动机功率，增加油耗。一般选用十六烷值为 40～50 的柴油，基本可满足工作要求，国家标准规定轻柴油十六烷值不小于 45。

从烃类结构来看，正构烷烃十六烷值最高，环烷烃和烯烃居中，芳香烃最低。因此，提高柴油十六烷值的方法是向柴油中加十六烷值改进剂，优点是效果好，又不改变凝点。通常用的添加剂有烷基硝酸酯、丙酮过氧化物等，加入量一般为 1.5%～2%，可提高柴油十六烷值 16～24 个单位。

2. 柴油的挥发性

柴油的挥发性对柴油机工作有重要的影响。挥发性好，柴油机起动性能就好，燃烧完全，不易稀释润滑油，油耗较低，积炭少，排烟较少；如果挥发性过高，会影响储运及使用安全性。柴油的挥发性用馏程和闪点等指标表示。

（1）馏程。柴油馏程测定方法与汽油基本相同，测定项目有 50%、90% 和 95% 馏出温度。50% 馏出温度越低，说明柴油中轻质馏分越多，柴油机容易起动。90% 和 95% 馏出温度越低，说明柴油中重质馏分越少，燃烧越完全，不仅可以提高柴油机的动力性，减少机械磨损，避免发动机过热现象，而且可以降低油耗。

(2) 闪点。闪点是石油产品在一定试验条件下加热后，当油料蒸气与周围空气形成的混合气接近火焰时，开始发出闪火的温度。闪点根据测定方法和仪器不同，可分为开口闪点和闭口闪点。一般轻质油（主要是燃料油）多用闭口闪点，而重质油（主要是润滑油）多用开口闪点。闭口闪点测定时按 CB/T 261《石油产品闪点测定法（闭口杯法）》，将试样放在闭口闪点测定器内，加盖连续搅拌，以很慢的恒定速率加热，当油中温度计读数达到预期的闪点前10℃时，按规定每隔1 s或2 s，中断搅拌，同时将一火焰引入杯内，引起杯内油蒸气闪火时的最低温度为闪点。

柴油的闪点主要用来控制其挥发性的上限，下限则由馏程控制。为了控制柴油的挥发性不致过强，国家标准规定了各号轻柴油的闭口闪点的最低数值。

3. 柴油的低温流动性

柴油的低温流动性是指在低温条件下，柴油具有一定的流动状态的性能。柴油的密度和黏度都比汽油大，随着温度的降低，柴油的黏度会变得更大。在低温条件下，柴油能否在发动机燃油供给系中顺利地泵送和通过燃油滤清器，保证柴油机的正常供油便成为问题。在低温下失去流动性，就会妨碍柴油在油管和滤清器中顺利通过，使供油量减少甚至中断，导致发动机不能正常工作甚至熄火。所以，为能按发动机工况需求可靠地供给燃油，要求轻柴油应具有良好的低温流动性。

柴油在低温条件下流动性变差的原因是组成轻柴油的烃类中有一部分为石蜡。在低温条件下，石蜡开始结晶析出，形成石蜡晶体；随着温度的进一步降低，结晶现象加剧，且各结晶体间开始聚集，形成结晶网络。结晶网络的产生，使柴油的流动阻力增加，流动性变差。如果这种网络延展到全部柴油中，柴油就会失去流动性。

柴油的低温流动性，还影响其在低温下的储存、运输、倒装等作业的正常进行。为了改善柴油的低温流动性，通常在柴油中加入流动性能改进剂（又称降凝添加剂）。流动性能改进剂可与柴油中析出的石蜡发生共晶、吸附，有抑制石蜡结晶生长的作用，故可改善柴油的低温流动性能。

评定柴油的低温流动性的指标有凝点、浊点和冷滤点。

(1) 凝点：是将柴油装在规定的试管内，冷却到预期的温度，将试管倾斜45°，经过1 min液面不移动，此时的温度便是柴油凝点。我国的轻柴油按凝点划分牌号。

(2) 浊点：是柴油中开始析出石蜡晶体，柴油失去透明时的最高温度。柴油达到浊点后虽未失去流动性，但易造成油路堵塞。

(3) 冷滤点：是指在规定条件下，1 min内通过过滤器的柴油不足20 mL的最高温度。冷滤点与柴油实际使用的最低温度有较好的对应关系，可作为根据气温选用轻柴油的依据。一般冷滤点要高于凝点4℃~6℃，比浊点略低。

评定柴油低温流动性的指标有凝点、浊点和冷滤点，我国采用凝点和冷滤点，日本采用凝点，美国采用浊点，欧洲国家采用冷滤点。

4. 柴油的黏度

黏度是指液体在外力作用下发生移动时，在液体分子间所呈现的内部摩擦力。它是表示油品流动性能好坏的一项指标。黏度小的油品流动性能好，黏度大的油品流动性能差。油品的黏度也会随着温度的变化而变化，这称为油的黏温性能。一般是温度升高黏度变小，温度降低黏度变大。所以，表示某一油品的黏度时必须标明温度，不标明温度的黏度是没有意义的。

黏度有动力黏度、运动黏度之分。评价轻柴油的雾化和蒸发性时，采用的是运动黏度指标。运动黏度表示液体在动力作用下流动时内摩擦力的量度，其值为相同温度下液体的动力黏度与其密度之比，在国际单位制中以 m^2/s 为单位。对汽车油品来说，通常采用 mm^2/s 单位，$1\ mm^2/s = 10 \sim 6\ m^2/s$。轻柴油规格中规定测定20℃的运动黏度。

运动黏度影响柴油的流动性和雾化质量。黏度小，柴油的流动性就好，但黏度过小，供油系的柴油漏失量会增加，影响供油量，黏度小，则喷出油束射程远，喷雾锥角大，油滴直径小，雾化质量好；黏度大，则正好与之相反。此外，柴油机燃料供给系中柱塞和柱塞套筒、针阀和针阀体等精密零件依靠柴油润滑，黏度过小会使磨损加剧。

5. 柴油的安定性

柴油的安定性包括储存安定性和热安定性。储存安定性是指柴油在运输、储存和使用过程中保持外观、组成和使用性能不变的能力；热安定性是指柴油在柴油机的高温条件下，以及溶解氧的作用下，发生变质的倾向。

储存安定性好的柴油在运输、储存、使用过程中外观颜色和实际胶质变化不大，基本上不生成不可溶的胶质和沉渣。安定性差的柴油颜色逐渐变深，实际胶质逐渐增多。使用储存安定性差的柴油，容易导致滤清器堵塞、喷油器孔黏结或堵死、活塞组零件表面上形成漆膜或积炭。

热安定性差的柴油在高温条件下易发生氧化变质生成胶质；易在喷油器针阀上生成漆状沉积物，造成针阀黏滞，严重时导致供油中断；还易在燃烧室、气门、活塞环处生成积炭，加速柴油机的磨损。

影响柴油安定性的主要因素是柴油中的化学成分，其次是外部环境的影响。柴油的安定性用色度、氧化安定性、10%蒸余物残碳三个指标来评价。

（1）色度：即油品颜色的深浅，用色号表示。色度可直观反映柴油安定性的好坏。色度的测定按 GB/T 6540《石油产品颜色测定法》的规定进行。标准色板共有16个色号，从0.5～8.0，每0.5一级，颜色由浅到深。

（2）氧化安定性：是指100 mL柴油在规定条件下氧化后所测得的总不溶物的毫克数，用 mg/100 mL 表示。

（3）10%蒸余物残碳：是指把柴油馏程试验中蒸馏出90%后的蒸余物做试验，经强烈加热一定时间让其裂变后，所形成的残留物。残碳值为残留物质量与原式样质量之比。残碳值小，说明柴油馏分轻，精致程度深；残碳值大，说明柴油馏分重，精致程度浅。使用残碳值大的柴油，燃烧室易积炭，喷油器易堵塞。国家标准规定10%蒸余物残炭不大于0.3%。

6. 柴油的腐蚀性

柴油的腐蚀性是指硫化物、有机酸对金属的破坏能力。柴油中的硫化物燃烧后生成二氧化硫和三氧化硫，与水蒸气作用生成亚硫酸和硫酸，并在汽缸内壁形成一层酸性薄膜，腐蚀机件；使用含硫量过大的柴油会加速发动机润滑油的变质；硫化物燃烧后生成的硬质积炭会造成汽缸活塞组零件产生磨损；燃烧生成的二氧化硫和三氧化硫气体排入大气还会造成空气污染，危害人类健康。柴油中的有机酸，除对机件有腐蚀作用外，还会使喷油器头部和燃烧室积炭增多，喷油泵柱塞副磨损加剧，使喷油恶化。

7. 柴油的清洁性

柴油的清洁性用灰分、水分和机械杂质等指标评定。灰分是油中不能燃烧的矿物质，呈粒状，坚硬，是造成汽缸壁与活塞环磨损的重要原因之一。柴油中的机械杂质会造成供油系零件的卡死，喷油器喷孔的堵塞。水分会降低柴油发热量，冬季结冰堵塞油路，并增加硫化物对零件腐蚀作用，还能溶解可溶性的盐类，使灰分增大。

9.3.2 柴油的牌号和规格

我国目前普通柴油质量标准执行 GB 252—2011《普通柴油》（表9-4），车用柴油标准推荐执行 GB/T 19147—2013《车用柴油》（表9-5）。

1. GB 252—2011《普通柴油》

GB 252—2011《普通柴油》为强制性国家标准，于2011年7月1日起实施。按照凝点将我国轻柴油分为10号、5号、0号、-10号、-20号、-35号和-50号7种牌号，具体质量指标见表9-4。

表9-4 普通柴油（GB 252—2011）

项 目		质量标准							试验方法
		10号	5号	0号	-10号	-20号	-35号	-50号	
色度/号	不大于	3.5							GB/T 6540
氧化安定性：总不溶物 / [mg·(100 mL)$^{-1}$]	不大于	2.5							SH/T 0175
硫含量[①]（质量分数）/%	不大于	0.035							SH/T 0689
酸度/[mg·(100 mL)$^{-1}$]	不大于	7							GB/T 258
10%蒸余物残炭[②]（质量分数）/%	不大于	0.3							GB/T 268
灰分（质量分数）/%	不大于	0.01							GB/T 508

续表

项　目		质量标准							试验方法
		10号	5号	0号	−10号	−20号	−35号	−50号	
铜片腐蚀（50℃，3 h）/级	不大于	1							GB/T 5096
水分③（体积分数）/%	不大于	痕迹							GB/T 260
机械杂质④		无							GB/T 511
运动黏度（20℃）/（mm²·s⁻¹）		3.0～8.0				2.5～8.0	1.8～7.0		GB/T 265
凝点/℃	不高于	10	5	0	−10	−20	−35	−50	GB/T 510
冷滤点/℃	不高于	12	8	4	−5	−14	−29	−44	SH/T 0248
闪点（闭口）/℃	不低于	50				45			GB/T 261
着火性④满足下列要求之一									
十六烷值	不小于	45							GB/T 386
十六烷指数	不小于	43							SH/T 0694
馏程：									
50%回收温度/℃	不高于	300							GB/T 6536
90%回收温度/℃	不高于	355							
95%回收温度/℃	不高于	365							
密度⑤（20℃）/（kg·m⁻³）		报告							GB/T 1884 GB/T 1885

注：①测定方法也包括用 GB/T 380、GB/T 11140、GB/T17040。结果有争议时，以 SH/T 0689 方法为准。

②若普通柴油中含有硝酸酯型十六烷值改进剂，10%蒸余物残炭的测定，应用不加硝酸酯的基础燃料进行。柴油中是否含有硝酸酯型十六烷值改进剂的检验方法见附录 B。可用 GB/T 17144 方法测定。结果有争议时，以 GB/T 268 方法为准。

③包括有目测法，即将试样注入 100 mL 玻璃量筒中，在室温（20℃±5℃）下观察，应透明，没有悬浮和沉降的水分及机械杂质。结果有争议时，按 GB/T 260 或 GB/T 511 测定。

④由中间基或环烷基原油生产的各号普通柴油的十六烷值或十六烷指数允许不小于 40（有特殊要求者由供需双方确定），对于十六烷指数的测定也包括 GB/T 11139。结果的争议时，以 GB/T 386 测定结果为准。

⑤也包括用 SH/ 0604 方法，结果有争议时，以 GB/T 1884 和 GB/T 1885 方法为准。

2. GB/T 19147—2013《车用柴油》

GB/T 19147—2013《车用柴油》为推荐性国家标准，于 2013 年 6 月 8 日起实施。该标准是在汽车工业快速发展和环保要求越来越高，且现有标准质量指标已不能满足要求的背景下提出的。

虽然我国车用柴油的量只占轻柴油总量的1/3，但和其他用途的轻柴油均执行一个标准，难以单独提高车用柴油质量。根据国家对治理汽车尾气排放的时间表，2000年全国实现达到欧洲Ⅰ的排放标准，而从2004年7月1日起，国家开始对汽车尾气按照欧洲Ⅱ排放标准进行限制。为了满足这个要求，将车用柴油从普通柴油中分离出来，制定单独的标准。该标准比一般普通柴油的质量要求更高，完全符合欧洲Ⅱ排放标准对柴油质量的要求。

车用柴油标准的公布和实施，一方面将有效降低柴油车引起的空气污染，另一方面也将促进柴油机生产企业产品的更新换代。

GB/T 19147—2013《车用柴油》按凝点将我国车用柴油分为5号、0号、－10号、－20号、－35号和－50号6种牌号，具体质量指标见表9-5。

表9-5 车用柴油技术要求和试验方法（GB 19147—2013）

项目	质量标准						试验方法
	5号	0号	－10号	－20号	－35号	－50号	
氧化安定性：总不溶物[①]/[mg·(100 mL)$^{-1}$] 不大于	2.5						SH/T 0175
硫含量[①]（mg/kg） 不大于	350						SH/T 0689
酸度（以 KOH 计）/（mg/100 mL）不大于	7						GB/T 258
10%蒸余物残炭[②]（质量分数）/% 不大于	0.3						GB/T 268
灰分（质量分数）/% 不大于	0.01						GB/T 508
铜片腐蚀（50℃，3 h）/级 不大于	1						GB/T 5096
水分[③]（体积分数）/% 不大于	痕迹						GB/T 260
机械杂质[④]	无						GB/T 511
润滑性：校正磨痕直径（60℃）[⑤]/μm 不大于	460						SH/T 0765
多环芳烃含量[⑤]（质量分数）/% 不大于	11						SH/T 0606
运动黏度（20℃）/（mm^2·s^{-1}）	3.0～8.0		2.5～8.0		1.8～7.0		GB/T 265
凝点/℃ 不高于	5	0	－10	－20	－35	－50	GB/T 510
冷滤点/℃ 不高于	8	4	－5	－14	－29	－44	SH/T 0248

续表

项 目		质量标准					试验方法
		5 号	0 号	-10 号	-20 号	-35 号	-50 号	
闪点（闭口）/℃	不低于	55		50		45		GB/T 261
着火性⑥（需满足下列要求之一）								GB/T 386
十六烷值	不小于	49		46		45		
十六烷指数	不小于	46		46		45		SH/T 0694
馏程： 50%回收温度/℃	不高于	300						GB/T 6536
90%回收温度/℃	不高于	355						
95%回收温度/℃	不高于	365						
密度⑦（20℃）/（kg·m^{-3}）		810～850			790～840			GB/T 1884 GB/T 1885
脂肪酸甲酯⑧（体积分数）/%	不大于	1.0						GB/T 23801

① 也可采用 GB/T 380、GB/T 11140、GB/T 17040 进行测定，结果有导议时，以 SH/T 0689 方法为准。

② 也可采用 GB/T 17144 进行测定，结果有导议时，以 GB/T 268 方法为准。若车用柴油中含有硝酸酯型十六烷值改进剂，10%蒸余物残炭的测定，应用不加硝酸酯的基础燃料进行。车用柴油中是否含有硝酸酯型十六烷值改进剂的检查方法见附录 B。

③ 可用目测法，即将试样注入 100 mL 玻璃量筒中，在室温（20℃±5℃）下观察，应当透明，没有悬浮和沉降的水分。结果有导议时，按 GB/T 260 测量定。

④ 可用目测法，即将试样注入 100 mL 玻璃量筒中，在室温（20℃±5℃）下观察，应当透明，没有悬浮和沉降的杂质。结果有争议时，按 GB/T 511 方法测定。

⑤ 也可采用 SH/T 0806 进行测定，结果有导议时，以 SH/T 0606 方法为准。

⑥ 十六烷指数的计算也可采用 GB/T 11139。结果有导议时，以 GB/T 386 方法为准。

⑦ 也可采用 SH/T 0604 进行测定，结果有导议时，以 GB/T 1884 和 GB/T 1885 方法为准。

⑧ 脂肪酸甲酯应满足 GB/T 20828 的要求。

9.3.3 普通柴油的选用及使用注意事项

1. 普通柴油的选用

车用普通柴油的选用主要考虑不同地区及季节的环境温度，并应遵循以下原则：

（1）根据柴油使用地区风险率 10% 的最低气温选用柴油牌号。

风险率 10% 的最低气温应高于柴油的冷滤点。由于柴油的冷滤点一般高于凝点 3℃～6℃，所以，也可以说，风险率 10% 的最低气温在数值上高于其牌号 3～-6 个数即可满足选用要求。有关各牌号柴油的适用地区见表9-6。

表9-6 各牌号柴油的适用地区

牌 号	适用温度范围
10号	适用于风险率为10%的最低气温在12℃以上地区使用
5号	适用于风险率为10%的最低气温在8℃以上地区使用
0号	适用于风险率为10%的最低气温在4℃以上地区使用
−10号	适用于风险率为10%的最低气温在−5℃以上地区使用
−20号	适用于风险率为10%的最低气温在−14℃以上地区使用
−35号	适用于风险率为10%的最低气温在−29℃以上地区使用
−50号	适用于风险率为10%的最低气温在−44℃以上地区使用

(2) 在气温允许的情况下尽量选用高牌号柴油。

有些汽车使用者认为选用的牌号越低越安全，对车越有利。其实不然，首先由于低牌号柴油凝点低，其炼制工艺复杂、生产成本高，所以其价格也比高牌号柴油贵；其次由于柴油中凝点越低的成分燃烧性越差，燃烧滞后期长，越容易发生工作粗暴，所以在气温允许的情况下应尽量选用高牌号柴油。

(3) 注意季节气温变化对用油的影响。

对于那些季节气温变化较大的地区应特别注意季节气温变化对用油的影响，及时改变用油牌号。我国部分地区风险率为10%的最低气温见表9-7，风险率10%的最低气温值表示该月中最低气温低于该值的概率为0.1，或者说该月中最低气温高于该值的概率为0.9。

表9-7 我国部分地区风险率为10%的最低气温

地区	1月	2月	3月	4月	5月	6月	7月	8月	9月	10月	11月	12月
河北省	−14	−13	−5	1	8	14	19	17	9	1	−6	−12
山西省	−17	−16	−8	−1	5	11	15	13	6	−2	−9	−16
内蒙古自治区	−43	−42	−35	−21	−7	−1	1	1	−8	−19	−32	−41
黑龙江省	−44	−42	−35	−20	−6	1	7	1	−6	−20	−35	−43
吉林省	−29	−27	−17	−6	1	8	14	12	2	−6	−17	−27
辽宁省	−23	−21	−12	−1	6	12	18	15	6	2	−12	−20
山东省	−12	−12	−5	2	8	14	19	18	11	4	−4	−10
江苏省	−10	−9	−3	3	11	15	20	20	12	5	−2	−8
安徽省	−7	−7	−1	5	12	18	20	20	14	7	0	−6
浙江省	−4	−3	1	6	13	17	22	21	15	8	2	−3
江西省	−2	−2	3	9	15	20	23	23	18	12	4	0
福建省	−1	−2	3	8	14	18	21	20	15	8	1	−3

续表

地区	1月	2月	3月	4月	5月	6月	7月	8月	9月	10月	11月	12月
广东省	1	2	7	12	18	21	23	23	20	13	7	2
广西壮族自治区	3	3	8	12	18	21	23	23	19	15	9	4
湖南省	−2	−2	3	9	14	18	22	21	16	10	4	−1
湖北省	−6	−4	0	6	12	17	21	20	14	8	1	−4
河南省	−10	−9	−2	4	10	15	20	18	11	4	−3	−8
四川省	−21	−17	−11	−7	−2	1	2	1	0	−7	−14	−19
贵州省	−6	−6	−1	3	7	9	12	11	8	4	−1	−4
云南省	−9	−8	−6	−3	1	5	7	7	5	1	−5	−8
西藏自治区	−29	−25	−21	−15	−9	−3	−1	0	−6	−14	−22	−29
新疆维吾尔自治区	−40	−38	−28	−12	−5	−2	0	−2	−6	−14	−24	−34
青海省	−33	−30	−25	−18	−10	−6	−3	−4	−6	−16	−28	−33
甘肃省	−23	−23	−16	−9	−1	3	5	4	5	0	−8	−16	22
陕西省	−17	−15	−6	−1	5	10	15	12	6	−1	−9	−15
宁夏回族自治区	−21	−20	−10	−4	2	6	9	8	3	−4	−12	−19

2. 柴油使用注意事项

不同牌号的柴油可以掺兑使用，并可根据气温情况酌情适当调配。混合后的柴油凝点并不按比例计算，一般比其比例值高 2℃ 左右。例如用−10 号柴油与−20 号柴油各以 50% 混合，混合后柴油的凝点为−13℃ 左右。

在寒冷地区，若缺乏低凝点柴油时，可以向高凝点轻柴油中掺入 10%～40% 的灯用煤油，混合均匀，可以降低凝点，也可以采用适当的预热措施，提高发动机温度。

在严寒的冬季，如果不能启动，要另用启动燃料（如乙醚与航空煤油按体积 1∶1 配制）帮助起动。但严禁向柴油中加入汽油，若是那样的话，发动机更不好启动。

柴油加入油箱前，要充分沉淀（不少于 48 h），然后用滤网过滤，以除去杂质。

当燃油报警灯亮时，就要及时加油。因为油箱底部含有较多的水分和杂质会影响发动机的正常工作，容易造成输油泵、喷油泵、喷油器等的磨损而降低它们的使用寿命，也容易造成油路堵塞。

9.4　汽车新能源

9.4.1　概述

据统计，全世界的石油产品约 46% 为汽车所消耗。根据有关预测资料，石油资源只能供给全世界使用到 2050 年左右。而且，随着汽车拥有量的急剧增加，对环境造成的污染日益严重。因此,开发车用新型的环保能源已成为近代汽车技术发展的重要课题。

汽车新能源的选择标准有:热值高,能量大,只需携带少量燃料就有足够的行驶里程,保证有足够的载质量;安全、无毒,对空气的污染少;价格便宜,来源广,容易获得;携带、贮存和使用方便,等等。此外,最好能与现在汽车的供油系兼容,或只需进行简单的改装即可使用。

推动能源清洁低碳高效利用,推进工业、建筑、交通等领域清洁低碳转型。进一步优化汽车新能源,普及新能源汽车、多能源混合动力车,插电式电动轿车、氢燃料电池轿车将逐步进入普通家庭。

9.4.2 汽车新能源

汽车新能源是指除车用汽油、车用柴油之外的所有其他能源,包括天然气、液化石油气、醇类、电能、氢气等。上述汽车新能源,有的可单独使用,有的则可与汽油、柴油等混合使用。

一、天然气

天然气(英文缩写 NG)主要成分是甲烷,占 $85\%\sim95\%$,其余为乙烷、丙烷、丁烷和少量其他物质。按其存在形式分为压缩天然气(CNG)和液化天然(LNG)气两种,目前广泛用于汽车上的是压缩天然气。

天然气特点:

(1) 热值高。天然气的体积和质量低热值都比汽油高,因为密度低,所以,理论混合气热值比汽油低。

(2) 抗爆性能好。天然气的主要成分是甲烷,甲烷的研究法辛烷值为 130。

(3) 混合气发火界限高。天然气与空气混合后具有很宽的发火界限。为发动机稀燃技术提供保证,从而进步提高燃料经济性,降低排放。

(4) 着火温度高。火焰传播的速度慢,需要较高高的点火能量。

使用天然气汽车在低温时的起动和运转性能较好。其缺点是其运输性能比液体燃料差、发动机的容积效率低、着火延迟较长及动力性有所降低。这类汽车多采用双燃料系统,即一个压缩天然气和一个汽油或柴油燃烧系统,能容易地从从一个系统过渡到另一个系统,此种汽车主要用于城市公交汽车。

二、液化石油气

液化石油气(英文缩写 LPG)是由以 $3\sim4$ 个碳原子的烃类如丙烷(C_3H_8)、丙烯(C_3H_6)、丁烷(C_4H_{10})、丁烯(C_4H_8)为主的一种混合物。

液化石油气特点:

(1) 热值高。以质量计算,热值高于汽油。

(2) 抗爆性能好。液化石油气研究法辛烷值为 $100\sim110$。

(3) 燃烧完全、积炭少、排放污染物低。液化石油气与空气混合均匀,有利燃烧。

(4) 着火温度高。火焰传播的速度慢，需要较高的点火能量。

使用液化石油气的汽车和使用天然气的汽车的性能相似，一般用于城市公交汽车。

三、醇类燃料

醇类燃料汽车是指以甲醇或乙醇为燃料的汽车。

甲醇可从天然气、煤、石脑油、重质燃料、木材和垃圾等物质中提炼。

乙醇的原料主要是含糖作物、含淀粉作物，如甘蔗、甜菜、土豆、玉米、草秆等。

1. 特点

(1) 辛烷值比汽油高，可采用高压缩比提高热效率。

(2) 蒸潜热大，使得低温起动和低温运行性能恶化。

(3) 常温下为液体，操作容易，储带方便。

(4) 可燃界限宽，燃烧速度快，可以实现稀燃技术。

(5) 与传统的发动机技术有继承性，特别是使用汽油—醇类混合燃料时，发动机结构变化不太大。

(6) 热值低，甲醇的热值只有汽油的48%，乙醇的热值只有汽油的64%。

(7) 沸点低，蒸气压高，容易产生气阻。

(8) 甲醇有毒。

(9) 腐蚀性大，醇具有较强的腐蚀性，能腐蚀锌、铝等金属。醇与汽油的混合燃料对橡胶、塑料的溶胀作用比单独的醇或汽油都强，混合20%醇时对橡胶溶胀作用最大。

(10) 醇混合燃料容易发生分层，醇的吸水性强，混合燃料进入水分后易分离为两相。

醇类燃料在汽车上应用主要有三种类型：掺烧、纯烧和改质。

2. 现状与前景

醇类燃料汽车发展得较早，和天然气汽车一样，都是低能源和低公害汽车。作为石油的替代代能源，醇类燃料的资源比较丰富，可以从多种原料中进行提取。甲醇和乙醇在技术和成本方面已达到实用阶段。到目前为止，已有40多个国家和地区利用甲醇或乙醇作为汽车燃料，尤其在盛产甘蔗的巴西，有30%以上的汽车都是乙醇汽车。

四、电能

电能是二次能源，它可以来源于如风能、水能、核能、热能、太阳能等多种方式。以电能为动力的汽车称为电动汽车。目前电动汽车上常用的蓄电池主要有铅酸电池、镉镍电池、氢镍电池、锂电池及燃料电池等。

1. 特点

(1) 直接污染及噪声小。

(2) 电能来源方式多。

(3) 结构简单。

(4) 比能低，汽车持续行驶里程短，动力性差。

(5) 成本高。

（6）充电时间长。

2. 现状与前景

电动汽车在限定范围内应用的技术已经成熟，但电动汽车广泛应用还存在许多问题，还需要一定的时间，但有希望成为未来汽车的主体。

五、氢气

氢气主要是从水中通过裂解制取，或者来源于各种工业副产品。用氢气作为燃料的汽车称为氢气汽车。

1. 特点

（1）热值高，热效率高。

（2）辛烷值高。

（3）燃烧后不产生有害气体。

（4）氢气生产成本高。

（5）气态氢能量密度小，储运不便，液态氢技术难度大，成本高。

2. 现状与前景

氢气作为汽车燃料最大的问题是制取与携带。氢气制取的方式很多，但成本都非常高，目前阶段没有找到解决的办法。

目前，氢气汽车还处在研究探索阶段，真正应用的很少。但随着石油资源的减少和人类科技不断进步，氢气汽车的前景十分光明。各发达因家不惜财力、人力进行研究，以备未来其他能源消耗殆尽时起主导作用。

本章小结

石油的是由多种化合物组成的混合物，其炼制方法有蒸馏法、催化裂化、加氢裂化、催化重整等。经过一次加工和二次加工的油品还是半成品，要经过精制以去除一些非理想组分，最后经过调和后方能成为商品油。

无铅汽油的性能指标有：汽油的挥发性、汽油的抗爆性、汽油的安定性、汽油的防腐性、汽油的清洁性等。车用汽油用研究法辛烷值划分牌号，有90号、93号、95号、97号4个牌号。车用汽油的选择：应按汽车使用说明书的要求，以在正常运行条件下不发生爆燃为原则，也可根据发动机压缩比等因素来选择。

柴油可分为普通柴油和重柴油。对轻柴油的基本要求是：应具有良好的流动性；容易喷散、蒸发，形成良好的混合气；混合气能平稳地燃烧；喷油器不结胶，燃烧室内无积炭；对发动机零件无腐蚀作用，不含机械杂质和水分，对环境污染小。普通柴油的性能指标有：柴油的燃烧性、柴油的挥发性、柴油的低温流动性、柴油的黏度、柴油的安定性、柴油的防腐性、柴油的清洁性等。按凝点我国普通柴油分为10号、5号、0号、－10号、－20号、－35号和－50号7种牌号。

车用代用燃料的品种有醇类、天然气、液化石油气、电能、氢、太阳能、二甲醚和生物燃料等。

习题与思考

1. 我国的石油产品共分哪几大类？
2. 车用汽油的牌号是怎样划分的？
3. 如何选用车用汽油？
4. 对普通柴油的基本要求是什么？靠哪些性能指标来保证？
5. 柴油的牌号是根据什么来定的？
6. 如何合理选用车用柴油？

第 10 章 汽车润滑材料

> **学习目标**

【知识目标】

1. 了解发动机润滑油、车辆齿轮油的工作条件；
2. 了解润滑脂的特点组成；
3. 理解发动机润滑油、车辆齿轮油、液力传动油的性能指标；
4. 掌握发动机润滑油、车辆齿轮油、液力传动油、润滑脂的分类、品牌、牌号、规格及选用。

【技能目标】

学会正确选择和使用润滑材料。

【素养目标】

通过对汽车润滑材料的选用，培养学生的提升学生的自主学习能力，强化真伪辨识意识和工匠精神。

10.1 发动机润滑油

发动机润滑油又称发动机机油或内燃机油，它是从石油中的重油经提炼加工并加入各种添加剂而成。发动机润滑油品种繁多，目前也是汽车润滑油料中性能要求较高、用量最大、工作条件异常苛刻的一种油品。

10.1.1 发动机润滑油的作用

1. 润滑作用

润滑作用是发动机润滑油的主要作用。发动机在高速运转时，润滑油被发动机润滑系统送到各摩擦表面形成油膜，使金属间的干摩擦变成润滑油层间的液体摩擦，从而减少机件的磨损，保证机件的正常运转。

2. 密封作用

润滑油膜可以附在发动机内部运动部件之间的间隙（如汽缸和活塞之间的间隙）内，这样既可以起到油封的作用，同时保证运动部件自由运转。从密封作用来看，黏度高的润滑油比黏度低的润滑油所起的作用大。

3. 冷却作用

燃料在发动机中燃烧后产生的无效热能如不及时排出，发动机会因温度过高而损坏。在发动机工作时，润滑油不断通过从汽缸、活塞、曲轴等摩擦表面上吸取热量并把它传导到其他温度较低的零件上，其中一部分热量通过油底壳或机油散热器等外部机件消散到空气中，而大部分热量是传导至与冷却水接触的汽缸壁上，经冷却后被带出机体散发。

4. 洗涤作用

发动机润滑油在循环过程中，能把附着在摩擦表面上的脏物带走，当它们通过机油滤清器时，这些脏物被截留在滤清器中，而干净的润滑油又继续进行洗涤作用，这样反复循环可使机件保持清洁及正常运转。黏度小的润滑油，循环速度快，因而它的洗涤作用比黏度大的润滑油好。

5. 防锈作用

润滑油吸附在金属表面，能防止酸性气体和水对金属的腐蚀。

6. 消声减振作用

发动机内部机件摩擦表面上的油膜不但能传递发动机工作时的冲击负荷，还能降低金属与金属之间的振动与噪声，有助于发动机平静工作。

10.1.2 发动机润滑油的性能

发动机润滑油的性能指标有黏度与黏温性、低温黏度及低温泵送性、起泡性、安定性、抗腐蚀性、清洁分散性等。

1. 黏度及黏温性

（1）黏度。

任何液体，当其一部分相对另外一部分发生相对运动时都要遇到阻力，这种阻力是由液体分子或微粒的内摩擦产生的，黏度就是液体流动时内摩擦力的量度。

黏度不仅是润滑油分类的依据之一，而且对发动机工作有很大的影响。黏度过小，在高温高压下容易自摩擦面流失，不能形成足够厚度的油膜，使摩擦和磨损加剧；密封作用不好，汽缸漏气，功率下降，机油受到稀释和污染；黏度小的油蒸发性大，加上机油容易窜入燃烧室，不仅增大机油消耗量，而且造成发动机工作不良。但是黏度也不能过大，过大时，低温起动困难，油的泵送性能差，此时容易出现干摩擦或半液体摩擦。据试验，汽缸、活塞环和轴瓦等零件的磨损量有 2/3 是起动时造成的，这是发动机磨损的主要原因；阻力增加，致使功率损失和燃料消耗增加；油的循环速度慢，冷却和洗涤作用差，因此，使用中要求润滑油的黏度要适当。

（2）黏温性。

油品黏度随温度变化的特性称为黏温性。温度升高，黏度变小；温度降低，黏度增大。由于发动机油工作温度范围很宽，自汽车起动温度到摩擦面200℃～300℃的高温，若黏温性不好，就会出现低温时黏度过大，高温时黏度过小的不良影响，造成机件磨损和损坏，因此要求发动机油具有良好的黏温性。黏温性可以用黏度指数表示,它是表示黏度随温度变化特性的一个约定值。黏度指数越大,黏度受温度的影响越小。它是发动机润滑油的一个十分重要的指标。

一般溶剂精制的石油润滑油黏度指数最高只有 90~100,使用这种润滑油,若适应了高温时的黏度要求,低温时黏度往往过大,而适应了低温时的要求,高温时黏度往往过小,这就是普通机油要在不同季节换用不同黏度机油的原理。这种只能适应较窄的温度范围使用要求的机油称为单级油。要想生产出在很宽温度范围内都能保持适当黏度的机油,必须在轻质基础油中加入黏度指数改进剂(也称增稠剂),制得的机油黏度指数常在 100 以上,有的可高达 170 或更高。这种机油有良好的黏温性。既能在高温时保持足够的黏度,以便形成有效的油膜,又能在低温时黏度不过分增加,以保证发动机有良好的冷起动性能。所以,这种能适应很宽温度范围使用要求的机油被称为多级油。

2. 低温黏度及低温泵送性

(1) 低温黏度。

润滑油的低温黏度对发动机冷起动性能有重要的影响,如果润滑油低温黏度太大,曲轴转动时的阻力矩太大,达不到所需的最低转速而不能起动;或者勉强起动,由于摩擦力太大,零件磨损加剧。所以要求润滑油能适应很宽的温度范围,即不仅要求有适当的高温黏度,而且要限制低温下的黏度界限,一般要求在 3 000~5 000 mPa·s 之间。低温黏度作为一个重要质量指标被列入润滑油的规格中。

(2) 低温泵送性。

在低温下,黏度对内燃机的起动性能的影响,主要是上次停车后残留在汽缸壁和各摩擦面上的润滑油的黏度,而与曲轴箱内大量润滑油的黏度无关,这是因为起动过程很短,曲轴箱内的润滑油还来不及充分被油泵送到各摩擦面上。

发动机起动后,必须在很短的时间内使润滑系达到正常油压,这样才能保证发动机各摩擦面得到及时充分的润滑。否则,将造成起动后零件剧烈磨损,出现异响,以致被迫停机,导致冷起动失败。在低温下,若润滑油过于黏稠或有蜡析出,流动性差,会出现两种类型的中断供油:一种是润滑油过黏,不能以正常的速度流过滤油网和机油泵进油口管,即因流动受阻使油泵不能供油;另一种情况是润滑油通常靠油面和滤网之间的压头而流入滤网,但在低温下,润滑油流动性差,滤网上面的润滑油被泵送走后,周围的润滑油不能及时补充进去,将在滤网上方拉出一个空洞,油泵吸入空气也不能供油,前者称为"受阻型"供油中断,后者称为"气阻型"供油中断,如图 10-1 所示。

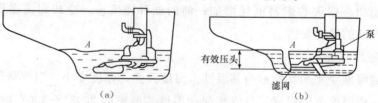

图 10-1 泵油失败

(a) 受阻型供油中断;(b) 气阻型供油中断

润滑油在低温条件下通过油泵泵送至发动机各摩擦面的能力称为低温泵送性。它是冬用润滑油及多级油的重要质量指标之一，也是润滑油按黏度分类的一个依据。为了确定润滑油的低温泵送性，首先需要制定判断泵送是否正常的标准。按美国材料及试验学会（ASTM）的标准，边界泵送条件是在发动机运转 1 min 后，油道压力总是等于或低于 13.8 kPa，但高于 4.1 kPa，能不能达到上述条件又受温度的影响。也就是说，在下降到某一边界温度时，润滑油还能维持连续、稳定地供油，即不出现上述"受阻型"或"气阻型"的供油中断现象。边界泵送温度为发动机润滑油可连续、充分流至发动机油泵入口，并在初始起动阶段提供足够油压，以保持发动机正常润滑的最低温度。所以，边界泵送温度可作为表示低温泵送性的指标。油中加入降凝剂，能改善其低温流动性，在严寒条件下使用的润滑油都加有降凝剂。

3. 起泡性

起泡性是指油品生成泡沫的倾向及生成泡沫的稳定性能。发动机润滑油由于快速循环和飞溅，必然会产生泡沫。如果泡沫太多，或泡沫不能迅速消除，将会造成摩擦表面供油不足以致破坏正常的润滑，所以要对起泡性进行控制，方法是在润滑油中加入抗泡沫添加剂。测定起泡性按 GB/T 12579—2002《润滑油泡沫特性测定法》的规定，试样在 24℃时，用空气一定流速下吹 5 min，然后静止 10 min，在两个周期结束时，分别测定泡沫体积；取第二份试样在 93.5℃下重复试验，当泡沫消失后，再在 24℃下进行重复试验。用吹喷 5 min 结束时泡沫体积（mL）表示泡沫倾向性，而用静止 10 min 结束时的泡沫体积（mL）表示泡沫稳定性。

4. 安定性

安定性是指润滑油在正常储存和使用条件下，保持其性质不发生永久变化的能力。

蒸发损失：发动机润滑油在使用过程中受热，如果蒸发过快，会引起油品性质的变化，如油耗过大、机油变黏稠及排气污染等一系列问题。

（1）剪切安定性：是指油品抵抗剪切作用，保持黏度以及和黏度有关的性质不变的能力。润滑油中的黏度指数改进剂是高分子聚合物，工作时在零件摩擦表面受到不断剪切，使分子扭变、断裂，将引起黏度下降，黏温性变差，所以多级油规格有剪切安定性的要求。试验时按 SH/T 0505《含聚合物油剪切安定性测定法（超声波剪切法）》，在规定温度下，将 30 mL 试样在聚能器（超声波振荡器）中受超声波剪切 10 min 引起的黏度损失，以油的黏度下降率来评定。

（2）氧化安定性：是指油品抵抗大气（或氧气）的作用而保持其性质不发生变化的能力。润滑油在使用与储存过程中，与空气中的氧气接触发生氧化反应，而产生一些新的氧化物，如酸类、胶质等。这些氧化物聚集在油里，使油的外观和理化性质发生变化，如颜色变暗，黏度增加，酸性增大，并有胶状沉积物析出，腐蚀零件或破坏发动机正常工作。因此，发动机不能使用氧化安定性高的润滑油。

（3）热氧化安定性：指油品抵抗氧和热的共同作用而保证其性质不发生永久变化的能力。润滑油在高温条件下氧化过程非常激烈，氧化条件最苛刻的部位是活塞组的活塞环区，第一道气环附近的温度，旧型发动机大约是200℃，现代高性能汽油机可达270℃。车用柴油机多在200℃～250℃范围内，增压柴油机可达260℃。在高温下，零件表面的薄层润滑油中一部分轻馏分被蒸发，另一部分在金属催化下深度氧化，最后生成的氧化缩聚物（树脂状物质）沉积在零件表面，形成漆膜；曲轴箱中油温虽然低一些，但由于润滑油受到强烈的搅动和飞溅，它们与氧的接触面积很大，所以氧化作用也相当强烈，使油内可溶和不可溶的氧化物增多，如树脂状物质，悬浮的固体氧化物和杂质增加。这些物质也能沉积在活塞环槽内，加上吸附燃气中的碳化物，进一步焦化，形成漆膜。漆膜有很大的危害，由于漆膜的导热性能很差，使活塞升温，严重时造成粘环，破坏汽缸的密封性，汽缸壁磨损剧增，以致严重擦伤。所以发动机要求使用热氧化安定性好的润滑油，特别是现代高性能发动机的热负荷很高，如有的增压柴油机需要向活塞内腔喷射润滑油来降低其温度，这就要求润滑油必须具备特别优异的热氧化安定性。在这些润滑油中通常都加有性能良好的抗氧添加剂。

5. 抗腐蚀性

润滑油在使用过程中不可避免被氧化而生成各种有机酸，在高温、高压和有水存在的条件下，将对金属起腐蚀作用。特别是高速柴油机使用的铜铅、镉银和镉镍轴承，抗腐蚀性很差，在润滑油中即使只有微量的酸性物质也会引起严重的腐蚀，使轴承表面出现斑点、麻坑，甚至整块剥落。所以发动机润滑油，特别是柴油机油，对防腐性指标有严格的要求。提高润滑油防腐性，要靠加深润滑油的精制程序，减小酸值，同时要加适量防腐添加剂。防腐添加剂大多是硫磷化的有机盐，它能在轴承表面形成防腐蚀保护膜，同时减少油料在使用中老化生成的氧化物，从而保护轴承不受腐蚀，在高级润滑油里添加量达1%～2%。

6. 清洁分散性

所谓清洁分散性是指润滑油能将发动机机件表面生成的胶状物、积炭等不溶物分散、疏松，使其悬浮在油中，不易沉积在机件表面，同时能将已沉积在机件上的胶状物洗涤下来的性能。润滑油在使用过程中，因受到废气、燃气、高温和金属的催化作用，会生成各种氧化物，它们与金属磨屑等机械杂质混合在一起，在油中形成胶状沉积物，附着在活塞、活塞环槽上，形成积炭和漆膜，或沉积下来形成油泥，堵塞油孔等，从而使发动机散热不良、机件磨损加剧、油耗增加、功率下降等。因此，润滑油中通常加入清洁分散剂，使机油具有良好的清洁分散性。

10.1.3 发动机润滑油的分类

按黏度和使用性能，可以将发动机润滑油分为两个系列。

1. 按黏度分类

我国发动机润滑油的级别过去是按发动机润滑油在100℃时运动黏度数值大小来确定的。目前我国的发动机润滑油黏度分类，参照美国汽车工程师协会SAEJ 300—2000《发动机润滑油黏度分类》的标准确定。表 10-1 所示为国产发动机润滑油的黏度等级分类。该分类标准包括含字母"W"和不含字母"W"两组黏度等级系列,含字母"W"等级系列与低温起动有关,着重于发动机润滑油的最低泵送温度及低于 0℃时的黏度;不含字母"W"等级系列则只表示在 100℃时的运动黏度,以及高温剪切黏度。

由于分类只标出低温黏度范围的上限,故此"W"级别低的润滑油能符合任何"W"级别较高的润滑油的黏度要求,即"10W"润滑油可满足"15W"、"20W"或"25W"润滑油的黏度要求。

表 10-1 我国发动机润滑油的黏度分类

SAE黏度等级	低温黏度/(mPa·s)(不大于)	边界泵送温度/℃(不高于)	100℃运动黏度/(mm²·s⁻¹) 不低于	100℃运动黏度/(mm²·s⁻¹) 不高于	高温剪切黏度/(mPa·s);(150℃,10⁶s⁻¹)(不低于)
0W	3 250 (−30℃)	−40	3.8	—	—
5W	3 500 (−25℃)	−35	3.8	—	—
10W	3 500 (−20℃)	−30	4.1	—	—
15W	3 500 (−15℃)	−25	5.6	—	—
20W	4 500 (−10℃)	−20	5.6	—	—
25W	6 000 (−5℃)	−15	9.3	—	—
20	—	—	5.6	<9.3	2.6
30	—	—	9.3	<12.5	2.9
40	—	—	12.5	<16.3	2.9 (1)
40	—	—	12.5	<16.3	3.7 (2)
50	—	—	16.3	<21.9	3.7
60	—	—	16.3	<26.1	3.7

我国发动机润滑油黏度等级分类,有单级油和多级油之分。一个多黏度级发动机润滑油,其低温黏度和边界泵送温度满足系列中一个 W 级的需要,同时 100℃运动黏度属于系列中的一个非 W 级分类规定的黏度范围,即含 W 的低温黏度级和 100℃时运动黏度级,并且两个黏度级号之差至少等于 15。例如,一个多级油可标为 10W/30 或 20W/40,不可标为 10W/20 或 20W/20。某一油品可能同时符合多个 W 级,所标记的含 W 级号或多黏度等级号只取最低 W 级号。例如,一个多级油同时符合 10W、15W、20W、25W 和 30 级号,黏度牌号只能标为 10W/30。

2. 按使用性能分类

参照美国 SAE J183—1991《发动机润滑油性能及发动机油使用分类》标准,制定了我国发动机润滑油的分类标准 GB/T 7631.3—1995《发动机润滑油分类》，将发动机润滑油分为汽油机油系列（S系列）和柴油机油系列（C系列）两大类。每一系列又按油品特性和使用场合不同，分为若干等级。汽油机油系列共有 SC、SD、SE、SF、SG、SH 六个等级；柴油机油系列共有 CC、CD、CD—Ⅱ、CE 和 CF—4 五个等级。同时废除了汽油机油 SA、SB 和柴油机油 CA、CB 各两个级别。各类油品的级号越靠后，其使用性能越好。我国发动机润滑油详细分类见表 10-2。

表 10-2 我国发动机润滑油详细分类

类别	品种代号	特性及使用场合
汽油机油	SC	用于货车、客车或其他汽油发动机以及要求使用 API SC 级发动机润滑油的汽油发动机，可控制汽油发动机工作时的高低温沉积物、磨损、锈蚀和腐蚀等指标
	SD	用于货车、客车和某些轿车的汽油发动机以及要求使用 API SE、SC 级发动机润滑油的汽油发动机。此种油品控制汽油发动机高低温沉积物、磨损、锈蚀和腐蚀的性能优于 SC 级润滑油，并可替代 SC 级润滑油
	SE	用于轿车和某些货车的汽油发动机以及要求使用 API SE、SD 级汽油发动机润滑油的汽油发动机。此种油品的抗氧化性能及控制汽油发动机高温沉积物、腐蚀和锈蚀的性能优于 SD 或 SC 级润滑油，并可代替 SD 或 SC 级润滑油
	SF	用于轿车和某些货车的汽油发动机以及要求 API SG 级发动机润滑油的汽油发动机。此种油品的抗氧化性和抗磨损性优于 SE 级润滑油，还具有控制汽油发动机沉积物、锈蚀和腐蚀的性能，并可代替 SE、SD 或 SC 级润滑油
	SG	用于轿车和某些货车的汽油发动机以及要求使用 API SG 级汽油发动机润滑油的汽油发动机，SG 级润滑油质量还包括 CC（或 CD）级润滑油的使用性能。此种油品改进 SF 级润滑油控制发动机润滑油沉积物、磨损和油品的氧化性能，具有抗锈蚀和腐蚀的性能，并可代替 SF、SF/CD、SE 或 CC 级润滑油
	SH	用于轿车和轻型货车的汽油发动机以及要求使用 API SH 级汽油发动机润滑油的汽油发动机。SH 级润滑油质量在汽油发动机磨损、锈蚀、腐蚀及沉积物的控制和润滑油的抗氧化方面优于 SG 级润滑油，并可代替 SG 级润滑油
柴油机油	CC	用于在中、重负荷下运行的非增压、低增压或增压式柴油发动机，并包括一些重负荷汽油发动机对于柴油发动机，具有控制高温沉积物和轴瓦腐蚀的性能；对于汽油发动机，具有控制腐蚀、锈蚀和高温沉积物的性能，并可代替 CA、CB 级润滑油
	CD	用于需要高效控制磨损和沉积物或使用包括高硫燃料非增压、低增压及增压式柴油发动机，以及国外要求使用 API CD 级润滑油的柴油发动机，具有控制轴承腐蚀和高温沉积物的性能，并可代替 CC 级润滑油
	CD—Ⅱ	用于要求高效控制磨损和沉积物的重负荷二冲程柴油发动机以及要求使用 API CD—Ⅱ级柴油发动机润滑油的柴油发动机，同时也可以满足 CD 级润滑油的性能要求

续表

类别	品种代号	特性及使用场合
柴油机油	CE	用于低速高负荷和高速高负荷条件下运行的低增压及增压式重负荷柴油发动机，以及要求使用 API CE 级润滑油的柴油发动机，同时也满足 CD 级润滑油的性能要求
柴油机油	CF-4	用于高速四冲程以及要求使用 API CF-4 级柴油发动机润滑油的柴油发动机。在油耗和活塞沉积物控制方面性能优于 CE 级润滑油，并可代替 CE 级润滑油。此种润滑油油品特别适用于高速公路行驶的重负荷货车

10.1.4 发动机润滑油的规格

在我国现行的有关标准中，GB 11121—2006《汽油机油》规定了 SC、SD、SE、SF 四个级别的汽油发动机油的规格，GB 11122—2006《柴油机油》规定了 CC、DD 两个级别的柴油机油规格，GB 11121—2006《汽油机油》规定了 SD/CC、SE/CC 和 SF/CD 三个级别的汽油/柴油发动机通用润滑油的规格。

1. 汽油发动机润滑油的规格

GB 11121—2006《汽油机油》中规定了现行的汽油发动机润滑油的使用等级及其黏度等级，见表 10-3。

表 10-3 汽油发动机润滑油的使用等级及其黏度等级

使用性能级别	SC	SD	SE	SF
黏度等级（按 GB/T 14906 划分）	5W/20，10W/30，15W/40，30，40	5W/20，10W/30，15W/40，20W/20，30，40	5W/20，10W/30，15W/40，20W/20，30，40	5W/20，10W/30，15W/40，30，40

2. 柴油发动机润滑油的规格

GB 11122—2006《柴油机油》中规定了 CC 和 CD 级柴油发动机润滑油的使用等级及其黏度等级，见表 10-4。

表 10-4 柴油发动机润滑油的使用等级及其黏度等级

使用性能级别	CC	CD
黏度等级（按 GB/T 14906 划分）	5W/30，5W/40，10W/30，10W/40，15W/40，20W/40，30，40，50	5W/30，5W/40，10W/30，10W/40，15W/40，20W/40，30，40

3. 汽油机/柴油发动机通用润滑油的规格

GB 11121—2006《汽油机油》规定了汽油/柴油发动机通用润滑油的使用等级及其黏度

等级，见表 10-5。

表 10-5 发动机通用润滑油的使用等级及其黏度等级

通用润滑油使用性能级别	SD/SC	SE/CC	SF/CD
黏度等级（按 GB/T 14906 划分）	5W/30, 10W/30, 15W/30, 20W/40, 30, 40	5W/30, 10W/30, 15W/40, 20W/20, 30, 40	5W/30, 10W/30, 15W/40, 30, 40

10.1.5 发动机润滑油的选用及使用注意事项

1. 发动机润滑油的选用

选择合适的发动机润滑油是保证发动机正常工作、延长其使用寿命的重要条件。发动机润滑油的选择应遵循一定的原则，即应兼顾使用等级和黏度级别两个方面。首先，应根据发动机结构特点和要求，确定其合适的使用等级；其次，根据发动机使用的外部环境温度，选择该质量等级中的黏度等级。

(1) 使用等级的选用。

发动机润滑油使用等级，主要根据发动机的结构特性、工作条件和燃料品质来选择。选择汽油发动机润滑油的使用性能，应注意汽油发动机工况的苛刻程度和进排气系统中的附加装置及生产年代。

汽油发动机润滑油使用等级的选择一般应考虑如下具体因素：

① 发动机压缩比、排量、最大功率、最大转矩。

② 发动机润滑油负荷，即发动机润滑油功率（kW）与曲轴箱机油容量（L）之比。

③ 曲轴箱强制通风、废气再循环等排气净化装置的采用对发动机润滑油的影响。

④ 城市汽车时开、时停等运行工况对生成沉积物和发动机润滑油氧化的影响等。

表 10-6 列出了 SC、SD、SE、SF、SG 和 SH 等级别油品的使用性能以及在部分车型上的应用情况。

表 10-6 汽油发动机润滑油使用性能级别及性能特点

汽油发动机润滑油使用性能级别	性能特点	应用车型
SC	可控制高低温沉积物及磨损、锈蚀和腐蚀	用于国产货车、客车，如以 492QG 为动力的各类汽车
SD	控制高低温沉积物、磨损、锈蚀和腐蚀的性能优于 SC	用于货车、客车和某些轿车，如解放 CA1091、东风 EQ1091 等车型
SE	具有抗氧化性能及可控制高温沉积物、锈蚀和腐蚀的性能	用于轿车和某些货车，如天津夏利、大发、昌河、拉达等车型

续表

汽油发动机润滑油使用性能级别	性能特点	应用车型
SF	抗氧化和抗磨损性能优于 SE，还具有控制沉积物、锈蚀和腐蚀的性能	用于轿车和某些货车，如一汽奥迪、捷达、红旗、CA6440 轻客、桑塔纳、切诺基、标致、富康等车型
SG、SH	具有可控制沉积物、磨损和油的氧化性能，并具有抗锈蚀和腐蚀的性能	用于高档轿车、新型电喷车，如红旗 CA7220AE 等车型

柴油发动机润滑油使用性能级别的选择主要依据发动机润滑油的平均有效压力、活塞平均速度、机油负荷、使用条件和柴油含硫量等因素。

发动机的平均有效压力、活塞平均速度等反映发动机的强化程度，用强化系数 K_Φ 表示。柴油发动机润滑油的质量等级应根据柴油发动机的强化系数来确定。强化系数越大，机械负荷越高，机油工作条件越苛刻，要求选用级别较高的柴油机油。

强化系数 K_Φ 计算公式：

$$K_\Phi = P_e C_m Z$$

式中　P_e——平均有效压力，MPa；

　　　C_m——活塞平均线速度，m/S；

　　　Z——冲程系数（四冲程为 0.5，二冲程为 1.0）。

强化系数 K_Φ 值的大小与柴油机油使用级有下述对应关系：

$K_\Phi < 50$ 时，应选用 CC 级柴油机油；

$K_\Phi \geq 50$ 时，应选用 CD 级以上柴油机油。

CC、CD、CE 和 CF—4 等级别油品的使用性能以及在部分车型上的应用情况见表 10-7。

表 10-7　柴油发动机润滑油使用性能级别

柴油发动机润滑油使用性能级别	发动机平均有效压力/kPa	发动机强化系数	燃油含硫量	应用机型
CC	784～980	35～50	<0.4	玉柴，扬柴，朝柴 4102、4105、6102、锡柴，大柴 6110，日野 ZM400，五十铃 4BD1、4BG1 等柴油机
CD	980～1 470	50～80		康明斯、斯太尔、依维柯、索菲姆等增压柴油机
CE	1 470 以上	80 以上		用于低速高负荷与高速高负荷条件下运行的低增压和增压式重负荷柴油机
CF	—	—		用于高速四冲程柴油机，特别适用于高速公路行驶的重负荷货车

一般来说,高使用等级的润滑油,可代替低等级的润滑油,但经济上不合算,因此应按说明书的规定进行合理选用。但低等级的润滑油绝不能代替高等级的润滑油。

(2) 黏度级别的选用。

发动机润滑油的黏度级别可根据地区季节气温,结合发动机性能和技术状况进行选择。一般要遵循以下原则:

①应根据工作地区的环境温度、发动机负荷、转速选用适宜黏度等级的发动机润滑油,以保证零件正常润滑。

②应尽量选用黏温特性好、黏度指数高的多级油。多级油使用温度范围比单级油大,具有低温黏度油和高温黏度油的双重特性。如5W/30多级油同时具有5W、30两种单级油的特性,其使用温度区间由5W级油的-30℃～10℃和30级油的0℃～40℃组合成-30～40℃。与单级油相比,极大地扩大了使用范围。这样不仅可以减少因气温变化带来更换发动机油的麻烦,而且可以减少发动机油的浪费。常用发动机润滑油黏度级别与适用温度范围选用参考表10-8。

表10-8　发动机润滑油黏度级别与适用温度范围选用

SAE黏度级号	适用温度/℃
5W/30	-30～30
10W/30	-25～30
15W/30	-20～30

2. 发动机润滑油使用的注意事项

在遇到下列情况之一,发动机润滑油使用过程中等级应酌情提高一级,如汽车长时间处于停停开开使用状态,如邮递车、出租车等;长时间在高温高速下工作,尤其是满载或超载长距离行驶,如直达快车;长时间在低温、低速(气温低于0℃、车速小于16 km/h)行驶;牵引车或中型以上载货车,满载并拖挂车长时间行驶;在灰尘大的场所使用的发动机;使用质量差、含硫量高(大于0.5%)的燃料。

等级较高的润滑油可以代替使用等级较低的润滑油,但相应维护费用较高;反之,使用等级较低的润滑油决不可代替使用等级较高的润滑油。

定期定里程或按质更换润滑油及机油滤清器或滤芯。任何质量的润滑油,在使用中都会发生变化,到一定里程后,油的性能恶化,会给发动机带来危害,产生各种故障,为了避免故障的发生,应结合使用条件定期换油或根据油的理化指标变化情况按质换油。发动机的磨屑、空气中的砂粒、尘埃等杂质经过油循环后,集中收集到机油滤清器内。因此,一般建议是换油时每换两次机油就应更换一次机油滤清器或滤芯。

根据用油地域或季节的变化,选用合适黏度的润滑油,特别是跨温区、跨季节使用的车辆，应尽量使用多级油。若是使用单级油，在换季保养时应及时更换相应黏度的润滑油，对于还能使用的润滑油，可以用机油桶密封储存，在合适的时候更换使用。不同规格、不同厂家生产的发动机润滑油不能混用，更不能混合储存。

定期清洁或更换空气滤清器、燃油滤清器和曲轴箱强制通风阀，以防止外界杂质带到润滑油中或因异常燃烧产生积炭等对润滑油和发动机产生危害。

防止水分渗入润滑油。水分会使润滑油乳化变质，将降低润滑油的使用性能，这将对发动机的危害极大。因此，日常维护时机油加注孔盖要盖好，并检查油质中是否含有水分。

掌握正确的油位检查方法，保持正常的油平面高度。机油油平面过低，油量不足会加速机油变质，而且发动机会因缺油而引发部件的异常磨损；相反，油平面过高，油会从汽缸和活塞的间隙等处窜入燃烧室，产生积炭而影响发动机的正常工作。

换油应在发动机温度较高时，同时应尽量将废油放干净。废油应集中处理，不可随意倾倒，污染环境。

有些车辆配有专用润滑油，建议使用专用润滑油。这些专用润滑油是汽车制造厂针对相应车型的发动机工作性能而与石油公司合作开发的，对于该车型润滑油使用性能更加良好。

若发动机运行中发现机油报警灯亮，应立即将车开到安全地带将发动机熄火，检查原因或寻求援助。在保证安全的前提下方可行车。尽可能在车上备有一些机油，以便发动机机油缺少时尽快补充。

10.2 车辆齿轮油

车辆齿轮油是指用于汽车、拖拉机和工程机械等车辆的手动变速器与驱动桥齿轮传动机构的润滑油。它和其他润滑油一样，具有减磨、冷却、清洗、密封、防锈和降噪等作用，但其工作条件与内燃机油不同，对车辆齿轮油性能的要求也有所不同。

10.2.1 车辆齿轮油的工作条件

车辆齿轮油的工作条件与发动机润滑油相比，有以下两大特点：

（1）承受压力大，齿与齿的接触都是线接触，有面积小、压力高的特点。一般汽车齿轮单位压力可达 2 000～3 000 MPa，而双曲面齿轮可达 3 000～4 000 MPa，特别是双曲面齿轮还具有很高的相对滑动速度，一般可达 8 m/s 左右。在高速大负荷下，油层变薄和局部破裂，啮合面之间就会局部接触，发生边界摩擦或干摩擦，导致摩擦和磨损加剧，甚至引起擦伤和咬合。双曲面齿轮轴线偏置量大或车速高使相对滑动速度增大；汽车载质量大或运行条件恶劣,使齿轮的负载增加,使齿轮在苛刻的边界润滑或极压润滑条件下工作。

(2) 齿轮油的工作温度一般较发动机润滑油低,且在很大程度上随环境温度变化而变化,旧型载货汽车通常在10℃～80℃之间,短时可达90℃～100℃。准双曲面齿轮的工作温度较高,如EQ1090汽车在南方载重试验时后桥油温达120℃。随着汽车速度的提高,油温将有所提高,现代轿车双曲面齿轮偏置量较大,滑动速度很高,有的油温可达160℃～180℃。

10.2.2 车辆齿轮油的性能

1. 黏度及黏温性

齿轮油的黏度应使传动机构工作时消耗于油内摩擦的能量很少,同时又能保证齿轮及轴承摩擦面不发生擦伤及噪声,油封及接合面不漏油。一般来说,使用高黏度齿轮油对防止齿轮及轴承损伤,减少噪声及漏油有利;而在传动效率、冷却和清洗作用及油的传送方面,低黏度齿轮油较好。所以,齿轮油黏度应符合工作条件的要求:在最低工作温度下的最大黏度须保证汽车不经预热便可顺利起步和使轴承得到可靠的润滑;在占运行时间最多的一般工况下,齿轮油内摩擦所消耗的功率不能过大,否则会使传动机构的有效传动功率明显下降;在最高工作温度时的黏度须保证齿轮的正常润滑和允许的油耗。所以油的黏温性有重要意义,和发动机润滑油一样,其多级油里通常要加入黏度指数改进剂,以提高其黏温性。

齿轮油的低温表观黏度,对汽车起步时润滑的可靠性有重要影响。汽车起步后,驱动桥齿轮油被激溅到桥壳上部后流入主动锥齿轮前轴承,如果这段时间太长,轴承便可能因缺油而被烧坏。所以要求齿轮油使用时低温表观黏度不大于150 Pa·s,在这个黏度下,齿轮油能够在起步后15 s内到达前轴承,齿轮油规格里标出表观黏度为150 Pa·s时的温度,它决定齿轮油适用的最低气温,是齿轮油选用的重要依据之一。

2. 低温流动性

齿轮油要求在低温时也能保持一定的流动性,否则低温启动阻力增加,将使燃料消耗增多。车辆起步时,齿轮油的温度几乎和环境温度一样。保持良好的低温流动性,对冬季使用有重要的意义。车辆齿轮油的低温流动性用成沟点来评定,测定时按SH/T 0030《车辆齿轮油成沟点测定法》的规定,将装有试样的容器,在试验温度下存放18 h,然后用钢片将试样刮一条沟,观察试样在10 s之内是否流回并完全覆盖容器底部来判断试样的成沟特性。如某种油品成沟点为$-35℃$,意即在上述温度下存放后仍有适当的流动性,车辆可以顺利起步。为了降低成沟点,冬用齿轮油中要加入降凝剂。

3. 极压抗磨性

齿轮油的极压抗磨性是指当摩擦面接触压力非常高时,油膜能抵抗破裂的性能。在齿轮油里加入油性添加剂,能增加吸附油膜的强度,减小摩擦系数,提高抗磨性能,汽车驱动桥中的准双曲面齿轮等高负荷齿轮,经常处于苛刻的极压润滑条件下工作,其承受的压力、滑动速度和局部温度都很高,必须在油中加入极压添加剂,如硫—磷型或硫—磷—氯

—锌型添加剂，它和接触的金属表面起化学反应，形成一种高熔点的无机薄膜，可以防止在高负荷下齿面擦伤、咬合，这种齿轮油具有良好的极压抗磨性。

4. 热氧化安定性

热氧化安定性是指油料在高温条件下，在空气、水和金属的催化作用下抵抗氧化的能力。由于齿轮油的工作条件比较苛刻，容易氧化生成胶质、沥青质、不溶物和腐蚀性物质，使油料的性能变坏，缩短使用周期。为了延缓氧化速度，一般均加入抗氧化添加剂。

5. 防锈、防腐蚀性

防锈性是指保护齿轮不受锈蚀的性能。空气中的湿气会凝结于齿轮中，对齿轮有锈蚀作用。因此，一般在齿轮油中加入硫黄盐或脂肪酸盐等防锈添加剂，使齿轮油具有良好的防锈性能。

防腐蚀性是指保护齿轮不受腐蚀的性能。由于齿轮油中极压添加剂中所含的硫化物对金属有腐蚀作用，为了弥补这种缺陷，需要加入防腐蚀添加剂，使之在金属表面形成一层保护膜，而具有良好的防腐蚀性能。

10.2.3 车辆齿轮油的分类、品种和规格

1. 车辆齿轮油的分类

车用齿轮油的分类与发动机润滑油一样，按照使用性能和黏度分类。

（1）按照使用性能分类：国外广泛采用 API 使用分类法（见表 10-9），按齿轮油负荷承载能力和使用场合不同，API 将手动变速器和驱动桥齿轮油分为 GL-1、GL-2、GL-3、GL-4、GL-5 和 GL-6 六个级别。

表 10-9 API 车辆齿轮油使用性能分级

级 别	适 用 范 围
GL-1	低齿面压力、低滑动速度下运行的汽车螺旋伞齿轮、涡轮后轴和各种手动变速器，直馏矿物油能满足这级油的要求
GL-2	汽车涡轮后轴，其负荷、温度及滑动速度的状况用 GL-1 级油不能满足要求
GL-3	中等速度及负荷运转的汽车手动变速器和后桥螺旋伞齿轮规定使用 GL-3 级齿轮油。其承载能力比 GL-2 高，但比 GL-4 低
GL-4	高速低转矩及低速高转矩下运转的轿车和其他车辆的各种齿轮，特别是准双曲线齿轮
GL-5	高速冲击负荷、高速低转矩、低速高转矩条件下运转的轿车和其他车辆的各种齿轮，特别是准双曲线齿轮
GL-6	高速冲击负荷下运转的轿车和其他车辆的各种齿轮，特别是高偏置双曲线齿轮，偏置大于大齿圈 5 cm 或接近直径的 25%

(2) 按黏度分类：我国车辆齿轮油的黏度等级分类是采用美国汽车工程师学会 SAE 分类标准，我国车辆齿轮油按黏度为 150 000 mPa·s 时的最高温度和 100℃时的运动黏度分为 70W、75W、80W、85W、90、140 和 250 共 7 个黏度牌号。其中，带 W 级号为冬季用油，另外，还规定有 3 个多级油的牌号，即 80W/90、85W/90、85W/140 等多级油。

2. 车辆齿轮油的品种和规格

我国参照 API 分类法（表 10-10），把车辆齿轮油分为普通车辆齿轮油（SH 0350—1992）、中等负荷车辆齿轮油（GL-4）和重负荷车辆齿轮油（GL-5）（GB 13895—1992）三个品种。

表 10-10 我国车辆齿轮油品种与 API 使用分类的对应关系

我国车辆齿轮油品种	API 使用分类
普通车辆齿轮油（SH 0350—1992）	GL-3
中等负荷车辆齿轮油（GL-4）	GL-4
重负荷车辆齿轮油（GL-5）（GB 13895—1992）	GL-5

普通车辆齿轮油是由石油润滑油、合成润滑油及它们的混合组分原料加抗氧化剂、防锈剂、抗泡剂和少量极压剂等制成，适用于中等速度和负荷较苛刻的手动变速器和螺旋伞齿轮的驱动桥。按石化行业标准 SH 0350—1992 的规定，普通车辆齿轮油有 80W/90、85W/90 和 90 三个黏度牌号。

中等负荷车辆齿轮油是由精制矿物油加抗氧化剂、防锈剂、抗泡剂和极压剂等制成，适用于高速低转矩、低速高转矩条件下工作的各种齿轮和使用条件不太苛刻的双曲线齿轮。目前，国产中负荷车辆齿轮油所采用的是中国石化总公司的暂定技术条件，它有 75W、80W/90、85W/90、90 和 85W/140 五个黏度牌号。

重负荷车辆齿轮油是由精制矿物油加抗氧化剂、防锈剂、抗泡剂和极压剂等制成，适用于高速冲击负荷、高速低转矩、低速高转矩条件下工作的各种齿轮，特别是客车和其他车辆的双曲线齿轮。按照国家标准 GB 13895—1992 的规定，重负荷车辆齿轮油有 75W、80W/90、85W/90、85W/140、90 和 140 六个黏度牌号。

10.2.4 车辆齿轮油的选用及使用注意事项

1. 车辆齿轮油的选用

(1) 根据齿轮的工作条件的苛刻程度选择使用等级。

齿轮的工作条件的苛刻程度可用齿轮接触压力和滑动速度的乘积 pv 值来量度。pv 值与发热量成正比，是表示齿面烧结危险的大致标准。此外，压力和速度变化剧烈，也使工作条件恶化，最近几年，进口和中外合资生产的轿车及部分载货汽车、工程车辆的驱动桥双曲面齿轮，接触压力在 3 000 MPa 以上，滑动速度超过 10 m/s，油温高达 120℃～130℃，工作条件苛刻，必须使用重负荷车辆齿轮油（GL－5）；国产东风 EQ1090 等驱动桥也采用双曲面齿轮，但其齿面接触压力在 3 000 MPa 以下，滑动速度在 1.5～8 m/s 之间，使用条件不太苛刻，中负荷车辆齿轮油（GL－4）可满足其使用要求；解放 CA1091 目前采用和 CA10B 一样的普通螺旋锥齿轮驱动桥，可使用普通车辆齿轮油（SH 0350—1992）。但不是所有采用螺旋锥齿轮驱动桥的车辆，只需加这种普通齿轮油，许多高性能进口载货汽车虽也采用螺旋锥齿轮驱动桥，但其负荷较重，要求使用 GL－4 级齿轮油。这类车辆曾因换用普通齿轮油，造成齿轮早期磨损和损坏。

变速器和转向器一般负荷较轻，但为了简便，通常使用与驱动桥同种齿轮油。有的变速器有铜零件，要求用柴油机油，这是因为中、重负荷齿轮油中的极压抗磨剂对铜零件有腐蚀作用；有的车辆驱动桥用中、重负荷齿轮油，而变速器则要求使用普通车辆齿轮油。

（2）根据季节气温选择齿轮油黏度等级。

齿轮油的低温黏度达 150 000 mPa·s 时的最高温度决定其适用的最低气温。75W、80W 和 85W 号油该温度分别为 －40℃、－26℃ 和 －12℃，应对照当地冬季最低气温适当选用。齿轮油最高工作温度下的黏度要求不低于 10 mm^2/s，一般地区，90 号油可满足其使用要求，只有在天气特别热或负荷特别重的车辆上使用 140 号油。长江流域及其他冬季气温不低于 －10℃ 的广大温区，可全年使用 90 号油；长江以北及其他气温不低于 －12℃ 的地区，一般车辆可全年使用 85W/90 号油，负荷特别重的车辆，可全年使用 85W/140 号油；长城以北及其他冬季气温不低于 －26℃ 的寒区，可全年使用 80W/90 号油；黑龙江、内蒙古、新疆等冬季最低气温在 －26℃ 以下的严寒地区，冬季应使用 75W 号，夏季则应换用 90 号等单级油。

2. 车辆齿轮油的使用注意事项

一般使用等级高的齿轮油可用在要求低的车辆上，但使用等级低的齿轮油决不能用在要求高的车辆上。如双曲线齿轮油可用于双曲线齿轮驱动桥润滑，也可用于普通齿轮传动的润滑，但不可将普通车辆齿轮油用在双曲线的齿轮传动，否则将使齿轮加速磨损和损坏。

不同品牌的齿轮油不要混用。因为不同品牌齿轮油的某些性能指标不尽相同，若混用会降低齿轮油的使用效果。

在保证润滑的条件下，尽量使用黏度合适的多级齿轮油，使用黏度牌号过高的齿轮油，将会造成浪费和增加燃料的消耗量，特别是高速轿车影响更大。

齿轮油在使用过程中，应按规定及时更换。一般汽车每行驶 40 000～50 000 km 后，结合定期维护予以换油。换油时应尽量将旧油放尽，并清洗齿轮箱。同时应将换下的废油集中处理，以免污染环境。严防水分、机械杂质、燃油等混入齿轮油。

10.3 液力传动油

10.3.1 液力传动油的使用性能

现代轿车及工况变化较大的大型客车、重型货车和工程车辆上广泛采用液力变矩器，有的车辆则采用液力耦合器，它们都是依靠油液传递动力，被称为液力传动装置。

液力传动油（也称自动变速器油，国外称为 ATF 油）是液力传动装置的工作介质。液力传动油的应具有适宜的黏度和良好的黏温性、良好的热氧化安定性、良好的抗泡沫性、抗磨性及密封性等使用性能。

1. 黏度和良好的黏温性

液力传动油的黏度对变矩器的效率影响极大，通常黏度越小，效率越高，但黏度过小，又会造成泄漏增加，特别是变矩器在高温工作时，其铝制的阀体膨胀最大，若采用黏度过小的液力传动油，就会引起换挡不正常；黏度过大，不仅使变矩器效率下降，而且会造成低温起动困难。综合考虑传动效率、低温起动和润滑的要求，液力传动油100℃时的运动黏度一般在 7 mm^2/s 左右。此外，由于不同地区季节变化和起动前后温度的变化，都会使油的黏度发生变化。液力传动油温度变化范围为 -25℃~170℃，因此要有很高黏温性，黏度指数达 170 左右，这就要在油中加入黏度指数改进剂。由于液力传动油在流动中不断受到剪切，造成黏度损失，所以还要求经耐久试验，并规定试验后最低黏度。

2. 热氧化安定性

热氧化安定性是使用中的一个极重要的问题，因液力传动油使用温度高，如热氧化安定性不好，容易形成油泥、漆膜、沉积物，影响自动变速器的性能，甚至堵塞滤油器，发生摩擦片打滑，造成控制系统失灵等故障。液力传动油中都加有性能良好的抗氧化剂。

3. 抗起泡性

液力传动油在高速流动中产生泡沫，将影响自动控制系统的准确性、变矩器的性能和破坏正常润滑条件，造成离合器打滑、烧坏等故障。为了防止泡沫产生，油中要加入抗泡沫添加剂，其作用是降低油品表面张力，使气泡迅速从油中溢出。

4. 抗磨性

液力传动油的摩擦特性包括动摩擦和静摩擦，其性能对离合器摩擦有很大影响。如果动摩擦系数小，离合器结合时滑转大，换挡时间长；如果静摩擦系数过大，在离合器结合的最后阶段扭矩变化剧烈，有异响，换挡冲击大。因此，液力传动油应有良好的摩擦特性。

5. 密封适应性

密封适应性即液力传动油与橡胶的适应性，密封适应性好能防止使橡胶密封件有显著的膨胀、收缩或硬化。在自动变速器中使用较多的橡胶密封件，它们对自动变速器的正常工作起着非常重要的作用，因此液力传动油应具有良好的密封适应性。

10.3.2 液力传动油的分类、牌号和规格

1. 液力传动油的分类

国外液力传动油的分类是按照 ASTM（美国材料试验学会）和 API（美国石油学会）的分类方案，将液力传动油分为 PTF—1、PTF—2、PTF—3 三类。液力传动油 ASTM 和 API 的分类见表 10-11。

表 10-11 液力传动油 ASTM 和 API 的分类

分　类	符合的规格	应　用
PTF—1	通用汽车公司 GM Dexron 福特汽车公司 Ford M2C33—F 克莱斯勒 Chrysler MS—4228	轿车、轻型卡车的自动变速器
PTF—2	通用汽车公司 Trach, Coach 阿里森（Allison）C—2	履带车、农用车、越野车的自动变速器
PTF—3	福特（Ford）M2C41A 约翰·狄尔（John Deere）J—20A 玛赛·费格森（Massey·Ferguson）M—1135	农业及建筑机械的液力传动系统

PTF—1 类油主要用于轿车和轻型卡车的液力传动系统。其特点是低温起动性好，对油的低温黏度及黏温性有很高的要求。典型的品种是美国通用汽车公司 GM Dexron 或 GM Dexron Ⅱ（其前身叫 A 型油），后者低温黏度要求更严，氧化安定性及耐久试验条件也比前者苛刻。福特汽车公司的 F 型油，现在的产品编号是 Ford M2C33E—F。F 型油静摩擦系数较大，不加油性剂。进口轿车有推荐用 A 型油或 F 型油的，要区别选用。

PTF—2 类油主要用于重负荷的液力传动系统，如重型卡车、大型客车、越野车和工程机械的自动变速器。其特点是适于在重负荷下工作，对极压抗磨性的要求很高。现在典型的品种是通用公司的阿里森 C—3 （CM Allison C—3）。

PTF—3 类油是随着全液压拖拉机的发展而生产的，主要功能是作传动、差速器和最后驱动齿轮的润滑，以及液压转向、制动、分动箱和悬挂装置的工作介质。典型的品种有约翰·狄尔（Jonh Deere）J—20A、福特 M2C41A、玛赛·费格森（Masey·Ferguson）M—1135。这类油的特点是适于在中低速下运转的拖拉机及野外作业的工程机械液力传动系统和齿轮箱中使用，其极压抗磨性和负荷承载能力比 PTF—2 类油的要求更严格。

2. 液力传动油的牌号和规格

国产液力传动油的品种、牌号和规格见表10-12。我国目前液力传动油现有的产品,按中国石油化工总公司企业标准有6号普通液力传动油和8号液力传动油两种;另外有一种拖拉机传动、液压两用油。

表10-12 液力传动油规格(Q/SH 003.01.11~12—1988)

项 目		质量指标		试验方法
		6号	8号	
运动黏度(100℃)/(mm²·s⁻¹)		6.5~7.0	7.5~9.0	GB/T 265
黏度指数	不小于	100	200	GB/T 2541
凝点/℃	不高于	−20	−25	GB/T 510
水分		无	无	GB/T 260
闪点(开口)/℃	不低于	180	150	GB/T 267
机械杂质/%		无	无	GB/T 511
水溶性酸或碱		无	无	GB/T 259
腐蚀试验(铜片,100℃,3h)/级	不大于	1	1	GB/T 5090
泡沫性(93℃)/(mL·mL⁻¹)		报告	报告	GB/T 2669
最大无卡咬负荷(P_B)/N		报告	报告	GB/T 3142

8号液力传动油(Q/SH 003.01.012—1988)是以润滑油馏分经脱蜡、深度精制并加入增黏、降凝、抗氧、防腐、防锈、油性、抗磨、抗泡等多种添加剂而制成的液力传动油。外观为红色透明体,适用于各种具有自动变速器的汽车,它接近于PTF—1级油。

6号普通液力传动油(Q/SH 003.01.112—1988)是以深度精制的石油馏分,加入抗氧、抗磨、防锈、降凝、抗泡等添加剂调成的液力传动油,适用于内燃机车、载货汽车的液力变矩器,它接近于PTF—2级油。

拖拉机传动、液压两用油(见表10-13)是由深度精制的中性油加多种添加剂调制而成,按40℃运动黏度中心值划分有68、100和100D共三个牌号,适用于国产及进口拖拉机、工程机械和车辆作为液压系统的工作介质和齿轮传动机构的润滑油。

表10-13 拖拉机传动、液压两用油规格(Q/SH 007.1.23—1987)

项 目		质量指标			试验方法
		68	100	100D	
运动黏度/(mm²·s⁻¹) 40℃		61.2~74.8	90~110	90~110	GB/T 265
黏度指数	不小于	130	90	90	GB/T 1995
闪点(开口)/℃	不低于	200	200	200	GB/T 267

续表

项 目		质量指标			试验方法
		68	100	100D	
凝点/℃	不高于	−33	−16	−33	GB/T 510
腐蚀试验（铜片，100℃，3 h）/级	不大于	1	1	1	GB/T 5096
液相锈蚀试验（蒸馏水）		无锈	无锈	无锈	SY/T 2674
水分/%	不大于	痕迹	痕迹	痕迹	GB/T 260
机械杂质/%	不大于	0.01	0.01	0.01	GB/T 511
最大无卡咬负荷（P_B）/N（kg·f）	不小于	833.5（85）	833.5（85）	833.5（85）	GB/T 3142
磨损直径（D_{30}^{30}）/mm	不大于	0.5	0.5	0.5	
泡沫性（泡沫倾向/泡沫稳定性，93℃）/（mL·mL^{-1}）	不大于	100/10	100/10	100/10	SY/T 2669
FZG 齿轮机试验，通过级	不大于	10	10	10	SY/T 2691

注：100 适用于南方地区，100D 和 68 适用于北方地区。

10.3.3 液力传动油的选用及使用注意事项

1. 液力传动油的选用

按车辆使用说明书的规定，选用适当品种的液力传动油。轿车和轻型货车应选用 8 号油，进口轿车要求用 GM—A 型、A—A 型或 Dexron 型自动变速器油的均可用 8 号油代替。重型货车、工程机械的液力传动系统应选用 6 号油。全液压的拖拉机、工程机械应选用拖拉机传动、液压两用油。100 号两用油适用于南方地区，100D 和 68 号油适用于北方地区。

2. 液力传动油使用注意事项

注意保持油温正常。长时间重载低速行驶，将使油温上升，加速油的氧化变质，将形成沉积物和积炭，阻塞细小的通孔和液循环的管路，这又使自动变速器进一步过热，最终损坏变速器。

经常检查油平面。车辆停在平地上，发动机保持运转，油应在正常工作温度下，如果车辆在长途行驶或拖带挂车后，要过半小时后再检查。此时油平面应在自动变速器量油尺上下两刻线之间，不足应及时添加。如油面下降过快，可能是由于漏油，应及时予以排除。

按车辆使用说明书的规定更换液力传动油和过滤器（或清洗滤网），同时拆洗自动变速器油底，并更换其密封圈。通常每行驶 10 000 km 应检查油面，每行驶 30 000 km 更换油液。

在检查油面和换油时，注意油液的状况。在手指上抹上少许油液，用手指互相摩擦看是否有渣粒存在，并从量油尺上嗅闻油液气味。通过对油液的外观检查，可反映部分问题。液力传动油外观检查反映的问题见表 10-14。

表 10-14 液力传动油外观检查反映的问题

外观	所反映的情况或问题
清澈带红色	正常
已变色（呈深暗红色或褐色）	带箍或离合器损坏，通常由于过热，如长时间低速重载行驶或换油不及时
颜色清淡气泡多	油平面太高，内部空气泄漏
油中有固体残渣	带箍、离合器或轴承有缺损，造成带箍材料或金属屑粘在油尺上
油尺上有胶状物（似油膏）	变速器过热

10.4　润滑脂

润滑脂是将稠化剂分散于液体润滑剂中所组成的一种稳定的固体或半固体产品。其中可以加入改善某种特性的添加剂和填料。润滑脂具有其他润滑剂所不能代替的特点，在汽车、拖拉机和工程机械上的许多部位，都使用润滑脂作为润滑材料。

10.4.1　润滑脂的特点

润滑脂与润滑油比较，具有的特点为：在金属表面有良好的黏附性，不易流失，在不易密封的部位使用，可简化润滑系统的结构；抗碾压，在高负荷和冲击负荷下，仍有良好的润滑能力；润滑周期长，不需要经常补充，可以降低维护费用；具有更好的密封和防护作用；使用温度范围较宽。

所以，车上不宜用液体润滑剂的部位，如轮毂轴承、各拉杆球节、发电机、水泵、离合器轴承和传动轴花键等，均使用润滑脂。但润滑脂有黏滞性大，运转时阻力大，功率损失也大；流动性差，冷却和清洗作用差，固体杂质混入后不易清除，以及加脂、换脂比较困难等缺点，所以使用润滑脂的部位受到限制。

10.4.2　润滑脂的性能

润滑脂使用范围很广，工作条件差别很大，不同机械设备对润滑脂性能要求不相同。

根据汽车用脂部位的工作条件，对其性能的基本要求是：适当的稠度，良好的高低温性能，以及抗磨性、抗水性、防腐性和安定性等。

1. 滴点

滴点是指润滑脂在一定试验条件下，从不流动状态转变为流动状态过程中滴出第一滴润滑脂时的温度。它是润滑脂的耐热性指标，能反映出润滑脂最高使用温度。滴点高的润滑脂，耐热性好，不易流失和变质失效。通常，润滑脂的使用温度应比其滴点低20℃～30℃。

常用润滑脂的滴点：钙基润滑脂为75℃～100℃；钠基润滑脂为130℃～200℃；钙钠基润滑脂为120℃～135℃；锂基润滑脂约为170℃；复合钙基润滑脂为180℃以上。

2. 稠度

稠度是指润滑脂的稀稠程度。汽车上有些部位（如轮毂轴承等）之所以使用润滑脂，就是因为它具有一定的稠度能黏附在摩擦面上，起到长久润滑作用。稠度通常用针入度表示。针入度是指用标准尺寸、形状和质量的金属锥体，在一定温度下沉入润滑脂内5 s，其沉入深度（单位为mm）的1/10 mm的数值。针入度值越大，润滑脂的稠度越小，润滑脂越软。根据国家标准GB 7631.1—1987的规定，润滑脂的稠度分为9个等级。润滑脂稠度等级和针入度范围见表10-15。

表10-15 润滑脂稠度等级和针入度范围

稠度等级	针入度（工作60次）(25℃，1/10 mm)	稠度等级	针入度（工作60次）(25℃，1/10 mm)
000	445～475	3	220～250
00	400～430	4	175～205
0	355～385	5	130～160
1	310～340	6	85～115
2	265～295		

针入度是选用润滑脂的重要依据。负荷较大、速度较低的摩擦机件，应选用针入度小的润滑脂；负荷较小的摩擦机件，则选用针入度大的润滑脂。

3. 高温、低温性

(1) 高温性能：润滑脂的温度对其流失性有很大的影响。当温度上升，润滑脂变软，熔融时会从摩擦表面流失而失去润滑作用。在高温下还引起润滑脂的蒸发，损失增大，氧化变质和凝缩分油现象趋于严重。润滑脂失效的主要原因大多是由于凝胶的萎缩和基础油蒸发损失，即润滑脂失效过程的快慢也与其温度有关。耐热性好的润滑脂可以在较高的使用温度下不熔融流失，并且使变质失效的过程较为缓慢。

(2) 低温性能：汽车起步时润滑脂的温度几乎和环境温度一样，汽车在寒冷地区使用要求润滑脂在低温下仍保持良好润滑性能，它取决于润滑脂的相似黏度及黏温性，润滑脂的黏度特性和润滑油一样重要。润滑脂的低温黏度用相似黏度（即表观黏度）表示。它是指在一定温度和一定剪切速率下测得的黏度。相似黏度影响起动阻力和功率损失，以及润滑脂进入摩擦面间隙的难易程度，所以它是评定润滑脂低温性能的重要依据。

4. 抗磨性

润滑脂抗磨性的意义与润滑油一样。润滑脂的稠化剂本身就是油性剂，因此润滑脂的抗磨性能一般要比其基础油好。为了使润滑脂具有更好的润滑性能，可在润滑脂中加入二硫化钼等减磨剂和极压剂，在苛刻的高负荷条件下使用的润滑脂，由于加有这些添加剂，其抗磨性能要比普通润滑脂好，这种润滑脂称为极压型润滑脂。

5. 抗水性

抗水性决定润滑脂是否适用于潮湿或有水的场合。抗水性差的润滑脂，遇水后稠度下降，甚至乳化而流失。如在雨天或涉水行驶时，底盘各摩擦点可能与水接触，这就要求使用抗水性好的润滑脂。

6. 防腐性

润滑脂能吸附在金属表面以保护金属不受外界物质的腐蚀，但是润滑脂本身如果含有过量的游离酸、碱或活性硫化物，或在储存、使用过程中因氧化产生有机酸，都可能腐蚀金属。因此，润滑脂中不能含有过量的游离酸、水、碱等。

7. 安定性

润滑脂的安定性包括氧化安定性、胶体安定性和机械安定性。

（1）氧化安定性：润滑脂中基础油和稠化剂与空气接触，在不同程度上被氧化，使其酸值增加，易腐蚀金属，稠度变软，使用寿命缩短。作为稠化剂的金属皂有促进氧化的作用，所以润滑脂的氧化安定性要比其基础油差，因此，通常在润滑脂中加入抗氧化添加剂，以提高润滑脂的抗氧化能力。

（2）胶体安定性：胶体安定性是指润滑脂在储存和使用中避免胶体分解，防止液体润滑油被析出的能力。润滑油分油（皂油分离）说明其胶体安定性不好，将直接导致脂的稠度改变和流失。但若润滑油完全不分离出来，则也起不到润滑作用。因此，对润滑脂的分油性能要有适当的要求，既不能太大，也不能太小。胶体安定性差的润滑脂不宜长期储存，润滑脂的分油程度与温度和压力有关，当温度和压力升高时，分油现象增加。

（3）机械安定性：它表示润滑脂在机械工作条件下抵抗稠度变化的能力。润滑脂在使用过程中因受机械运转剪切作用，稠化剂的纤维结构不同程度地被破坏，使稠度有所下降，机械安定性差的润滑脂，使用中容易稀释甚至流失，影响润滑脂的使用寿命。

10.4.3 润滑脂的分类、品种和规格

1. 润滑脂的分类

(1) 按基础油分为矿物油脂和合成油脂;

(2) 按特性分为高温润滑脂、耐寒润滑脂、极压润滑脂;

(3) 按用途分为减磨润滑脂、防护润滑脂、密封润滑脂;

(4) 按稠化剂的类别分为皂基润滑脂和非皂基润滑脂两大类:皂基润滑脂又分为单皂基润滑脂(如钠基、锂基、钙基润滑脂等)、混合皂基润滑脂(如钙钠基润滑脂等)和复合皂基润滑脂(如复合钙、复合锂、复合铝基润滑脂等)等;非皂基润滑脂也分为烃基润滑脂、无机润滑脂、有机润滑脂等。

2. 润滑脂的品种和规格

汽车常用润滑脂品种有:钙基润滑脂、钠基润滑脂、汽车通用锂基润滑脂、极压复合锂基润滑脂和石墨钙基润滑脂等品种。

(1) 钙基润滑脂。钙基润滑脂(GB/T 491—2008)是由动植物脂肪与石灰制成的钙皂稠化矿物润滑油,并以水作为胶溶剂而制成。按锥入度分为1、2、3、4四个牌号。可用在汽车、拖拉机、冶金和纺织等机械设备上,使用温度范围为 $-10℃\sim 60℃$,最高使用温度低,这是由于其耐热性差,钙皂的水化物在100℃左右便水解,使脂超过100℃时丧失稠度,滴点在80℃~95℃之间,此外,还有使用寿命短的缺点;但它有抗水性好的优点,遇水不易乳化,容易黏附于金属表面,胶体安定性好。它是20世纪30年代的老产品,长期以来使用钙基润滑脂润滑汽车轮毂轴承、底盘拉杆球节、水泵轴承和分电器凸轮等。钙基润滑脂规格见表10-16。

表10-16 钙基润滑脂规格(GB/T 491—2008)

项 目	质量指标				试验方法
	1号	2号	3号	4号	
外观	淡黄色至暗褐色均匀油膏				目 测
工作锥入度/(1/10 mm)	310~340	265~295	220~250	175~205	GB/T 269
滴点/℃ 不低于	80	85	90	95	GB/T 4929
腐蚀(T_2铜片,24 h)	铜片上没有绿色或黑色变化				GB/T 7326乙法
水分/% 不大于	1.5	2.0	2.5	3.0	GB/T 512
灰分/% 不大于	3.0	3.5	4.0	4.5	SH/T 0327
钢网分油量(60℃,24 h)/% 不大于	—	12	8	6	SH/T 0324

续表

项 目	质量指标				试验方法
	1号	2号	3号	4号	
延长工作锥入度，1万次与工作锥入度差值/（1/10 mm） 不大于	—	30	35	40	GB/T 269
水淋流失量（38℃，1 h）/%	—	10	10	10	SH/T 0109①
矿物油黏度（40℃）/（mm²/s）	28.8～74.8				GB/T 265

注：① 水淋后，轴承烘干条件为77℃，16h。

（2）钠基润滑脂。钠基润滑脂（GB/T 492—1989）是以动植物脂肪酸钠皂稠化矿物润滑油制得的耐高温但不耐水的普通润滑脂，有2号和3号两个稠度牌号。由于钠皂熔点很高，脂的滴点可达160℃。耐热性好，可在120℃下较长时间内工作，并有较好的承压抗磨性能，可适应较大的负荷；但钠皂遇水易乳化变质，即抗水性差，不能用在潮湿环境或与水接触的部件。其规格见表10-17。

表10-17 钠基润滑脂规格（GB/T 492—1989）

项 目		质量指标		试验方法
		2号	3号	
滴点/℃	不低于	160	160	GB/T 4929
锥入度差值/（1/10 mm） 工作		265～295	220～250	GB/T 269
延长工作（10万次）	不大于	375	375	
腐蚀试验（T2铜片，室温，24 h）		铜片无绿色或黑色变化		GB/T 326 乙法
蒸发量（99℃，22 h）/%（m/m）		2.0	2.0	GB/T 325

（3）汽车通用锂基润滑脂。汽车通用锂基润滑脂（GB/T 5671—2014）用天然脂肪酸锂皂稠化低凝点润滑油，并加抗氧、防锈剂。它具有良好的机械安定性、胶体安定性、防锈性、氧化安定性和抗水性，适用于-30℃～120℃之间，汽车轮毂轴承、底盘、水泵和发电机等各摩擦部位润滑。锥入度范围为265～295，稠度牌号为2号，滴点达180℃。进口汽车和国产新车普遍推荐使用这种润滑脂，其规格见表10-18。

表 10-18 汽车通用锂基润滑脂规格（GB/T 5671—2014）

项 目		质量指标	试验方式
工作锥入度（25℃，60 次）（1/10mm）		265～295	GB/T 269
滴点/℃	不低于	180	GB/T 4929
钢网分油（100℃，30 h）/%	不大于	5	SH/T 0324
相似黏度（−20℃，10 s^{-1}）/(Pa·s)	不大于	1 500	SH/T 0048
游离碱/(NaOH%)	不大于	0.15	SH/T 0329
腐蚀（100℃，24 h，T$_2$ 铜片）		铜片无绿色或黑色变化	GB/T 7326 乙法
蒸发量（99℃，22 h）/%	不大于	2.0	GB/T 7325
漏失量（104℃，6 h）/g	不大于	5.0	SH/T 0326
水淋流失量（79℃，1 h）/%	不大于	10	SH/T 0109
延长工作锥入度（100 000 次），变化率/%	不大于	20	GB/T 269
氧化安定性（99℃，0.770 MPa，100 h）压力降/MPa 不大于		0.070	SH/T 0325
防腐蚀性（52℃，48 h）级		1	GB/T 5018
机械杂质/（个数、cm³）			SH/T 0336
10 μm 以上	不大于	5 000	
25 μm 以上	不大于	3 000	
75 μm 以上	不大于	500	
125 μm 以上	不大于	0	

（4）极压复合锂基润滑脂。极压复合锂基润滑脂（SH/T 0535—1993）（2003 年确认）与汽车通用锂基润滑脂的区别是有更高的极压抗磨性，可适用于−20℃～160℃，高负荷机械设备的齿轮和轴承润滑，有 1 号、2 号和 3 号三个稠度牌号，部分高性能进口汽车推荐使用极压润滑脂。其规格按 GB/T 7631.8—1990 的规定，其代号为 L—XBEHB1、L—XBEHB2 和 L—XBEHB3（表 10-19）。

表 10-19 极压复合锂基润滑脂规格（SH/T 0535—1993）

项 目	质量指标						试验方法
	一等品			合格品			
	1号	2号	3号	1号	2号	3号	
工作锥入度（25℃，60次）(1/10mm)	310~340	265~295	220~250	310~340	265~295	220~250	GB/T 269
滴点/℃　　　　　　　　　　不低于	260	260	260	250	260	260	GB/T 3498
腐蚀试验（T2铜片，100℃，24 h）	不大于2级			—			GB/T 7326 甲法
	—			铜片无绿色或黑色			GB/T 7326 乙法
水淋流失量（38℃，1 h）/%（m·m^{-1}）　不大于	5	5	5	10	10	10	SH/T 0109
延长工作锥入度变化率,%： 10 000次　　　　　　　　不大于 100 000次　　　　　　　 不大于	10 10	10 10	10 10	— 15	— 20	— 20	GB/T 269
漏失量（104℃，6 h）/g　　　不大于	2.5	2.5	2.5	5.0	2.5	2.5	SH/T 0326
漏失量（163℃，60 g，6 h）/g　不大于	2.5	2.5	2.5				SH/T 0326
防腐蚀性（52℃，48 h）/级　　不大于	1	1	1	2	2	2	GB/T 5018
极压性能（四球机法） P_P/N　　　　　　　　　　不小于 ZMZ/N　　　　　　　　　不小于	3 089 637	3 089 637	3 089 637	3 089 441	3 089 441	3 089 441	SH/T 0202
极压性能（梯姆肯法）OK 值　不小于	200	200	200	156	156	156	SH/T 0203
抗磨性能（四球机法）/mm	0.5	0.5	0.5	—	—	—	SH/T 0204
蒸发量（180℃，1 h）/%（m·m^{-1}）不大于	—	—	—	5	5	5	SH/T 0337
钢网分油（100℃，1 h）/%（m·m^{-1}）不大于				6	5	3	SH/T 0324
氧化安定性（99℃，100 h，0.770 MPa）	—			0.070			SH/T 0325
相似黏度（−10℃，10 s^{-1}）/Pa·s　　不大于	500	800	1 200	500	800	1 200	SH/T 0048
轴承寿命（149℃）/h	400	400	400				SH/T 0428

（5）石墨钙基润滑脂。石墨钙基润滑脂由动植物油钙皂稠化68号机械油，其中有10%的鳞片石墨，具有良好的抗水性和抗碾压性能，适合于重负荷、低转速和粗糙的机械润滑。汽车钢板弹簧、起重机齿轮转盘及半拖挂货车的转盘等承压部位使用石墨钙基润滑脂，其

规格见表10-20。

表10-20 石墨钙基润滑脂规格

项　目	质量指标	试验方法
外观	黑色均匀油膏	目测
滴点/℃　　　　不低于	80	GB/T 4929
腐蚀（钢片，100℃，3 h）	合格	SY/T 2710
安定性	合格	
水分/%	2	GB/T 512

10.4.4　润滑脂的选用及使用注意事项

1. 润滑脂的选用

润滑脂的品种及品牌众多，且性能各异，选用时应该考虑对润滑脂影响较大的主要因素，使用1~2个合适的质量指标的润滑脂。

工作温度：若考虑的是温度对润滑脂的影响，就应该选用合适的滴点。工作温度越高，选用的滴点也越高。一般润滑脂的使用温度应比其滴点低20℃~30℃。

运动速度：若对润滑脂影响最大的是运动速度，就应该选用合适的黏度指标。速度越大，选用的黏度越大；反之，应该选用低黏度的润滑脂。

承载负荷：若负荷是影响润滑脂的主要因素，就应该考虑针入度指标。承载负荷大的，应选针入度小的指标，以免润滑脂被挤压出来；反之，应该选用针入度较大的润滑脂。

除了上述主要影响因素外，还要考虑润滑部件的周围环境和所接触的介质，如空气的湿度、尘埃以及是否有灰尘、雨水等。若机件会受到雨水的侵袭，就不能选用钠基润滑脂，而应选用钙基润滑脂或汽车通用锂基润滑脂。

2. 润滑脂的使用注意事项

应按车辆使用说明书的规定，定期或定里程向各润滑点注入相应的润滑脂。

盛放润滑脂的容器应清洁，不要用木质或纸质包装容器盛放润滑脂。

润滑脂应防止沙尘、水分等杂质的侵入，要储存在阴凉干燥的地方，并防止日晒和雨淋。

润滑脂加注量不能过多，否则会使机件的运转阻力增加，工作温度升高。

不同种类的润滑脂不得混用，否则可能破坏其胶体结构而失去原有的性能。换用新鲜润滑脂时，应先将旧的润滑脂洗净擦干。

本章小结

发动机润滑油又称发动机油或内燃机油，内燃机油具有润滑、冷却、清洁、密封和防腐的作用，其工作条件十分苛刻，常采用加添加剂的办法来提高内燃机油的抗氧化性、防腐性和抗磨性等。内燃机油的性能指标有：黏度与黏温性、低温黏度及低温泵送性、起泡性、安定性、防腐性、清洁分散性等指标。按 SAE 分类法，将 W 组系列（冬用机油）分为 0W、5W、10W、15W、20W 和 25W 六个级别，非 W 组系列（春秋和夏用机油）分为 20、30、40、50 和 60 五个级别；按 API 使用性能分类法，将内燃机油分为 S 系列（汽油机油系列有 SC、SD、SE、SF、SG 和 SH 等级别）C 系列（柴油机油系列，有 CC、CD、CD－Ⅱ、CE 和 CF－4 等级别）。根据发动机的结构特性、工作条件和燃料品质来选择内燃机油的品种——使用级，根据地区季节气温，结合发动机的性能和技术状况，选用适当的机油牌号——黏度级。

车辆齿轮油的性能指标有：黏度及粘温性、低温流动性、抗磨性等。按 API 使用分类法，手动变速器和驱动桥齿轮油分为 GL－1、GL－2、GL－3、GL－4、GL－5 和 GL－6 六个级别；我国参照 API 分类法，将车辆齿轮油分为普通车辆齿轮油（GL－3）、中负荷车辆齿轮油（GL－4）、重负荷车辆齿轮油（GL－5）；参照 SAE 黏度分类，我国车辆齿轮油按黏度 150 000 mPa·s 时的最高温度和 100℃ 时的运动黏度分为 70W、75W、80W、85W、90、140 和 250 七个黏度牌号。根据工作条件的苛刻程度选择齿轮油的品种——使用级，根据当地季节气温选择齿轮油牌号——黏度级。

对液力传动油性能的主要要求是：有适当的黏度和良好的黏温性、有良好的热氧化安定性、有良好的抗起泡性、有良好的抗磨性等。按 ASTM（美国材料及试验学会）和 API（美国石油协会）的分类，液力传动油分为 PTF－1、PTF－2 和 PTF－3 三类。国产液力传动油有 6 号普通液力传动油、8 号液力传动油和拖拉机传动液压两用油。

润滑脂是由基础油、稠化剂、添加剂和填料组成。要求润滑脂有适当的稠度、良好的高低温性，以及抗磨性、抗水性、防锈性、防腐性和安定性等。汽车常用润滑脂品种有钙基润滑脂、钠基润滑脂、汽车通用锂基润滑脂、极压复合锂基润滑脂、钙基润滑脂和石墨钙基润滑脂等品种。润滑脂的选择应根据车辆和机械设备使用说明书的规定，选用与润滑部位操作条件相适应的润滑脂品种和稠度牌号。

习题与思考

1. 内燃机油起什么作用？
2. 内燃机油的黏度对发动机工作有何影响？

3. 发动机要求内燃机油应具有哪些性能指标？
4. 如何选择内燃机油？
5. 车辆齿轮油是如何进行分类的？
6. 我国车辆齿轮油有哪几种规格？
7. 如何选择车辆齿轮油？
8. 对液力传动油有哪些性能要求？
9. PTE—1、PTE—2和PTE—3液力传动油分别适用于哪些场合？
10. 汽车常用润滑脂有哪几种？如何选用润滑脂？

第 11 章 汽车工作油液

> **学习目标**

【知识目标】

1. 了解制动液的品种、规格及选用；
2. 了解防冻液的牌号、规格、选用及注意事项；
3. 了解制冷剂的种类及特点。

【技能目标】

学会正确选择和使用汽车工作液。

【素养目标】

通过归纳汽车制动液、防冻液及制冷剂的种类，培养学生的提升学生的自主学习能力，生态文明保护理念，进而在持续发展原则的支持下，以身作则贯彻落实节能减排和保护自然环境。

汽车用制动液、液压油、冷却液及制冷剂等，统称为汽车用工作油液。

11.1 制动液

11.1.1 制动液的使用性能

汽车制动液是用于液压制动系统中传递压力的工作介质，是液压油中的一个特殊品种，其性能对汽车行驶安全性影响很大。对制动液使用性能的具体要求有：

1. 优良的高温抗气阻性

现代高速汽车制动强度大，制动过程中产生的摩擦热会使制动系温度升高，有时达150℃以上。如果制动液沸点太低，受热时蒸发成蒸气，使制动系管路中产生气阻，导致制动失灵。发生气阻时的液温为气阻点，通常比其沸点低2℃～3℃。为保证制动安全可靠，要求制动液有较高的沸点。由于多数制动液不是单体化学物，没有固定的沸点，所以用平衡回流沸点作为高温蒸发性指标。制动液吸收周围水气后使其沸点（称为湿平衡回流沸点或湿沸点）显著下降。所以现代高级制动液均把湿沸点作为第二个重要的控制指标，有了这个指标，可以更好地反映制动液使用后实际抗高温气阻的性能。

2. 良好的低温流动性和黏温性

冬季制动液最低工作温度接近最低气温，为了保证在低温下制动油缸中的活塞能随制动踏板的动作迅速灵活地滑动,要求制动液有良好的低温流动性,所以制动液规格中,控制-40℃的运动黏度,该黏度不能太大;而在制动液升温后应能保持良好的润滑性,高温时的黏度也不能太小,这要靠优良的黏温性来保证,以使制动系能在很宽的温度范围内可靠地工作。

3. 良好的与橡胶的配合性

制动液若对橡胶零件有溶胀作用,将使皮碗的体积增加,以致使制动失灵。因此要求通过皮碗试验,在120℃下经70 h和在70℃下经120 h浸泡试验后,皮碗外观无发黏、无鼓泡、不析出炭黑,皮碗根径增值能控制在规定的范围内。

4. 对金属的腐蚀性要小

汽车制动系中的制动总泵、制动分泵的缸体、活塞以及导管、回位弹簧阀门等主要采用铸铁、铜、铝及其他合金制成,要求制动液不会引起金属腐蚀以防产生制动失灵。它通过金属叠片腐蚀试验来评定,金属叠片是一组由镀锡铁皮、钢、铝、铸铁、黄铜、纯铜组成的金属片,在100℃的制动液中浸泡120 h后,用试片质量的变化 mg/cm^2 表示。

此外,制动液还必须有良好的化学性和抗泡性等一般液压油应具备的性能。

11.1.2 制动液的分类、品种和规格

1. 制动液的分类

我国汽车用制动液按照国家标准GB 12981—2003《机动车辆制动液》进行分类。该标准按车辆安全使用要求将制动液分为HZY3、HZY4、HZY5共三种产品,它们分别对应国际通用产品DOT3、DOT4、DOT5或DOT5.1的标准。其技术要求见表11-1。

表11-1 机动车辆制动液的技术要求

项 目	质量指标			试验方法
	HZY3	HZY4	HZY5	
外观	无沉淀及悬浮物,清澈透明液体,硅酮型HZY 5制动液为紫色透明液体			目测
平衡回流沸点(ERBP)/℃ 不小于	205	230	260	SH/T 0430
温平衡回流沸点(WERBP)/℃ 不小于	140	155	180	GB 12981 附录C[①]
运动黏度/(mm^2/s)				GB/T 265
-40℃ 不大于	1 500	1 800	900	
100℃ 不小于	1.5	1.5	1.5	
pH值	7.0~11.5			GB/T 7340[②,③]
液体稳定性(ERBP)变化/℃ 不大于 高温稳定性(185℃±2℃,120 min±5 min) 化学稳定性[④]	±3 ±3	±[3+0.05×(ERBP-225)] ±[3+0.05×(ERBP-225)]		GB 12981 附录D

续表

项 目		质量指标			试验方法
		HZY3	HZY4	HZY5	
腐蚀性（100℃±2℃，120 h±2 h）					GB 12981
试验后金属片状态					附录 E[④]
质量变化/（mg/cm²）	不大于				
镀锡铁皮			±0.2		
铜			±0.2		
铸铁			±0.2		
铝			±0.1		
黄铜			±0.4		
紫铜			±0.4		
锌			±0.4		
外观			无肉眼可见坑蚀和表面粗糙不平，允许脱色或出现色斑		
试验后试液性能					
外观			23℃±5℃下不凝胶，在玻璃容器壁或金属表面不形成结晶状物质		
沉淀物体积分数/%	不大于		0.10		
pH 值[②][③]			7.0～11.5		
试验后橡胶皮碗状态					
外观			无鼓泡、脱落表现出的变质		
硬度降低值/IRHD	不大于		5		
根径增值/mm	不大于		1.4		
低温流动性和外观					GB 12981
−40℃±2℃，144 h±4 h					附录 F
外观			透过试液观察，遮盖力图上的线条清晰可辨认。试液无淤渣、沉淀、结晶，不分层		
气温上浮到液面的时间/s	不大于		10		
−50℃±2℃，6 h±12 min					
外观			透过试液观察，遮盖力图上的线条清晰可辨认。试液无淤渣、沉淀、结晶，不分层		
气泡上浮到液面的时间/s	不大于		35		

续表

项 目	质量指标			试验方法
	HZY3	HZY4	HZY5	
蒸发性能（100℃±2℃，168 h±2 h）				GB 12981
蒸发损失质量分数/%　　　不大于	80			附录 G
残余物性质	用指尖摩擦时，沉淀中不含有颗粒砂粒和磨蚀物			
残余物倾点/℃　　　　　　不大于	−5			
容水性（22 h±2 h）				GB 12981
−40℃				附录 H
外观	透过试液观察，遮盖力图上的线条清晰可辨认。试液无淤渣、沉淀、结晶，不分层			
气泡上浮至液面的时间/s　不大于	10			
60℃				
外观	试液不分层			
试验中沉淀物体积分数/%　不大于	0.05（鉴定）			
	0.15（商品）			
液体相容性（22 h±2 h）				GB 12981
−40℃[③]				附录 H
外观	透过试液观察，遮盖力图上的线条清晰可辨认。试液无淤渣、沉淀、结晶，不分层			
60℃				
外观[③]	试验不分层			
沉淀的体积分数/%　　　不大于	0.05			
抗氧化性（70℃±2℃，168 h±2 h）				GB 12981
金属片外观	金属片与锡箔触面之外的部分，无可见坑蚀和点蚀，允许脱色或出现色斑，允许痕量胶质沉积			附录 J
金属片质量变化/（mg·cm^{-2}）不大于				
铝片	±0.05			
铸铁片	±0.3			

续表

项目	质量指标			试验方法
	HZY3	HZY4	HZY5	
橡胶相容性（SBR 橡胶皮碗及 EPDM 橡胶试件）				GB 12981 附录 K[6]
硬度降低值（SBR 橡胶皮碗及 EPDM 橡胶皮碗或试件）/IRHD 不大于				
70℃	10			
120℃	15			
皮碗外观	无鼓泡，脱落			
根径增值（SBR 橡胶皮碗）/mm	0.15～1.40			
体积变化分数（EODM 橡胶皮碗或试个，70℃和120℃）/％	1～10			
行程模拟性能（85 000 次行程，120℃±5℃，6.89 MPa±0.34 MPa）				GB 12981 附录 L
金属部件状态	金属部件无可坑蚀或点蚀，允许脱色或出现色斑			
缸体和活塞直径变化/mm 不大于	0.13			
皮碗状态				
硬度降低值/IRHD 不大于	15			
外观	不出现过度的划痕、变形、鼓泡、裂纹、蜕皮或外形变化			
皮碗根径培值/mm 不大于	0.90			
皮碗唇径过盈量/％ 不大于	65			
任意加 24 000 次行程期间液体损失量/mL 不大于	36			
缸体活塞工作状态	无卡滞和不良工作状况			
最后的 100 次行程期间液体损失量/mL 不大于	36			
试验后试液状态				
液体状态	不含去除不掉的沉淀和胶状附着物			
沉淀体积分数/％ 不大于	1.5			
缸体外观	试验期间缸体和其他金属部件上沉淀不多于痕量，制动缸体上不附着蘸乙醇的布擦除不掉的沉淀			

项　目	质量指标			试验方法
	HZY3	HZY4	HZY5	

① 仲裁试验以 GB 12981 附录 C 中 A 法为准。
② 测定 pH 值应按下述步骤操作：
　　a. 称取 4 g 氢氧化钠（NaOH）于烧杯中，加少量蒸馏水后倒入容量瓶并稀释至 1 000 mL，配成物质的量浓度为 0.1 mol/L 的氢氧化钠水溶液；
　　b. 按体积比（80%/20%）配制乙醇/蒸馏水混合溶剂，在 23℃±5℃下用特质的量浓 0.1 mol/L 氢氧化钢水溶液调节 pH 值为 7.0±0.1。若 0.1 mol/L 氢氧化钠水溶液耗量超过 4 mL，则混合溶剂应重新配制；
　　c. 用制动液样品与 pH 为 7.0 的乙醇/蒸馏水混合剂等体积配成试样，按 GB/T 7304 方法测定该试样的 pH 值，测定结果作为制动液的 pH 值。
③ 硅要赖型 HZY5 制动液不进行此试验。
④ 允许采用符合 HG 2865 的皮碗进行此试验。仲裁以采用国家标准样品进行的试验为准。
⑤ 溶体相容性试验取 50 mL±0.5 mL 的制动液与 50 mL±0.5 mL 的相容性试验标准样品配成混合溶液，其余试验步骤按附录 H 进行，但不测定气泡上浮至液面的时间。

2. 制动液的品种和规格

根据制动液组成和特性，一般可分为醇型、矿油型和合成型制动液三类。其中合成型制动液是目前广泛应用的主要品种。

（1）醇型制动液。醇型制动液是由醇类和蓖麻油配制而成的。其低温性能差，平衡回流沸点低，容易蒸发，极易产生气阻，不能保证行车安全。现已被淘汰。

（2）矿油型制动液。矿油型制动液是以精制柴油馏分经深度脱蜡，并加入多种添加剂调和而成。该类制动液虽然温度适应范围宽，低温性能好，对金属无腐蚀作用，但其与水混合后易产生气阻，对天然橡胶有溶胀作用，必须使用耐油橡胶密封件。在我国也未被推广应用。

（3）合成型制动液。合成型制动液是由基础液、润滑剂和添加剂组成。合成型制动液有醇醚制动液、酯型制动液和硅油制动液三种。

①醇醚制动液：醇醚制动液基础液主要有乙二醚类、甘醇醚类化合物或聚醚等。常用的润滑剂有聚乙二醇、聚丙二醇和环氧乙烷等，约占总量的 20%。添加剂主要有抗氧化剂、抗腐蚀剂、抗橡胶溶胀剂和 pH 调整剂等。醇醚制动液平衡回流沸点较高，性能稳定，成本低，是目前用量最大的一种制动液。但其吸水性强，湿沸点较低，低温性能较差。

②酯型制动液：酯型制动液基础液主要有乙二醇醚酯、乙二醇酯或硼酸酯等。该类制动液是为了克服醇醚制动液吸水性强的缺点而生产的，它能保持醇醚高的干沸点而基本不吸水，因此湿沸点较高，适合在湿热环境下使用。

③硅油制动液：硅油制动液具有高温稳定性、氧化安定性、高低温润滑性均高于其他制动液。缺点是具有过分的疏水性，只要有少量水混入制动系统，在低温下就有可能结成冰，对制动系统会造成不利的影响。另外，硅油制动液的原材料成本高。因此，该种制动

液并未普及，只在军车等车辆上使用。

11.1.3 制动液的选用及使用注意事项

1. 制动液的选用

选择制动液要求其性能与工作条件相适应，以确保汽车运行安全，应根据环境条件和车辆速度性能选择制动液。

根据环境条件，主要指气温、湿度和道路条件，如在炎热的夏季，在山区多坡或高速公路上行驶，车辆制动强度大，制动液工作温度高，特别是在湿热条件下，一般要求选用JG3或JG4级（HZY3、HZY4等合成制动液）；非湿热条件则可选用JG2级（HZY2等合成制动液）；在车速不高的平原地区，除冬季外，可使用JG1级制动液；在严寒的冬季，应选用JG0级制动液。

根据车辆速度性能，高速车辆，特别是高级轿车与一般货车比，制动液的工作温度要高，应使用级别较高的制动液。国产车使用进口制动液或进口车使用国产制动液，应根据其对应关系正确使用。不同性能指标和不同类型车辆制动系统所要求使用的制动液产品质量等级不同，这也为用户正确选择使用制动液产品造成了一定困难。现在，汽车制造厂家在车辆使用说明书中一般都明确规定或推荐了该车辆制动系统应该使用的制动液产品质量等级，有的生产厂家还指明了具体的制动液产品品种和型号。

2. 使用制动液的注意事项

按车辆使用说明书的要求，按期更换制动液，更换期一般为20 000～40 000 km或一年。

各种制动液原则上不能混用，即使同属合成型制动液不同厂牌产品，也不一定具备相容性（已通过相容性试验的产品除外）。

制动液应密封存放，特别是醇醚型制动液，以免吸收大气中的水分后使沸点降低。

制动液多以有机溶液制成，易挥发、易燃，注意防火，存放时避免阳光直射。

换液时应彻底清洗制动系（严禁用汽油、煤油等作清洗液），特别要防止水分、矿物油和机械杂质混入；当换用不同品种制动液时，应用新液清洗一次。

11.2 其他工作油液

汽车上使用的运行材料除了前面介绍的燃料、润滑济、齿轮传动油、液力传动轴、制动液外，还有汽车减振器液、发动机防冻冷却液、制冷剂等其它工作油液。

11.2.1 减振器液

减振器液是汽车减振器的工作介质。主要要求是有适当的黏度，较高的黏度指数，良好的氧化安定性、防腐性和抗磨性。其特点是凝点很低,有一良好的黏温性,适合在寒区使用。另有一种按上海石油公司企业标准生产的减振器液,其凝点不高于-8℃,适合在温区使用。减振器液规格见表11-2。

表11-2 减振器液规格(Q/XJ 2009—1987)(克拉玛依炼油厂的减振器液规格)

项 目		质量指标	试验方法
运动黏度(50℃/mm²/s)	不小不	8	GB/T 265
运动黏度比(V30℃/V50℃)	不大于	200	GB/T 265
闪点(开口)/℃		150	GB/T 276
凝点/℃	不高于	-55	GB/T 516
水分		无	GB/T 260
机械杂质		无	GB/T 511
酸值(未加剂)/(mg/g)	不大于	0.1	GB/T 264
水溶性酸或碱(未加剂)		无	GB/T 259
腐蚀试验(T2铜片,100℃,3h)		合格	ZB E 24013

缺乏减振器液时,还可用50%汽轮机油HU—22和50%变压器油25号(按质量计)的混合油,也可用10号机械油代替。

使用中应注意减振器密封良好,无渗漏现象,在40 000~50 000km定期维护时拆检减振器,同时更换油液,油量不能过多或过少,如东风EQ1090E型汽车为0.44L,解放CA1091型汽车为0.32L。

11.2.2 发动机防冻冷却液

水冷式发动机可以用清洁水作冷却液,但水的冰点较高,在0℃就会结冰,若冬季冷却水结冰,只要体积膨胀9%,就可以使缸体、散热器等破损。为防止在冬季室外停车时冷却水冻结,在最低气温下保持其流动性,冷却系须加注防冻冷却液,简称为防冻液。

1. 对防冻液的性能要求

对防冻液的主要要求有:应有较低的冰点;良好的传热性能;对金属的腐蚀要小;不损坏橡胶制品;低温黏度不能太大;化学安定性好;泡沫少;蒸发损失小。

2. 防冻液的品种和规格

防冻冷却液是在水中加入防冻剂,在保持水具有良好传热效果的同时,降低冷却液的冰点。常用的防冻剂有乙二醇、酒精和甘油等,按一定的比例分别与水混合成为防冻冷却液。各种类型防冻冷却液的冰点和其防冻剂的比例关系见表11-3。

表 11-3 冷却液的冰点及防冻剂与水的比例关系

冰点/℃	乙二醇型防冻液（乙二醇质量百分比）/%	甘油型防冻液（甘油质量百分比）/%	酒精型防冻液（酒精质量百分比）/%
−5	—	21	11.27
−10	28.4	32	19.54
−15	32.5	43	25.46
−20	38.5	51	30.65
−25	45.3	58	35.09
−30	47.8	64	40.56
−35	50.9	69	48.15
−40	54.7	73	55.11
−45	57	76	62.39
−50	59.9	—	70.06

酒精型防冻液：酒精型防冻液是以酒精与水可按任何比例混合制成，组成不同冰点的冷却液。酒精的含量越多，冰点越低。酒精型防冻液优点是流动性好，散热快，酒精来源广，配制较方便；缺点是易燃，使用不安全，易挥发，挥发后冰点升高过快。

甘油型防冻液：甘油型防冻液是以甘油作防冻剂与水配制而成。甘油即丙三醇（$C_3H_8O_3$）的沸点高，不易蒸发和着火，对金属腐蚀较小；但降低冰点的效率低，成本高。

乙二醇型防冻液：乙二醇型防冻液以乙二醇作防冻剂与水配制而成，是目前最好的防冻剂。乙二醇（CH_2OHCH_2OH），也称甘醇，乙二醇的沸点高（197.4℃），与水混合后，混合液的冰点可显著降低，最低可达−68℃。乙二醇型冷却液的优点是沸点高，蒸发损失少；冰点低，配制成相同冰点的冷却液，所需的乙二醇要比用酒精和甘油的少；热容量大，冷却效率高；黏度小，流动性好。缺点是有毒性，对金属有腐蚀作用，并对橡胶有轻度的侵蚀。由于其优点突出，目前防冻冷却液多属乙二醇型，其中多加有防腐剂和染色剂，可长期使用，故被称为长效冷却液。

3. 乙二醇发动机冷却液的牌号

乙二醇发动机冷却液以乙二醇为防冻剂，根据其与水的配比不同，可以制成各种冰点牌号的成品，可直接加车使用；也可以制成浓缩液，由用户或零售商加水稀释后使用。按石化行业标准 SH/T 0521—1999 生产的乙二醇型冷却液按冰点不同，有−25、−30、−35、−40、−45 和−50 六个牌号。其浓缩液加入 50%（体积）的蒸馏水后，冰点不高于−37℃。各种牌号的成品和浓缩液均有一级品和合格品之分，它们均加有各种添加剂，并按规定的试验方法测定各项质量指标，但合格品在防腐性上的要求不及一级品，合格品不要求进行模拟使用腐蚀试验。

4. 乙二醇型发动机冷却液的选用及使用注意事项

应根据当地冬季最低气温选用适当冰点牌号的冷却液,冰点应至少低于最低气温5℃;如果是浓缩液,应按产品说明书规定的比例加入蒸馏水或去离子水(不能使用井水和自来水),如浓缩液(SH/T 0521)和水各半(体积),可调成冰点不低于-37℃的冷却液。

乙二醇型冷却液不仅有较低的冰点,防止冬季冻结,而且可提高沸点,防止在夏季沸腾,因此可四季使用。

乙二醇型冷却液(一级品)只要使用维护得当,可连续使用3~5年,但要求每年检测一次,检测其密度是否符合各牌号的规定,并将冷却液的冰点调到该牌号的最高冰点。

乙二醇的沸点很高,使用后冷却液液面下降,在无渗漏的条件下,主要是水蒸发引起的,因此只需补加少量水即可(补至膨胀水箱规定的刻线或冷却系容积的95%)。

乙二醇型冷却液价格较高,应注意节约使用。注意随时消除渗漏现象,有的地区车辆夏季不用时可换下密封保存。在避免污染的条件下,可在冬季再次使用。

冷却液在使用保管时,应保持清洁,特别注意防止石油产品混入,以免在受热后产生泡沫。乙二醇对人体有毒性,使用中应严防入口。

11.2.3 制冷剂

现代汽车普遍设有空调系统,调节车内的温度、湿度和气流等,从而提高汽车驾乘者的舒适性。

1. 制冷剂的性能要求

制冷剂的性质直接影响制冷循环的技术经济指标,而且对制冷装置的特性和运行管理有着密切关系。汽车用制冷剂应满足下列要求。

(1) 冷凝压力和蒸发压力适中用常温的水或环境空气作为冷却介质时,制冷装置的冷凝压力不要过高,一般不要超过1.2~1.5 MPa,这样可以减少制冷装置承受的压力,减少制冷系统的制造成本,减少制冷剂向外泄漏的可能性。

(2) 临界与凝固温度制冷剂的临界温度要高,便于用一般的环境温度的冷却水或空气进行冷凝。

(3) 制冷功能制冷剂的单位体积制冷量要大,以减少压缩机的尺寸。

(4) 热导率制冷剂的热导率要大,这样可以提高换热器(冷凝器和蒸发器)的传热系数,减少传热面积,制冷换热器的体积和重量都会减小。

(5) 环保性制冷剂要符合环保要求,对臭氧层无破坏作用,不产生温室效应。制冷剂应对人的生命和健康无危害,不具有毒性和刺激性。

(6) 黏度、腐蚀性和分解性制冷剂的密度、黏度要小,以减小制冷剂在系统中的流动阻力。

(7) 价格低廉易于取得,价格便宜。

2. 制冷剂编号

（1）无机化合物 属于无机化合物的制冷剂有水、氨、二氧化碳、二氧化硫等。无机化合物用序号 700 表示，化合物的分子质量（取整数部分）加上 700 就得出其制冷剂的编号。

（2）碳氢化合物 这类制冷剂主要有饱和碳氢化合物和不饱和碳氢化合物。饱和碳氢化合物制冷剂中甲烷、乙烷、丙烷的编号方法与卤代烃相同。

（3）卤代烃 卤代烃是饱和碳氢化合物的氟、氯、溴的衍生物总称。目前用作制冷剂的主要是甲烷、乙烷、丙烷和环丁烷的衍生物。

（4）混合制冷剂 卤代烃的混合制冷剂包括共沸和非共沸制冷剂。已经商品化的共沸制冷剂，依应用先后在 R500 序号中顺次地规定编号。

（5）其他各种有机化合物 其他各种有机化合物的规定按 600 序号编号，其编号是任选的。

3. 制冷剂的选用

制冷剂的选用是一个比较复杂的技术经济问题，需要考虑的因素很多，选择时应根据具体情况，进行全面的技术分析。

（1）制冷温度的要求 根据制冷剂温度和冷却条件的不同，选用高温（低压）、中温（中压）、低温（高压）制冷剂。通常选择的制冷剂的标准蒸发温度要低于制冷温度 10℃ 选制冷剂还应考虑制冷装置的冷却条件、使用环境等。

（2）制冷剂的性质 根据制冷剂的热力性质、物理性质和化学性质，选用那些无毒、不爆炸、不燃烧的制冷剂；选用制冷剂应传热好、阻力小、与制冷系统用材料相容性好。

（3）压缩机的类型 不同的制冷压缩机的工作原理有所不同。体积式压缩机是通过缩小制冷剂蒸气的体积提高其压力的，一般选用单位体积制冷量大的制冷剂，如 R134a，R22 等。

（4）环保要求 制冷机设计时，选用的制冷剂要选择符合国际制冷剂替代总的框架和我国替代的国家方案所推荐的制冷剂，根据制冷机的使用寿命使用 HCFCs 或 HFCs 制冷剂。

4. 制冷剂使用的注意事项

低温保管：制冷剂极易蒸发，在保管时应避开日光直射、火炉及其他热源添加制冷剂应在低温下进行。

避免接触皮肤：制冷剂在大气压力下会急剧蒸发制冷，会冻伤皮肤，在加注制冷剂时，要避免其进入眼睛。

注意通风：R12 排到大气中会造成氧气浓度急剧下降，严重时会使人窒息，因此在检查及填充时，要在通风良好处进行。

本章小结

为保证汽车行驶的安全性，要求制动液应具有优良的高温抗气阻性、良好的低温流动性和黏温性、良好的与橡胶的配合性、对金属的腐蚀性要小。

按机动车制动液使用技术条件将制动液分为 JG3、JG4、JG5 三级；按车辆安全使用要求将制动液分为 HZY3、HZY4、HZY5 三种产品；按制动液组成和特性，制动液分为醇型制动液、矿油型制动液和合成型制动液三类。制动液应根据车辆使用说明书的要求和环境条件以及车辆速度性能进行选择。

对防冻液的要求是：有较低的冰点、传热效果好、对金属的腐蚀小、不损坏橡胶制品、低温黏度不能太大、化学安定性好、泡沫少、蒸发损失少。常用的防冻剂有乙二醇、酒精和甘油等。

防冻液不仅可以降低发动机冷却水的冰点，还可以提高冷却水的沸点，防止金属被腐蚀。汽车上广泛使用的乙二醇型冷却液按冰点的不同，分为 －25、－30、－35、－40、－45 和 －50 六个牌号。

应根据当地冬季最低气温选用适当冰点牌号的冷却液，冰点应至少低于最低气温 5℃；对于浓缩液，要按说明书的要求加入蒸馏水或去离子水。

汽车空调制冷剂主要有 R12 和 R134a 两种。由于 R12 会严重破坏大气臭氧层，现已被 R134a 所取代。

习题与思考

1. 制动液的使用性能有哪些？
2. 制动液是如何进行分类的？有哪些品种？如何选用制动液？
3. 对防冻液有哪些要求？乙二醇型防冻液有哪些牌号和规格？
4. 常用防冻剂有哪几种？各有什么特点？
5. 制冷剂的品种有哪些？使用时的注意事项有哪些？

第 12 章　轮　胎

> **学习目标**
>
> 【知识目标】
> 1. 了解汽车轮胎的组成、分类与结构特点；
> 2. 理解汽车对轮胎的性能要求；
>
> 【技能目标】
> 总结轮胎的分类、结构特点，能够识别轮胎的规格并正确选择和合理使用轮胎。
>
> 【素养目标】
> 通过了解轮胎对汽车使用寿命和安全性能的重要影响，培养学生的职业道德，树立诚实守信、保护人民财产安全的责任意识。

12.1　汽车对轮胎的性能要求

轮胎是汽车的重要部件，它的消耗量很大，以致世界上生产的橡胶（天然橡胶和合成橡胶）80%用来制造轮胎。

轮胎对汽车的性能有很大的影响。它的作用是支撑汽车的总质量；吸收和缓和汽车行驶时所受到的一部分冲击和振动，以保证汽车具有良好的乘坐舒适性和行驶平顺性；保证轮胎与路面有良好的附着作用，以提高汽车的牵引性、操纵性和通过性。

对汽车轮胎的基本要求是具有较大的负荷承载能力和适当的弹性，胎面应具有能增强附着作用的花纹。现代汽车行驶速度不断提高，轮胎在高速滚动下内摩擦加剧，温度升高，将使轮胎材料的物理力学性能下降，同时引起动负荷增加，工作条件恶化，所以还特别要求轮胎在高速使用条件下安全可靠，滚动阻力小，使用寿命长，以保证汽车行驶的安全性和经济性。上述要求往往是有矛盾的，如承载大，胎面磨损快，寿命短；柔软舒适的轮胎，牵引能力就较差；减少滚动阻力，节油效果好，但操纵稳定性就差。轮胎技术的进步，就是围绕解决这些矛盾，使轮胎的结构、材料和制造技术得到不断的改进和提高。

12.2 汽车轮胎的组成、分类与结构特点

现代汽车广泛采用充气轮胎，按其组成结构不同，可分为有内胎轮胎和无内胎轮胎；按胎面花纹不同，可分为普通花纹轮胎、越野花纹轮胎和混合花纹轮胎；按胎体帘布层的结构不同，可分为斜交轮胎和子午线轮胎。不同类型的轮胎有不同的结构特点和使用性能。

12.2.1 轮胎的组成

普通充气轮胎由外胎、内胎和垫带组成，使用时安装在汽车车轮的普通可拆卸轮辋上如图 12-1 所示。在深式轮辋上使用的有内胎，没有垫带。无内胎轮胎既无内胎，又无垫带。外胎是轮胎的主体，它由胎面（包括胎冠 a 和胎肩 b、胎侧 c）、胎体（包括缓冲层 1 和帘布层 2）和胎圈 d 四部分组成，如图 12-2 所示。

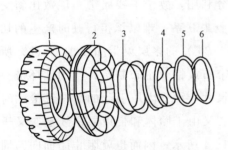

图 12-1 轮胎与轮辋的组成

1—外胎；2—内胎；3—垫带；
4—轮辋；5—压圈；6—压条

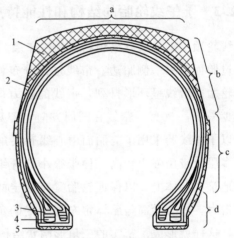

图 12-2 外胎的结构

a—胎冠；b—胎肩；c—胎侧；d—胎圈；
1—缓冲层；2—帘布层；3—钢丝圈；
4—帘布层包边；5—胎圈包边

胎冠也称行驶面，它与路面接触，直接承受冲击和磨损，并使轮胎与路面间有很大的附着力，故胎冠应具有较高的弹性、强力和耐磨性能。为增加轮胎的附着力，避免轮胎纵横打滑，胎冠制有各种花纹。

胎肩是较厚的胎冠与较薄的胎侧间的过渡部分，一般也制有各种花纹，以提高该部位的散热性能。

胎侧是贴在胎体帘布层侧壁的薄橡胶层，它的主要作用是保护胎体侧部帘布层免受损伤。

胎体是外胎的骨架，由帘布层和缓冲层组成，其作用是承受负荷，保持轮胎外缘尺寸

和形状。帘布层用浸胶的棉线、人造丝、尼龙（聚酰胺纤维）、聚酯纤维和钢丝等材料制成，在帘布层与胎面之间，还有用上述材料制成的缓冲层。

胎圈由钢丝圈、帘布层包边和胎圈包边组成。它是胎体的根基，轮胎靠胎圈固装在轮辋上。

12.2.2 斜交轮胎的结构和性能特点

斜交轮胎也称普通结构轮胎，是一种老式的结构。胎体中的帘线与胎面中心线约呈35°角，由一侧胎边穿过胎面到另一侧胎边。由这种斜置帘线组成的帘布层，通常有多层，它们交错叠合起来，成为胎体的基础[图12-3（a）]。由于帘布层的斜交排列，给轮胎胎面和胎体增加了强度，在适当充气时，会使驾驶员感到较为柔软、舒适。接触地面时使胎面更平整，减少扭曲，使汽车行驶更加平稳，牵引效果更好，防穿透性也有所改善，延长了轮胎的使用寿命。

12.2.3 子午线轮胎的结构和性能特点

子午线轮胎用钢丝或纤维织物作为帘布层，其帘线与胎面中心线的夹角接近90°，从一侧胎边穿过胎面到另一侧胎边。帘线这样分布就像地球上的子午线，故称子午线轮胎。由于子午线轮胎的帘线呈环形排列，帘线的强力得到充分利用，故子午线胎帘布层数比斜交轮胎可减少40%~50%。帘线在圆周方向上若只靠橡胶来联系，难以承担行驶时产生的切向力，所以子午线胎采用了与胎面中心线有夹角（10°~20°）的多层束带如图12-3（b）所示。这个多层束带用强力较高、伸张很小的纤维织物帘布或钢丝帘布制造，像刚性环带一样，紧紧地箍在胎体上，以保证轮胎具有一定的外形尺寸，承受内压引起的负荷及滚动时所受的冲击力，减少胎面与胎体帘布层所受的负荷等。又由于胎体和带束层帘线是交叉于三个方向，这样就形成了密实的三角形网状结构如图12-4所示，因而也就阻止胎面向四周和横向伸张与压缩，大大提高了胎面刚性，从而减少了胎面与路面的滑移现象，提高了胎面耐磨性。子午线轮胎胎壁比斜交轮胎软，在径向上容易变形，可以增加轮胎的接地面积。

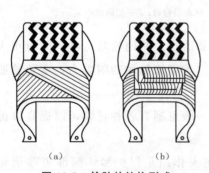

图12-3 轮胎的结构形式
（a）普通斜交轮胎；（b）子午线轮胎

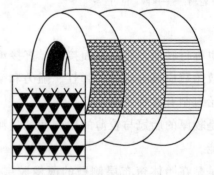

图12-4 子午结轮胎胎冠帘线的三角形结构

子午线轮胎即使在充足气后，两侧壁上也有一个特殊的凸起部（图12-4），与斜交胎比，好像是充气不足，其实这是子午线轮胎胎壁软这个结构特点的表现。子午线轮胎的结构特点使其具有较斜交轮胎优越的性能，两种轮胎胎壁形状比较如图12-5所示。子午线轮胎的优点如下：

(1) 行驶里程长，由于子午线轮胎胎面刚性大，周向变形小，在路面上的滑移小；又因为轮胎接地面积大，单位压力小，而且分布均匀，胎面耐磨性比斜交轮胎可增加50%以上。

(2) 滚动阻力小，节约燃料，由于子午线轮胎帘布层数减少，层间摩擦力小，其滚动阻力较斜交轮胎小25%~30%，不但可提高汽车的动力性，还可提高燃料经济性。实际使用中，节油率可达6%~8%，并且随着车速的提高，节油效果更加显著。

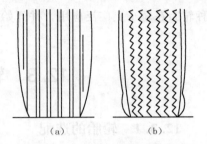

图 12-5　子午线轮胎与斜交轮胎胎壁形状比较

(3) 承载能力大，子午线轮胎帘线与轮胎变形方向一致，可充分利用帘线强度，比斜交轮胎承载能力约高14%。例如，国产一层钢丝帘布的9.00R20子午线轮胎的负荷为1 800 kg，而有10层棉帘布的同尺寸普通轮胎的负荷仅为1 350 kg。

(4) 减振性好，子午线轮胎胎体大、柔软，具有良好的缓冲性能，所以，使汽车有良好的行驶平顺性，乘坐舒适，货物不易损坏，可延长汽车机件使用寿命。

(5) 附着性能好，由于胎体弹性好，接地面积大，胎面滑移少，即附着性能好，提高了汽车的牵引性能。

(6) 胎面耐穿刺，不易爆破，子午线轮胎由于有多层环形束带，胎面刚性大，减小胎面胶的伸张变形，接地面积又大，单位压力小，因而提高了胎面耐穿刺性能，加上帘线强度得到充分利用，在恶劣的使用条件下，子午线轮胎也不易发生爆破。

(7) 胎温低，散热快，由于子午线胎帘布层数少，且帘布层之间不产生剪切作用，故比斜交轮胎温升低，散热快，有利于提高车速。

(8) 轮胎质量轻，节约原料。

(9) 由于子午线轮胎的胎侧变形大，胎侧及胎圈受力比斜交胎大得多，因此胎面与胎侧的过渡区以及胎圈附近易产生裂口，对材料及制造技术要求很高，生产成本也较高，但由于其性能优越，很快为世界各国所承认，我国也在积极发展子午线轮胎。

12.2.4　无内胎轮胎的结构特点

由于没有内胎以及内胎与轮辋之间的衬带，消除了内外胎之间的摩擦，并使热量容易从车辆直接散出，故无内胎轮胎行驶时的温度比普通轮胎低20%~25%，以利于提高车速，且寿命比普通轮胎约长20%，并有结构简单、质量小的特点。无内胎轮胎空气直接压入外胎中要求轮胎与轮辋之间有很好的密封性。为此在胎圈上做出若干道同心环形槽纹，在轮胎内压作用下，此槽纹使胎圈紧贴在轮辋边缘上，以保证轮胎与轮辋之间的气密性。此外，轮胎内壁上附加了一层厚 2~3 mm 的橡胶气密层，当轮胎被刺穿后，气密层的橡胶处于压缩状；而紧箍刺物，使得轮胎不漏气或漏气很慢，因此，这种轮胎的突出优点是安全。但制造材料和工艺要求较高，特别是制造大尺寸轮胎尤为困难，途中维修也有困难。目前这种轮胎在轿车上广泛应用，并开始在部分载货汽车上使用。

12.3 轮胎的选配及合理使用

12.3.1 轮胎的选配

轮胎的正确选配包括所选轮胎的尺寸规格符合车辆使用说明书的规定，轮胎的速度等级须与车辆最高行驶速度相适应，轮胎的负荷能力要与载质量相适应，以及轮胎的花纹要与道路条件相适应等。轮胎的尺寸规格、速度等级及负荷能力均标记在胎侧，选用时必须认真核对，使轮胎的规格、性能完全符合该车型及运用条件的要求，这是用好轮胎的前提条件。

1. 轮胎的尺寸规格

轮胎的尺寸规格如图 12-6 所示，可用外胎直径 D、轮辋直径 d、断面宽 B 和断面高 H 的名义尺寸代号表示。

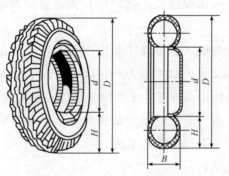

图 12-6 轮胎的尺寸代号

D—外胎直径；d—胎圈内径或轮辋直径；B—轮胎断面宽；H—轮胎断面高

斜交轮胎的规格：我国和大多数国家一样，斜交轮胎的规格用 B—d 表示，载重汽车斜交轮胎和轿车斜交轮胎的尺寸 B 和 d 均使用英寸（in）为单位，例如，9.00—20，其中 9.00 为轮胎名义断面宽度代号，20 为轮辋名义直径代号。

子午线轮胎的规格国产子午线轮胎规格用 BRd 表示，其中 R 代表子午线轮胎（即 "Radial" 的第一个字母）。国产轿车子午线轮胎断面宽 B 已全部改用公制单位 mm，载重汽车轮胎断面宽 B 有英制单位（in）和公制单位两种。而轮辋直径 d 的单位仍为英寸

(in)。

随着轮胎的扁平化,仅用断面宽 B 和轮辋直径 d 或轮辋直径已不能完全表示轮胎的规格。即在断面宽 B 相同的情况下,断面高 H 随不同扁平率而变化。轮胎按其扁平率——高宽比划分系列,目前国产轿车子午线轮胎有 80、75、70、65 和 60 五个系列,数字分别表示断面高 H 是断面宽 B 的 80%、75%、70%、65% 和 60%。显然,数字越小,胎越矮,即轮胎越扁平。将要投产的载重汽车子午线轮胎有 80 系列。不同扁平系列轮胎如图 12-7 所示。子午线轮胎规格示例如下:

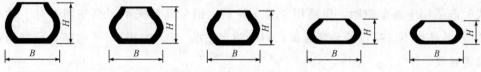

图 12-7 不同扁平率系列轮胎

[例 1] 载重汽车普通断面子午线轮胎:9.00R20

其中,9.00——轮胎名义断面宽度代号;
　　　R——子午线结构代号;
　　　20——轮辋名义直径代号。

[例 2] 轿车子午线轮胎:185/60※B13

其中,185——轮胎名义断面宽度代号;
　　　60——轮胎名义高宽比代号;
　　　※——速度符号的记号;
　　　R——子午线结构代号;
　　　13——轮辋名义直径代号。

其中数字 60 表明属于 60 系列的轮胎。

美国规定轿车轮胎在规格前加"P"(表示轿车轮胎)。例如,北京切诺基吉普车的轮胎规格为 P215/75R15。

2. 无内胎轮胎的规格

按国家标准 GB/T 2977—1997 的规定,载货汽车普通断面子午线无内胎轮胎:8R22.5
其中,8——轮胎名义断面宽度代号;
　　　R——子午线结构代号;
　　　22.5——无内胎轮辋名义直径代号。

有些子午线无内胎轮胎,采用在规格中加"TL"标志,例如,轻型载货汽车子午线轮胎 7.00R16.5TL,轿车子午线轮胎 205/70SR15TL 等,其中的"TL"表示无内胎轮胎。

选配轮胎时要特别注意与轮辋配套,不同型号规格的轮辋,直径即使相同,轮辋宽度和凸缘高度往往各不相同。窄胎装宽轮辋,或宽胎装窄轮辋,都会造成轮胎早期损坏,甚至发生行车事故。应根据轮辋规格,选用相应扁平率的轮胎。在换胎或更换轮辋时,要查阅该车型使用说明书。例如，东风 EQ1090E 型汽车装用 17.8 cm（7 in）标准轮辋的 9.00—20 型轮胎，使用说明书中明确规定用户不得自行装 15.2 cm（6 in）宽的非标准 9.00—20 型轮胎，以免发生危险。

3. 轮胎的速度等级

近年来，汽车和轮胎的性能都有很大的提高，要求轮胎的速度性能和汽车的最高速度相匹配，为此，轮胎需标明其速度等级。国际标准化组织（ISO）制定的，并且已为一些国家所采用的速度标志符号（表 12-1）的特点是对各种速度均给一个代号，该表规定的速度等级代号既适用于轿车轮胎，也适用于货车轮胎，但是其含义不完全相同。对于轿车轮胎（P～S级），是指不许超过的最高速度；对于货车轮胎（F～N级），是指随负荷降低可以超过的参考速度。

表 12-1　轮胎的速度等级

速度等级代号	行驶速度/（km·h^{-1}）	速度等级代号	行驶速度/（km·h^{-1}）	速度等级代号	行驶速度/（km·h^{-1}）	速度等级代号	行驶速度/（km·h^{-1}）
A_2	10	B	50	K	110	S	180
A_3	15	C	60	L	120	T	190
A_4	20	D	65	M	130	U	200
A_5	25	E	70	N	140	H	210
A_6	30	F	80	P	150	V	240
A_7	35	G	90	Q	160		

我国参照采用了国际标准化组织（ISO）规定的速度标志。根据 GB/T 2978—1997《轿车轮胎系列》规定，轿车轮胎采用表 12-1 中 L～H 级速度标志符号及对应的最高行驶速度同时还要求对于不同轮辋直径的轮胎，最高行驶速度应符合表 12-2 的规定。

表 12-2　不同轮辋直径轮胎的最高行驶速度

轮胎结构	速度等级代号	不同轮辋名义直径的轮胎最高行驶速度/（km·m^{-1}）		
		10	12	≥13
斜交	P	120	135	150
子午线	Q	135	145	160
子午线	S	150	150	180
子午线	H	—	195	210

例如，轿车子午线轮胎 185/70SR13 规格中的 S 即表示速度等级为 S，允许的最高行驶速度为 80 km/h。

根据国家标准 CB/T 2977—1997 的规定，货车轮胎允许负荷变更的范围（%）与其使用速度的对应关系，见表 12-3。

表 12-3 货车轮胎使用速度与负荷对应表

速度/(km/m)	负荷变更/%		
	重型载货汽车轮胎	载货汽车轮胎	微轻型载货汽车轮胎
40	+5	+10	+12.5
50	+2.5	+7.5	+10
60	±0	+5	+7.5
70	±0	+2.5	+5
80	±0	±0	+2.5
90	—	±0	±0
100	—	—	±0

4. 轮胎负荷能力

轮胎的负荷能力是指在一定行驶速度和相应充气压力时的最大载质量。它的表示方法有以下 3 种：

(1) 以"层级"(PR) 表示：这是传统的表示方法。层级并不代表实际的帘线层数，只代表近似于棉帘线层数的载质量。例如，9.00R20—14 层级尼龙斜交轮胎，实际胎体帘线只有 8 层，近似于同规格 14 层棉帘线轮胎的载质量；而 9.00R20—14 层级全钢丝子午线轮胎，实际胎体钢丝帘线只有一层，但它的载质量却相当于 14 层棉线 9.00—20 斜交轮胎。

(2) 以"负荷指数"表示：这是目前国际上子午线轮胎普遍采用的表示方法，以阿拉伯数字表示。如 9.00R20 原来 14 层级的子午线轮胎，现在在轮胎胎侧上标为 9.00R20140/137，表示单胎负荷指数为 140，双胎负荷指数为 137。

(3) 以"负荷级别"表示：这是美国为了避免"层级"这种表示方法容易同实际层数混淆而采用的替代方法，以拉丁字母表示。例如，"G"表示相当于同规格轮胎 14 层级的载质量。负荷级别与层级的对应关系见表 12-4 和表 12-5。

表 12-4 轮胎负荷指数与负荷值对应表（节录）

负荷指数	…	75	76	77	78	79	80	81	82	83	84	85
负荷值/kg	…	387	400	412	425	437	450	462	475	487	500	515
负荷指数	86	87	88	89	90	91	92	93	94	95	96	97
负荷值/kg	530	545	560	580	600	615	630	650	670	690	710	730
负荷指数	98	99	100	101	102	103	104	105	106	107	108	109
负荷值/kg	750	775	800	825	850	875	900	925	950	975	1 000	1 030
负荷指数	110	111	112	113	114	115	116	117	118	119	120	121

续表

负荷指数	…	75	76	77	78	79	80	81	82	83	84	85
负荷值/kg	1 060	1 090	1 120	1 150	1 180	1 215	1 250	1 285	1 320	1 360	1 400	1 450
负荷指数	122	123	124	125	126	127	128	129	130	131	132	133
负荷值/kg	1 500	1 550	1 600	1 650	1 700	1 750	1 800	1 850	1 900	1 950	2 000	2 060
负荷指数	134	135	136	137	138	139	140	141	142	143	144	…
负荷值/kg	2 120	2 180	2 240	2 300	2 460	2 430	2 500	2 575	2 650	2 725	2 900	

表 12-5　负荷级别与层级对应表

负荷	对应层级	负荷	对应层级	负荷	对应层级
A	2	E	10	J	18
B	4	F	12	L	20
C	6	G	14	M	22
D	8	H	16	N	24

我国国家标准规定以"层级"表示负荷能力。但用引进技术生产的子午线轮胎，以及有的国内轮胎厂家生产的子午线轮胎，还同时标明"负荷指数"或"负荷级别"。在这三种表示方法中，因为"负荷指数"直接代表载质量，而且可以在轮胎上同时标明单胎和双胎的"负荷指数"，所以对用户来讲是最方便的。要知道每一个轮胎规格的"层级"和"负荷级别"所代表的载质量，还要查每个轮胎规格的标准规定。

轮胎负荷与气压有严格的对应关系，轮胎的负荷能力要与汽车总质量相适应，汽车制造厂对所用轮胎的负荷能力做出规定，更换轮胎时应严格遵守。需要改装、改造的车辆，应经车辆所在地的车辆管理部门重新核定载质量，并重新计算前后轴负荷，然后根据负荷再确定轮胎规格，在轮胎负荷允许的条件下，应该尽可能采用尺寸较小的轮胎。

5. 轮胎花纹

（1）普通花纹如图 12-8（a）所示：普通花纹细而浅，花纹块的接地面积较大，滚动阻力小，适合在硬路面（沥青、水泥混凝土、碎石路和硬土路）上行驶普通花纹有横向花纹和纵向花纹之分。横向纹有较高的耐磨性和防纵滑性能，且不易夹石；缺点是散热性能和防侧滑性能差，滚动阻力也比纵向花纹大，目前我国载货汽车普遍使用这种花纹的轮胎。纵向花纹滚动阻力最小，防侧滑和散热性能好，但防纵滑性能差，在泥泞路面和有水的硬路面上行驶时，排水性能差，并且用于高速行驶的车辆。轿车一般都装用纵向花纹的轮胎。

（2）越野花纹如图 12-8（b）所示：花纹粗而深，运用于崎岖不平的山路、矿山、建筑工地及松土路面、泥泞路面、雪地、硬基潮湿路面等，因此也称雪泥花纹。越野花纹又可分为无向花纹（如马牙花纹）和有向花纹（如人字花纹）两种。无向花纹因其花纹是横沟槽，所以防侧滑性能差，排泥性能也差，有向花纹则相反。但安装时必须注重花纹方向，用作驱动轮时花纹的尖端应与车轮旋转方向一致,以免花纹间被泥土填塞,使附着力减小;用作从动轮时,应当反向安装,以便减小滚动阻力和轮胎的磨损。

(3) 混合花纹如图 12-8 (c) 所示:混合花纹是普通花纹和越野花纹的过渡花纹,其附着力和滚动阻力介于它们之间,既适用于硬基路面,也适用于松土路面。但耐磨性差,胎面花纹磨损不匀。

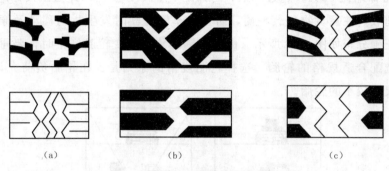

图 12-8 轮胎的花纹
(a) 普通花纹;(b) 越野花纹;(c) 混合花纹

12.3.2 轮胎的使用

合理使用轮胎,目的在于降低轮胎的磨损速度,防止不正常的磨损和损坏,从而延长轮胎的使用寿命。轮胎使用的基本要求有以下几个方面:

1. 保持气压正常

轮胎充气压力是决定轮胎使用寿命和工作好坏的主要因素。当气压过低时,胎体变形增大,造成内应力增加,并过度生热升温,加速橡胶老化和帘线疲劳,导致帘线折断、松散和帘布脱层;胎面接地面积增大,滑移量增加,磨损加剧,特别是胎肩的磨损加剧;滚动阻力增大,燃料消耗增加;双胎中一胎气压过低还会使另一胎超载损坏、气压过高时,则由于接地面积减小,单位压力增高,使胎冠部分磨损加剧;材料过度拉伸,轮胎刚性增大,使轮胎在受到冲击时,动载荷增大,易产生胎冠爆破。

轮胎的气压与轮胎所承受的负荷有直接对应关系。负荷小时,气压低;负荷大时,气压高,否则就会使轮胎异常磨损。选择和保持最宜气压是正确使用轮胎的最重要条件。

最宜气压与轮胎的使用条件有关。其中一个使用因素改变时,就要求气压做相应的改变。如轮胎换位时,轴荷较大的后轮胎换到前轮就要相应降低气压,而轴荷较轻的前轮胎换到后轮,就要增高气压。所以在使用中必须严格按汽车制造厂使用说明书中规定的前后轮标准气压充气,而不能按胎侧所标的该规格轮胎的最大负荷所对应的气压充气。

在冷态时,检查轮胎气压要用气压表,要把偏差控制在 ± 20 kPa(载货汽车)和 ± 10 kPa(轿车)的范围里,尤其要严格控制子午线轮胎的气压。子午线轮胎由于胎体变形大,气压偏高偏低都不易看出,使用中必须勤查气压,特别要防止气压偏低,偏低时由于子午线轮胎肩的变形剧增,会使趾口和缓冲层迅速磨损、脱层而报废。

2. 防止轮胎超载

轮胎负荷对寿命有重大影响。超载行驶时，轮胎变形增大，帘布和帘线应力增大，容易造成帘线折断和帘布脱层，同时因为接地面积增大，增加胎肩的磨损，尤其在遇到障碍物时，即使一个不大的石块，由于受到冲击会引起爆炸，在转弯和不平路面行驶时轮胎负荷超过 50%，寿命缩短 59%；超过一倍，寿命缩短 80%以上。因此必须按标定的容载量装货载客，不得超载，注意货物装载平衡，防止在车辆行驶时发生货物移动及倾斜，物品在载货汽车上的正确分布如图 12-9 所示。由于车辆改装需改变轮胎规格时，要重新计算前后轴的负荷，再选配合适规格的轮胎。选择轮胎规格的原则是：在轮胎负荷允许的情况下，应尽可能采用尺寸较小的轮胎。

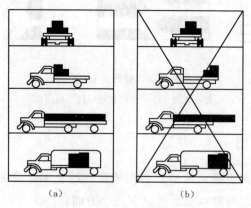

图 12-9 载货汽车上的物品分布
(a) 正确的载货方法；(b) 不正确的载货方法

3. 合理搭配轮胎

同一车轴上应装配统一规格、结构、层级和花纹的轮胎；双胎并装时，还要求同厂牌，以求负荷、磨耗均匀。这是因为轮胎规格中的数字是名义尺寸，与实际尺寸不一致的轮胎的实际尺寸是轮胎安装到相应的轮辋上并充气到标准压力后实际测量得到的。规格相同，结构、层级或花纹不同，实际尺寸，包括充气后的轮胎直径和在规定负荷下的静半径往往各不相同，所以不能在同一车轴上使用，尤其是子午线胎和斜交胎不得装在同一轴上，也不能前轴装子午线轮胎，后轴装斜交轮胎，这在高速公路或快速车道上显得更加重要。因为子午线轮胎的胎体刚性和在负荷滚动下的轮胎变形性质都不一样。即使是充气外缘尺寸相同的轮胎，若混装在同一轮轴上，它们的下沉率和滚动半径也不尽相同，各自刚性差异引起的地面对轮胎的反作用力也是不一样的。有的可能出现单胎打滑，磨损加剧。此外，夏季行车应增加停歇次数，以防轮胎过热和内压过高，严禁放气降压和泼冷水；行车中应注意散落在道路上粗大、尖锐的物品，防止刺伤轮胎等。

4. 做好日常维护

日常维护包括出车前、行车中和收车后的检视。主要是检视轮胎气压和有无不正常的磨损和损伤，并及时消除造成不正常磨损和损伤的因素。轮胎日常维护的作业内容如下：

（1）出车前检视：用气压表检查轮胎气压是否符合规定，气门嘴是否漏气，气门帽是否齐全，气门嘴是否碰擦制动鼓；检查轮胎螺母是否紧固，翼子板、挡泥板、货厢等有无碰擦轮胎现象，并设法消除。检查随车上具，如撬胎棒、千斤顶、轮胎螺母套筒扳手、气压表、手锤、挖石子钩等是否齐全。

（2）行驶途中检视：行驶途中检视应结合途中停车、装卸等各种机会进行；停车地点应选择清洁、平坦、阴凉和不影响其他车辆通过的处所；检查轮胎螺母有无松动，翼子板、挡泥板、货厢等有无碰擦轮胎现象，并设法消除；及时发现并挖出轮胎夹石和花纹中的石子及杂物；检查轮胎气压，摸试轮胎温度；检查轮胎胎面及胎侧有无不正常的磨损和损伤，以及轮辋有无损伤。

（3）收车后检视：停车场地应干燥清洁、无油污，严寒地区应扫除停车场上的冰雪，以免轮胎与地面冻结；停车后应注意检查轮胎有无漏气现象，并查找漏气原因，并予以排除；检查花纹并挖出夹在花纹中的石子、杂物；检查轮胎螺母是否松动，备胎架装置是否牢固，以及车辆机件有无碰擦轮胎的现象。途中如换用备胎，收车后应将损坏的轮胎及时送修，如发现车辆技术状况不正常，造成轮胎不正常磨损和机械损伤，应及时查明原因，并予以排除。

本章小结

汽车对轮胎的要求是具有较大的负荷承载力和适当的弹性，同是要有花纹附着功能等，轮胎按组成不同可分为有内胎的轮胎和无内胎的轮胎；按胎面花纹不同可分为普通花纹轮胎、越野花纹轮胎；按胎体帘布层的结构不同可分斜交轮胎和子午线轮胎。

合理使用轮胎须做到保持轮胎正常气压、防止轮胎超载、合理搭配轮胎、做好日常维护。

习题与思考

1. 汽车对轮胎的性能要求有哪些？
2. 影响轮胎寿命的因素有哪些？
3. 怎样才能合理使用轮胎？具体措施有哪些？

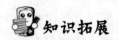
知识拓展

汽车用聚氨酯材料的发展方向

一、汽车工业用材料的未来发展方向

我国汽车工业未来发展将由追求产能产量和规模,将逐渐转变为更加注重质量和水平。轻量化、绿色环保、舒适安全,将成为我国汽车用材料未来发展的三大主题。

汽车工业用的 PU 材料制品,主要包括软质、硬质、半硬质、泡沫塑料、PU 弹性体(含 CPU、TPU 微孔弹性体)、胶粘剂、密封剂和涂料等。

表 12-6 汽车聚氨酯制品一览表

品种	汽车零部件	主要性能及使用状况
高回弹冷模塑软泡	座垫、靠背、头枕、装饰条	优异的回弹性、低滞后损失、高压缩负荷比、手感好、透气性好、自熄性好、生产时能耗较低,现比较流行
热模塑加填料软泡	座垫、靠背、头枕、足垫	原材料价格较低可加入无机填料,以改善制品性能和降低成本,可采用结构简单造价较低的模具
半硬泡	仪表盘填充剂、门柱包皮、控制箱、喇叭座垫、扶手、头枕、遮阳板	具有较高的密度和压缩强度,优异的能量吸收功能,可减震和抗冲击,现用的比较多
自结皮泡沫	扶手、方向盘、空气扰流板、头枕、门柱、控制箱	具有光洁平滑且密度很高的自结皮表层、芯部为密度较低富有弹性的泡沫体,现用的比较多
微孔弹性体	方向盘、滤清器密封垫、密封条、防震垫	和橡胶相比密度较柔软、尺寸稳定性佳、耐磨、耐挠曲性能优异、抗老化性能好
硬泡	门板内衬、顶蓬衬里、小冰箱、仿木饰条、消音垫、遮阳板	重量轻、强度高、汽车稳定性能佳、绝缘性能优异(是最佳的有机绝热材料)、抗老化性能好,现用的比较多
浇注型弹性体(CPU)	防尘密封、轴承套、转向节衬套、门齿块、钢板弹簧吊耳衬套、汽车轮胎	承载能力大、抗撕裂强度高、耐磨、耐油、硬度可调节范围大
热塑性弹性体	减震垫块、钢板弹簧隔垫、弹簧线圈护套、齿轮传动装置单、顶蓬和车身部件	高模量、高强度、高伸长率和高弹性、优良的耐磨、耐油、耐低温、耐老化性能。可用一般的塑料加工方法(注塑机)生产各种制品、废料可回收利用,有扩大的趋势

二、PU 是实现汽车材料轻量化的关键材料

PU 泡沫在汽车内饰件上主要用于汽车仪表盘、座垫、靠背、头枕、车门、扶手、方向盘总成、汽车顶棚、门内板和密封件等部位。降低 PU 泡沫密度是实现汽车内饰件轻量化的一条重要技术途径。目前国内主要采取的技术途径：采用高固含量、低粘度 POP（接枝聚醚）和高官能度、高活性聚醚等技术途径。

RIM（反应注射成型）、RRIM（增强反应注射成型）和 SRIM（结构型反应注射成型）PU 制品在汽车实现轻量化上的应用：RIM、RRIM 和 SRIM 在欧美汽车工业上已得到广泛应用，主要用于保险杠、方向盘、车身壁板、发动机罩、行李箱盖、散热器格栅、档泥板、扰流板等。RRIM 制品的重量只有钢的一半，是实现汽车轻量化的一个重要途径。目前国内汽车工业 RIM 等技术，与欧美相比在用量和质量上尚存在一定差距，有待进一步加强开发。

PU 材料是汽车实现塑料化的最有发展前途的重要材料。目前世界汽车（主要是轿车和新能源汽车）的发展方向是轻量化。轻量化是提高燃油燃烧效率和降低汽车尾气排放，也是实现汽车节能减排的重要技术措施。而汽车材料的塑料化，以塑代钢，是汽车轻量化的发展必然趋势和重要技术途径。不同材料的汽车零部件，耗能不同。

以生产重量相同（450 克）的零部件为例，采用塑料件所耗能源折合汽油 3.9～4.5 kg，若采用铝或钢，所耗能源折合汽油 5.3～6.8 kg。统计显示，汽车自重每减轻 10%，燃油消耗可降低 6%～8%。

目前技术发达国家轿车平均塑料用量 120 kg/辆，德国轿车平均塑料用量 300 kg，我国轿车平均塑料用量 80～100 kg/辆。BASF 制造了全 PU 车身跑车，其最高时速可达 270 km。采用了 RRIM 技术，该 PU 车身是一种碳纤维增强微孔 PU 弹性体复合材料。

三、TPU 及其复合材料是汽车实现塑料化的重要原料之一

目前在轿车中应用的塑料件材料主要是 PP（聚丙烯）、PVC（聚氯乙烯）、PU 和 PA（尼龙）四种材料。汽车塑料件的发展方向是不断推出性价比优良、并可回收再生的材料。而热塑性聚氨酯弹性体（TPU）材料可发挥其独特的优势。TPU 已被用于汽车车体的多种构件，包括 TPU 塑料合金，如 TPU 与 PP、PVC、PA 等塑料构成性价比优良的复合材料，可在汽车工业中发挥重大作用。TPU 橡胶复合材料：TPU 与多种橡胶构成的复合材料在汽车工业中具有重要用途。

（1）TPU/PP（聚丙烯）塑料合金

目前国内外正在开发针对汽车 TPU－PP 玻纤（包括长纤和短纤）的增强橡塑复合结构材料，此种材料具有质轻、性价比优良、可回收等优点，可望能广泛用于汽车内外饰件，如保险杠及其支架，车上各种支架和结构框架等，一旦开发成功，则 TPU 在汽车上的应用

将大幅增大。

(2) TPU/PC（聚碳酸酯）塑料合金

TPU/PC共混合金可改善PC的韧性、应力开裂性、断口敏感性、耐溶剂、耐化学品性，同时可降低PC的成型加工温度，在汽车工业扩大了其应用范围。

(3) TPU/PVC塑料合金

TPU/PVC合金可明显提高PVC伸长率（可替代有毒的DOP增塑剂）扩大了PVC应用领域。近来报导反应性共混技术制备TPU/PVC合金。首先将PVC溶解在TPU的原料二元醇中，随后加入异氰酸酯进行原位聚合，形成TPU/PVC合金，性能优于一般的TPU/PVC共混合金，在汽车领域，扩大了应用范围。

(4) TPU/PA6（尼龙6）塑料合金

尼龙6是尼龙中性价比最优、用途最广的工程塑料。PA6具有强度高、耐腐蚀、耐油和自润滑性优良等特点，但存在冲击韧性不高、吸湿性较大缺点。因而限制了其应用领域。TPU弹性体具有高强度、高弹性、高耐磨性等特点，但存在耐温性不高的缺点。开发TPU/PA6工程塑料综合了上述两种材料的优点，克服其缺点，将是一种新型高性能复合材料。在汽车工业具有广泛的应用价值。

TPU塑料合金和TPU橡胶复合材料均具有可回收再利用优点，目前我国已有5000多万辆废旧车辆，每年将有1000万辆旧车需进行改造和作废。欧美先进国家对汽车工业用塑料件明确提出了可回收率指标和可利用率，要求汽车塑料可回收率达到95%以上、可利用率达到90%以上。我国发改委、科技部、环保局联合制定了汽车部件回收利用技术政策"到2017年我国汽车可回收率要求达到95%以上、可利用率达到85%"。TPU是一种可回收的热塑性弹性体，TPU塑料合金等复合材料无疑给新型TPU弹性体材料在汽车上的应用提供了新的巨大市场机遇。

四、PU绿色环保材料是汽车用材料发展必然趋势

(一) 开发低VOC PU泡沫塑料

汽车车内VOC（有机挥发物）含量已成为消费者对其产品认知度的重要评价指标；车内PU泡沫材料、PU胶粘剂、PU涂料、PU合成革等中VOC挥发物是影响车内空气质量的主要因素；研究和控制PU材料中有害性气体和挥发性问题以及有效防范措施对车内环境改善，对我国汽车工业发展均具有重大意义。

汽车内饰件用PU泡沫塑料VOC主要来源：聚醚多元醇（主要是POP）、催化剂、匀泡剂（稳定剂）、异氰酸酯中挥发性有机物包括芳香族化合物（甲苯、苯乙烯）和有机胺类化合物等。

开发高固、低挥发性POP、有机胺反应性催化剂、低挥发性匀泡剂等。上海应用技术

学院正在与武汉兴桥高分子新材料科技公司等单位合作，开发一种车内VOC空气净化器，对提高车内空气质量具有明显效果。

（二）积极开发生物质植物油基多元醇绿色技术

植物油是可再生资源，利用如大豆油、蓖麻油、棕榈油等植物油为原料，可开发相应的植物油多元醇，以替代石化路线的聚醚多元醇。生物基PU泡沫循环利用率、有机物挥发以及CO_2排放量均优于石油基PU泡沫，是一种绿色环保原料。美国重点开发大豆油基植物油多元醇，美国福特汽车公司已成功地开发成了大豆油基PU泡沫，用于汽车座垫和座椅靠背。马来西亚利用当地资源，开发出一系列棕榈油多元醇，广泛应用于PU硬泡领域。日本丰田汽车公司已成功开发了蓖麻油基PU泡沫塑料座垫。

（三）积极开发PU汽车绿色轮胎技术

目前全球汽车轮胎绝大部分采用橡胶轮胎。此种汽车轮胎在城市行驶时，由于与地面摩擦产生大量有害物质颗粒散发于空气中，是造成城市空气环境质量差的重要污染源。PU轮胎具有极为优异的耐磨性（是天然橡胶的3～5倍，实际应用高达10倍左右），不含炭黑和石蜡烃类有害物质，用于城市交通，必将极大改善城市空气质量。PU轮胎比橡胶轮胎还具有加工能耗低、节能减排和使用寿命长等优势。橡胶轮胎的重要原料是天然橡胶（NR），我国轮胎工业每年需NR 490～600万t，占全球产量50%，而自给率只有13%～16%，大量需进口NR，目前NR价位已高达4万元/t以上。因此积极开发PU轮胎已势在必行。

（四）车用水性PU胶粘剂发展前景广阔

随着环保法规的健全以及环保意识的不断增强，溶剂型车用胶黏剂将会逐渐被环保型胶粘剂，如水基胶黏剂所取代。尤其是水基汽车内饰胶的推广应用已势在必行。水基内饰胶主要用于粘合汽车顶棚、地板、地毯、仪表板、门板等内饰件。目前，日本汽车内饰胶全部达到水性化，美国为60%，我国仅为20%。在水性汽车内饰胶中，PU胶为主要品种。我国水性PU内饰胶技术已日趋成熟，应积极推广在汽车领域中应用。

此外，随着汽车轻量化，塑料件用量不断增加，环保型无溶剂PU结构胶黏剂在汽车领域中应用发展前景广阔，如玻纤增强塑料（FRP）和片状模塑复合材料（SMC）目前在欧美、日本已被广泛用于汽车车身面板、顶棚、座舱顶盖等。FRP和SMC不能使用传统焊接技术，与车身构架组装，必须采用粘结技术。无溶剂PU胶黏剂是其中重要品种。

（五）车用水性PU涂料发展前景光明

水性PU柔感涂料是一种低VOC涂料，比传统溶剂型涂料VOC挥发物低10倍以上。随着汽车轻量化，塑料件应用不断扩大，环境友好型绿色水性PU柔性材料是未来汽车塑料件涂料发展方向。

（六）PU合成革在汽车内饰上应用前景广阔

PU 合成革与真皮相比，具有无味、手感柔软、耐磨性好、抗撕裂强度高、成品色牢度好等优点，并克服了真皮资源日趋紧张、环境污染严重的问题，符合汽车内饰件绿色环保要求。尤其是 PU 超纤仿鹿皮绒具有外观豪华、质感柔软、优雅光泽和耐用性好等优点，使汽车内饰件有了居室感觉，已得到汽车生产商的青睐，成为高档汽车不可缺少的高级内饰环保材料。

五、PU 材料舒适安全使其重要发展方向

（一）提高汽车舒适性是 PU 汽车内饰件重要发展方向

汽车上座垫、靠背、头枕是聚氨酯泡沫塑料在汽车上用量很大的部位，也是人们乘坐舒适性最敏感的地方，因而对产品的性能要求也很严格。目前，国内汽车用的聚氨酯泡沫座垫大多为均一密度的冷熟化产品。近几年发展起来的新型汽车座垫采用的是双硬度或多硬度泡沫，这种双硬度座垫的生产既可以采用聚醚多元醇和异氰酸酯经由双头或多头混合头注入模具来实现，也可以采用全 MDI 冷模塑工艺，通过改变异氰酸酯指数来准确控制座垫不同部位的硬度——座垫中部柔软、两侧较硬。软泡沫给人以舒适感，两侧坚硬部分提供支撑性能，当汽车高速行驶或转弯时，有助于保持驾驶员和乘客的身体稳定，提高乘坐的安全性。武汉兴桥高分子科技有限公司已采用多组分混合技术生产出双硬度和多硬度泡沫，技术水平在国内居于领先地位。

（二）微孔 PU 用作汽车底板减振垫

微孔聚氨酯泡沫塑料有望在大多数车体中替代橡胶材料用作车身底板减震垫。北美汽车制造厂正在努力使汽车更加安静和舒适。减震垫安装在车的底盘上，用于隔离车体与框架，以改善乘车及驾驶质量。微孔聚氨酯是独特的隔音、消振（NVH）的革新材料。

微孔聚氨酯作为橡胶车体装配的替代品，具有竞争性的价格，能有效地改善减震性能、延长材料性能保持时间、减轻质量，并且改善了组装工艺。使用微孔聚氨酯的另一个优点是，通过改变材料密度，可方便地使车身底盘防震胶垫最佳化，而不是像传统工艺那样必须通过改变材料生产配方或产品几何形状来调整。后者需制作原型，成本高且费时。

（三）微孔 PU 弹性体辅助弹簧减震器

轿车的前、后独立悬挂减振器用辅助弹簧，由圆柱状塔形微孔聚氨酯弹性体（微发泡型）制成，采用此种弹簧系统对提高车辆性能有特别明显的效果。弹簧的拉伸强度～20 N/mm、伸长率＞300%、撕裂强度＞8N/mm。弹簧压缩应力上升很少，直到形变达到 35% 左右时应力才明显上升，此时形变则迅速增加接近最大值，满足了汽车形式平稳性和乘坐舒适性的要求，大大提高了减振器的使用寿命。有的车辆采用空气弹簧与微孔聚氨酯弹性体弹簧配合使用，以缩小设计体积、提高车辆的行驶稳定性。车用微孔聚氨酯弹性体按其所用二异氰酸酯的类型有 NDI 型和 MDI 型两种，其主要区别在于它们的动态性能和静态性

能。目前超过90%的高级豪华轿车都采用微孔聚氨酯减振缓冲块，与橡胶减振缓冲块相比，它具有非常高的可压缩性、变形能力和优良的力学性能以及突出的耐动态疲劳性。

（四）PU保险杠

保险杠安装于车前、车后，碰撞时起到缓冲、减少损伤的作用，所用材料要求既具有刚性又具有弹性。近年来，开始出现采用微孔聚氨酯弹性体制作的新型悬架结构保险杠，由于微孔弹性体硬度低、压缩率高，通过变形能够吸收80%的冲击能量，其余的冲击能量可转移到底架上，这种保险杠具有质轻、安全、平稳、消音的功效。由于使用聚氨酯材料制造价格较贵，因此，在欧、美、日和我国。将它用作高级轿车的保险杠。

（五）PU安全气囊

在汽车上安装安全气囊是现代汽车工业发展的必然趋势，对保护驾驶员的生命安全有着重大作用。安全气囊必须具有一定的强度，能够承受高速的冲击，还要求有较好的低温柔韧性，因此适合采用聚氨酯材料来制作，气囊的皮层选用聚氨酯弹性体，背面衬以聚氨酯泡沫，此外也可以使用自结皮聚氨酯泡沫塑料．每个安全气囊的材料用量为200～400 g。

（六）PU降噪技术

随着汽车工业的发展，汽车作为一种代步工具，人们不仅对其性能提出了高要求，而且对其乘坐舒适性也提出了越来越高的要求，车内的噪声水平是体现其舒适性的一项重要指标。为了提高车辆的舒适性，世界各大汽车公司都对车内噪声水平制定了严格的控制标准，将车内噪声的控制作为重要的研究方向。特别是轿车，车内噪声状况更是衡量轿车档次的标准之一，汽车的运动噪声水平直接反映了整车质量水平。

由于聚氨酯发泡材料具有多孔吸声材料的内部结构，即具有许多微小的间隙和连续的气泡，由于材料本身的内摩擦和材料小孔中的空气与孔壁间的摩擦，使声波能量受到很大的吸收并衰减，这种吸声材料能有效地吸收入射到它上面的声能，这就使它具有良好的高频吸声性能。由于摩擦和粘滞力的作用，使相当一部分声能转化为热能，从而使声波衰减，反射声减弱达到吸声的目的；其次，小孔中的空气和孔壁与纤维之间的热交换引起的热损失，也使声能衰减。

（七）无卤阻燃PU内饰件

汽车内饰用PU泡沫塑料的阻燃性能也是衡量汽车安全性能的一个重要指标。此种阻燃材料需采用无卤阻燃技术，目前在国内外一些高档轿车中已得到应用。

我国PU产业的快速发展，为我国汽车工业超高速发展创造了必要条件。反之，我国汽车工业将极大拉动我国PU产业的快速发展。

我国汽车工业已是全球最大制造和消费大国，但不是制造强国。我国汽车工业未来发展将由追求产能、产量和规模逐渐转变为更加注重质量和水平。汽车轻量化、绿色环保和舒适安全，将成为我国汽车工业用材料未来发展方向。

PU 材料是实现汽车轻量化和塑料化的关键材料。TPU 塑料合金和 TPU 复合材料将是汽车实现塑料化的重要技术途径。汽车内饰件 PU 材料、PU 泡沫塑料、PU 胶黏剂、PU 涂料和 PU 合成革必须走绿色环保发展之路。PU 汽车轮胎和生物质植物油多元醇，是汽车 PU 绿色材料，具有巨大的发展生命力。PU 材料包括内饰件（座椅、靠背头枕）、微孔 PU 弹性体减振垫、减震弹簧、保险杠、安全气囊和 PU 降噪技术、PU 阻燃材料是实现汽车舒适安全的重要技术途径和发展方向。

参 考 文 献

[1] 陈文均. 汽车材料（第二版）[M]. 北京：高等教育出版社，2007.

[2] 常万顺. 金属工艺学 [M]. 北京：清华大学出版社出版，2015.

[3] 王英杰. 金属工艺学（第2版）[M]. 北京：机械工业出版社，2017.

[4] 陈礁. 汽车材料（第2版）[M]. 北京：高等教育出版社，2013.

[5] 林直义 [日]. 汽车材料技术 [M]. 北京：机械工业出版社，2019.

[6] 李宏刚. 汽车运行材料（第3版）[M]. 北京：人民交通出版社，2019.

参考文献

[1] 焦文玉. 汽车电器[M]. 北京: 北京理工大学出版社, 2007.
[2] 麻友良. 汽车电气设备[M]. 2版. 北京: 机械工业出版社, 2014.
[3] 王欢欢. 汽车电子技术[M]. 3版. 北京: 北京理工大学出版社, 2017.
[4] 陈诚. 汽车电器与电子控制技术[M]. 上海: 上海科学技术出版社, 2015.
[5] 罗玉峰, 田丰. 汽车电器和电子技术[M]. 北京: 机械工业出版社, 2019.
[6] 李春明. 汽车电气与电子技术[M]. 北京: 人民交通出版社, 2010.